LA LÁGRIMA, LA GOTA Y EL ARTIFICIO

En la portada: *¿No hay quien nos desate?,* aguafuerte de Francisco de Goya

MALÚ HUACUJA DEL TORO
La lágrima, la gota y el artificio

EDITORIAL ARIADNA, 2006
Colección Los Tímpanos de Teseo/1
D.R. © Contenido: Malú Huacuja del Toro
D.R. © Diseño: Catalina Miranda

EDITORIAL ARIADNA
Minería 88, local B, Colonia Escandón,
México DF CP 11800
Tel.: 2614-3190
editariadna@yahoo.com.mx
editariadna@prodigy.net.mx

ISBN 970-93094-3-9

Impreso y hecho en México
Printed and made in Mexico

LA LÁGRIMA, LA GOTA Y EL ARTIFICIO

MALÚ HUACUJA DEL TORO

EDITORIAL ARIADNA
Colección Los tímpanos de Teseo/1

1

DESTINO INVENTADO

Tolstoi presagió su forma de morir en esa severa crítica a *El Rey Lear* de Shakespeare. Quizás por eso odiaba esa obra y a Shakespeare. Tal vez el futuro existe en el presente. Tal vez ese escritor de tan sobrenatural capacidad para percibir varias dimensiones de la naturaleza humana, de alguna forma que sólo los sentidos capturan pero que no se puede razonar, se vio a sí mismo envejecido y desesperado, corriendo bajo la nieve, al término de sus días, escapando de su esposa.

El final de *El Rey Lear* pudo haberle resultado aborrecible al novelista que abrazaba con admiración la existencia humana y que conjuró la muerte por largos años con una vida que se extendía en distintas direcciones y no sólo rumbo a la vejez.

O quizás no. También es posible que el futuro no exista; que el destino sea sólo una palabra. En cuyo caso la imagen abominable del viejo enloquecido se quedó labrada en su corazón –a la manera como el odio cincela visiones, a veces para siempre– y que, tal como lo explican la psicología más moderna o el teatro más antiguo, Tolstoi haya fraguado inconscientemente esa furiosa agonía, con su propio rechazo ante la imagen de un rey harapiento bajo la tempestad.

Andamos la vida como si estuviéramos destinados a ella y buscamos signos que nos confirmen el final.

Se sabe que el prodigioso novelista obraba bajo el influjo de imágenes que sobre él ejercían un poder incalculable. Otra representación visual de la muerte, la que le arrojó la noticia de una mujer destrozada por un tren en una localidad cercana a su residencia, le había inspirado *Ana Karenina*.

—Lo peor que le han hecho a Ana Karenina no ha sido matarla sino montarla en el Teatro de Los Insurgentes con Ninfa González —dijo Luis.

La broma sobre el montaje estilo comedia musical de la novela de Tolstoi, interpretada por alguna figura de las mediocres telenovelas del momento, en un teatro que para mayor sinsentido se llamaba "de Los Insurgentes", centelleó en el firmamento del ingenio, junto con otras ocurrencias.

Elena miró el comentario, además de oírlo, como si realmente cobrara forma física, estallando y proyectando chispas. Guardó silencio, miró a las estrellas y tomó un apunte mental: no volver a mencionar la novela de Tolstoi. No, al menos, seriamente, como acababa de hacerlo. Ahora el tema se reducía a cenizas entre las colillas de cigarros después de haber brillado en los labios de sus amigos.

"Ciertos besos de la muerte son presentimientos tan obscuros como inequívocos: ese momento en el que una persona suspira por última vez y aún a la distancia —sobre todo a la distancia— quienes más la quisieron hacen algo absurdo, o dicen frases que ni siquiera les pasaron por la mente, o tienen un sueño, o una visión diurna, o se paralizan, o comen sin hambre, o se obsesionan con un color, o respiran aceleradamente, o se sobresaltan sin explicación aparente, porque algo que no pueden pensar pero que los órganos de sus cuerpos advierten les recuerda que hay alguien a quien probablemente no volverán a ver. Es el único instante en el que, sin ánimo de aventurar que existe otra vida y otro mundo de ángeles con alas de pájaros y diablos con cuernos de toros, cualquiera puede percatarse de otra calidad de conocimiento, quizás de este mismo universo, acaso de otro. Por eso, además del vasto cuerpo de disertaciones sobre el sentido del arte, es posible que Tolstoi divisara a Shakespeare como un lugar al que no quería llegar" había escrito.

Lo extraño es que la brillante joven Elena Sotelo haya estado elaborando ese ensayo sobre el fallecimiento de Tolstoi justo cuando empezó a forjarse el suyo, espectacular e insólito, ocurrido quince años después. Porque su muerte es la combinación sublime de comedia y tragedia: un director teatral que se haya visto tentado a montar dando ciertos tintes fársicos a la escena del anciano rey shakespeareano enloquecido, con el cuadro de la muerte de Elena Sotelo no habría sabido qué hacer para evitar la perplejidad del público; las sonrisas avergonzadas de sí mismas, preguntándose: "¿Cómo me atrevo a reírme de alguien que se está muriendo?"

Pero en aquellos lejanos días Elena Sotelo no pensaba en cómo se iba a morir. Ella pensaba en Felipe Correa. En sus ojos claros. En su bigote estrecho y compacto. En cómo conquistar su corazón. En el sentido que le daría a su existencia lograrlo. En sus labios carnosos. En la única noche que habían pasado juntos. En lo que ella de seguro hizo mal la única noche que pasaron juntos. En el momento en el que dejó de acariciarla para cambiar el lado del disco de acetato que estaban escuchando. En el momento en que dejó de acariciarla para apartarse y contemplarla desnuda porque eso –dijo él– era como contemplar la eternidad. En el momento en que dejó de besarla para penetrarla. En el momento en que dejó de besarla para siempre. En las horas que desde entonces pasaba Elena rondando la puerta de la casa de Felipe. En la noche en que se le ocurrió llevarle serenata con mariachis y él no estaba en su casa, por lo que Elena sólo logró fastidiar a los vecinos. En lo que pudo haber hecho mejor la única noche que pasaron juntos para evitar el desastre del siguiente día. En las palabras que debió haber pronunciado. En las palabras que debió haberse guardado en el cajón de sus reflexiones. En sus pantorrillas, tal vez demasiado abultadas. En su cabellera cobriza, tal vez demasiado rizada. En la grasa de sus caderas, tal vez demasiado visible. En sus pezones, tal vez demasiado pequeños para el tamaño del seno. En lo que debió haber dicho sobre Montaigne. En lo que no debió haber dicho sobre Henry James. En la fotografía de Ana Ajmátova que se hallaba colocada con estudiado descuido en un lugar prominente del librero de la cocina de Felipe, junto al refrigerador, y que Elena debió haber comentado para dejar claro que podía identificarla porque también había leído las preguntas de la poeta sobre dónde estaba su casa y dónde su cordura. En cualquiera de los errores u omisiones que debió haber anticipado para impedir la absoluta indiferencia que desde entonces le administraba el hombre de sus sueños.

La cuarta ronda de tequilas no había servido de nada. Ella seguía manteniéndose alerta mientras los demás se entregaban a las promesas de la conversación que cada noche esperaba el amanecer en la cantina La Guadalupana, misma que por aquellos tiempos no era todavía un atractivo turístico de la ciudad de México. Apenas empezaba a permitirse la entrada a las cantinas de mujeres que no fueran prostitutas en algunas localidades, y a aceptarse aunque nunca hubiera estado formalmente prohibida, en otras. La vida de Elena y su escabrosa muerte, de suyo confusa, parece todavía más incoherente si no se toma en cuenta en qué época le tocó ser joven y en qué grupo selecto de promesas literarias aprendió a beber, no un par de cervezas, sino medias botellas de ron y cuartos de las de tequila. No hacía mucho que los estudiantes universitarios habían comenzado a frecuentar los centros nocturnos y bares hasta entonces privativos de los obreros y los lúmpenes, al fragor de la borrachera revolucionaria y la fiesta por justicia social, que era la ideología que estaba de moda. Pero a La Guadalupana, en el corazón de la colonia de los artistas, concurría la juventud ilustrada a ahogar sus referencias bibliográficas. Elena fue una de las primeras mujeres aceptadas en la mesa del alcoholismo erudito. Otras cuantas muchachas tenían que conformarse con sus estudiantes de Ciencias Políticas, o bien con los recién llegados de provincia que sólo habían publicado ensayos en revistas locales. Desde las otras mesas, las estudiantes observaban cada movimiento de los jóvenes cuyos nombres estaban en boca de todos los novatos e incluso de los escritores consagrados, pero para Elena había casi siempre reservado un lugar en el escenario central. Entre otras causas, porque su belleza era más irrefutable que sus ensayos literarios, pero también porque había leído a los mismos autores de los que sus amigos hablaban. Además, era también hija de un diplomático y también había pasado su infancia en bibliotecas y también había viajado y también hablaba tres idiomas. Casi la única diferencia respecto a sus compañeros de charlas, excepto el género, era que, cuando bebía, el alcohol le hacía el mismo efecto que una taza de café bien cargado, durante toda la velada, hasta que regresaba a su casa y abría el portón y se daba cuenta de que no sabía cómo lo había abierto y no podía cerrarlo, o de que atravesaba el jardín apoyándose en los troncos de los árboles y enterrando los tacones de sus zapatos en la tierra húmeda, o de que otra vez se había precipitado de tal forma que su madre se había despertado y la observaba desde una ventana, o de que una vez más estaba envolviéndose vestida en el edredón de seda y pluma de ganso, entre las sábanas de su cama ridículamente fastuosa, sin entender nada aunque hubiera leído todos los libros que sus amigos habían citado y muchos más.

Elena seguía sin entender nada. Spinoza no explicaba cómo era posible que una joven tan espectacularmente hermosa y letrada hubiera terminado tocando serenata al pie del balcón del hombre de sus sueños, en una época en la que, en principio, semejante costumbre ya no era observada con la solemnidad de antaño en la ciudad de México, mucho menos entre universitarios, y que, además, obligaba al varón a cantar ante el balcón de la mujer, cual Romeo ranchero; no al revés. ¿Qué hacía que la envidiable estudiante precoz graduada con honores contratara a un grupo de mariachis para declararle su amor a un hombre?

Felipe Correa, director de cualquier revista de cualquier arte joven, se distinguía ya a su corta edad como un intelectual memorioso y dotado de las suficientes ambiciones como para utilizar la academia al servicio de la política, pero físicamente se antojaba un gigantesco insecto. De hecho, la primera vez que se lo presentaron, Elena había contemplado con frialdad ese cuerpo encorvado y anguloso que culminaba en una cabeza desmesuradamente ancha y redonda —al igual que sus enormes anteojos—, y se había seguido de largo.

Ahora le resultaba impensable que hubiera ella respirado algún día de su vida sin necesitar urgentemente la compañía de Felipe Correa. ¿Qué había operado su descenso del balcón en el que se posaban todas las miradas a la acera del borracho desdeñado?

No acertaba a entenderlo. Felipe se había aparecido como un bibliómano con facha de boticario al que ella había creído impresionar con su rostro de ángel *correggiano*, sus lecturas de Céline, sus camisetas sin tirantes, colocadas casi al borde de su *brassiere* sin varillas, en tiempos en los que ninguna mujer con los pechos del tamaño de los de Elena usaba sostén sin varillas ni le llamaba Destouches a Céline, pero el boticario tras la primera noche de sexo se había comportado como príncipe y ella, incrédula ante el despecho, lo había tratado de endulzar llevándole mariachis.

"Pensé que la broma iba a encantarle", se justificaba riendo estúpidamente cuando lo contaba a sus amigas. Pero sabía que había corrido con suerte de que Felipe no hubiera estado en su casa aquella madrugada y que cabía, sí, la posibilidad de que le hubiera él tirado chanclas para que se callara junto con sus mariachis, tal como hicieron los vecinos de su amado.

Ante lo cual a menudo se respondía que no tenía importancia; que Felipe no era la única razón por la que no podía concluir los días sin esas noches en la dicha cantina, intercambiando reflexiones con quienes partían del entendido y no del vacío; que estar con sus amigos era como

11

poder respirar exactamente las mismas combinaciones de fragancias en un campo, a kilómetros de distancia, con los ojos cerrados. La prueba era que ahí las cosas se hablaban a medias, puesto que nadie tenía que pronunciar el nombre de pila de, ni el apellido de, ni el final de la cita de, ni la frase completa, para que el resto supiera a qué pensadores se referían. Qué descanso para Elena no tener que explicarlo todo seriamente ni tener que instruir como maestra al resto del auditorio, y en cambio poder paladear los manjares de ingenio verbal que rebozaban las copas.

El humor es el postre de los banquetes, no de las limosnas. Así interpretaba Elena los comentarios propios de una edad en la que citar libros es más necesario que entenderlos, y los veintitantos autosuficientes años no bastan para medir los alcances del desprecio, o la parvedad del cinismo, o el momento en que ya nada es gracioso porque ya nada es serio y las incipientes promesas de las letras a la siguiente esquina descubren estar más cerca de sus fanfarronadas que de las letras, en un recorrido sin otra oferta que la de un mañana para encontrar qué era lo que todos estaban buscando; o la noche en que la ansiedad se posterga con vodkas transparentes hasta el amanecer insolvente de juventud, y ya no será el privilegio de la conversación de Felipe, sino de muchos otros intentos posteriores que también elogiaron su hermosura hasta el amanecer, lo que acabará con su belleza y la dejará sin condiciones qué imponer a los amantes cada vez más escasos, menos codiciados y más exigentes, hasta el día en que terminará prendiéndose fuego en la cocina de la casa de Raúl Miranda.

La cuarta ronda de tequilas no le había hecho ningún efecto, ni la quinta, ni la primera. Ernesto, el pintor, le había preguntado si quería otro vaso, y algún otro joven había contestado en su lugar que sí, que qué otra cosa podía querer una madame Bovary cuando todavía no lo es, y casi todos rieron y los que no, sonrieron. Y Felipe, con su famosa mueca de disgusto plantada en la cara, nunca se reía a carcajada batiente, sino sacudiendo los hombros y bajando la vista. Y ella vio que esta vez también se reía, y también observó que esta vez no era nueva. Que siempre, en algún momento y en particular el menos previsto, del tren de los comentarios con los que todos cobraban impulso se desenganchaba un carro, que era aquél donde Elena había tomado asiento. El resto de la conversación era como oír el motor de la máquina alejándose en descampado, hasta que algún amigo se sentaba con ellos a la mesa, o llegaban los meseros con más copas, o alguna otra audaz acompañante quedaba también deslindada del engranaje, también justificando su presencia entre los hombres, o rehaciendo alguna frase que hubiese dicho y que podía haberse interpretado como una oferta sexual de su parte, o como un expreso interés por terminar en las camas de todos los comensales, dado que alguien no había perdido la oportunidad de sugerir que era una desvergonzada, ahí, sí, a finales del siglo XX, treinta años después del segundo sexo y las pastillas anticonceptivas, entre estudiosos y artistas, en una de las tres capitales culturales de Latinoamérica. Y ahora Elena, para demostrar lo contrario y salir airada de una comparación dudosa, había terminado trocando a madame Bovary con Ana Karenina, ésta última invocada en parte por la imagen del tren y de Elena misma en el carro abandonado, pero sobre todo por la necesidad de demostrar que ella era una académica, no una cazadora de solteros, si es que había que elegir y no se podían ser ambas cosas –no se podía ser intelectual y sexualmente activa–, y que, en fin, tres décadas después de la liberación llamada sexual la sombra de la mejor escritora de México y monja todavía explicaba sus hábitos.

Tal vez la teoría sobre la muerte de Tolstoi no fuera cierta y tal vez Luis tenía razón en cambiar el tema, pero Elena esa noche pactaría, sin saberlo, sus pasos ligeros rumbo al día en que las llamas del fuego abrasarían sus ojos de miel que a tantos poetas leyeron y que aún así desencadenaron un final procaz para ella. Ahora era sólo una broma lo que quemaba su propuesta intelectual sobre el destino y la influencia que la idea de él ejerce en la vida de un artista. La quinta copa de alcohol no servía de nada. Ni la última. Al ver el objeto de sus más recientes reflexiones relumbrar en los sarcasmos de sus amigos, tomó nota mental –no volver a mencionar a Tolstoi–, por una parte, mientras que algo más dentro de sí misma, acaso la fatiga de su cuerpo, le preguntaba cuántos meses llevaba frecuentando la ilusión de volver a acostarse con el codiciado Felipe y tomando esos apuntes mentales sobre lo que debía decir y lo que era apropiado callar; pidiendo permisos que nadie más solicitaba y que además nadie le concedía. Entonces, como empujada por el abrazo de una ola vigorosa y cálida, se levantó de la mesa decidida a abandonar el templo de la gloria rumbo a su cama ridículamente suntuosa, donde de todas maneras siempre terminaba durmiendo, sólo que algunas horas más tarde y más desamparadas. Fue la última cuenca que la vida le tendió.

Para su sorpresa, mientras buscaba la bolsa de piel que había dejado tumbada en el suelo y se despedía, Felipe había advertido su perturbación. Al salir a la calle, Elena lo descubrió a su lado. Había salido junto con ella para preguntarle y hablarle, para hacerla reír, para tranquilizarla, para pedir disculpas por las fanfarronadas de sus amigos; para invitarla a dar un paseo por el parque que nunca dieron, y para llevarla a su casa y a su alfombra, y a su sofá, y a su cama, donde despertó al día siguiente por segunda y última vez, junto al príncipe que en esta ocasión no había abandonado el cuarto y que en cambio parecía descansar a su lado observando su desnudez, sonriente y embelesado.

—¿Qué miras, amor? —se aventuró a preguntar Elena con coquetería, estirando voluptuosamente los brazos y las piernas sobre el lecho.

—Nada, corazón. A mí lo que me maravilla es lo tonta que eres —contestó Felipe risueño, acariciando con un dedo la palma que ella había extendido hacia él—. Tonta de pies a cabeza. Tonta, tonta, tonta —canturreó, tocando con las yemas de los dedos su ombligo y sus pezones, tal vez demasiado grandes o pequeños—. Tanto, tanto, tanto, que es casi una idiotez poética.

Elena sintió el pinchazo de las uñas en la mitad del estómago y por un segundo creyó que estaba somatizando el insulto recién escuchado, aunque hubiera optado por tomarlo a broma y seguir sonriendo. Hasta que entendió que no, que Felipe la pellizcaba mientras le repetía "boba", "creída" o "cretina".

No se recuperaba de la sorpresa cuando la boca de Felipe buscaba su lengua para devorarla, después de lo cual continuó imprecándola suavemente, sin dejar de acariciarla. En cierta oportunidad, incluso, la llamó "belleza del genio de Schopenhauer", aludiendo a las célebres sentencias del filósofo alemán sobre la falta de genio de las mujeres: una referencia que Elena no podía ignorar. Lo que en cambio se borró para siempre de su memoria es cómo logró salir de la casa de Felipe después de aquel coito madrugador.

Fue así como Elena se dio a la bebida, a cualquier bebida, y a ciertos hombres: no a cualquier hombre, sino a los que le recordaran a Felipe, aunque fuese por referencia indirecta e incluso por contraste. Tardó cerca de seis meses en caer en la cuenta de que Felipe no volvería a llevarla a su casa ni a su sofá ni a su cama ni aun durante las más osadas borracheras, que fueron muchas. Pasó cinco años frecuentando esa cantina y otros bares. Se empeñó durante un año en interpretar y reinterpretar todas las palabras y los extraños gestos de Felipe Correa, respecto al cual nunca supo por qué había buscado su cuerpo con desesperación para saciar el suyo, primero, por qué después de esa noche había hecho un largo intermedio para volver a buscarla, ni por qué había empezado alabando "su razonar aséptico y preciso" para finalizar comparándola con un eructo de Schopenhauer. Desde entonces, escasamente había vuelto a dirigirle la palabra. El acertijo le impedía olvidarlo con la rapidez con la que se deshacía de otros amantes; con la que meses antes había borrado el recuerdo de su ex compañero de la facultad, por ejemplo, quien la había gozado mansamente hasta que el sexo resultó demasiado imaginable para ambos y cuyo nombre –Javier– se le escurría de la memoria.

Después de especular sin reposo sobre el proceder de Felipe, cuando transcurrió un año y fue consciente de ello, terminó entablando una sufrida relación de odio y sexo con el pintor Ernesto, a cuyo lado permaneció cerca de tres años. Para ese entonces Felipe era una figura pública a la que pocas veces se veía fuera de los podios de las presentaciones de libros y de las fotografías de los periódicos, pero el resto de sus colegas seguía reuniéndose casi semanalmente. Elena continuó viéndolos hasta que se separó del pintor. Ese proceso de rompimiento también fue largo. Le llevó casi un año más. Constituyó, no obstante, la época más exitosa de la carrera profesional de Elena y de su vida. Por lo menos durante los años de obsesión por Ernesto y nostalgia por Felipe consiguió un puesto como investigadora en la Universidad Nacional Autónoma de México, donde trabajó hasta el día de su fallecimiento, ocurrido quince años después, sin haber desarrollado nunca su tesis sobre Ana Karenina, pero precipitándose rumbo a su propia muerte como si sólo de eso su vida debiera haberse tratado.

No se sabe exactamente cuál fue la historia que hizo que Elena se prendiera fuego en la cocina de la casa del novelista Raúl Miranda. Pero quien quiera se la imagina. No es difícil hacerlo porque los relatos de Raúl Miranda a menudo repetían una misma trama con diferentes personajes y situaciones, conforme a una escuela literaria muy en boga por aquellos tiempos. En cualquiera de sus cuentos pudo haber aparecido Elena Sotelo implorando al escritor que la desnudara en su propia casa, mientras su esposa dormía en la recámara o limpiaba el comedor. A la producción literaria de éste y otros autores se le llamaba "estética" o "poética del alcoholismo". Era una temática que no hablaba tanto de la cultura del alcohol como de la conducta femenina. Las siguientes modas sobre las mujeres en la literatura mexicana —romances contados por mujeres para hombres, hazañas feministas para hombres, aventuras contadas por hombres vestidos de mujer, junto con un sinfín de combinaciones posteriores— borraron casi todo rastro de las anteriores y eso vuelve aún más complicado un seguimiento de las decisiones que tomó Elena, cuyo cadáver convertido en cenizas en una cocina bien podría simbolizar la extinción de tal corriente narrativa. Sin embargo, en la década mexicana de los ochenta el de Miranda era un estilo cultivado con la mayor seriedad y respeto. No pocas veces se tomó el tema del beber como valor literario, y al consumo del alcohol por parte de un hombre, como una virtud a la que debía aspirar un artista con talento: el borracho —no cualquier briago sino el borracho leído, y no una borracha, sino un varón— era un inadaptado que bebía por haber entendido demasiado a través de sus incontables lecturas. Su comprensión del mundo era tan vasta que se tornaba insoportable, y sólo las copas podían atemperar la hiperactividad insufrible de sus neuronas, de su continuo saber, o algo parecido. Sus reflexiones eran interrumpidas por la aparición en la cantina o en el bar de una mujer que acosaba sexualmente al pensador, y que, en contraste con lo que sucedía en la realidad, no era una prostituta de oficio, sino una universitaria. Como uno de sus principales exponentes, el escritor Raúl Miranda produjo una veintena de novelas en las que al principio, a la mitad o al final, un señor al que costaba trabajo no identificar con el propio Raúl Miranda bebía tanto como para perder el sentido, aunque sin derrumbarse antes de completar la acción, en la cual siempre intervenía una bellísima joven a la que apenas conocía y con la que había empezado a conversar, o a interactuar, en el proceso de beber hasta embriagarse, la cual encontraba irresistiblemente atractivo al narrador, de quien nunca se ofrecía una descripción física porque no había páginas que bastaran para describir los senos, el pubis, las nalgas, la cara, las manos —por orden de aparición—, y sobre todo los berrinches o las súplicas de la mujer en turno, quien con frecuencia se revelaba como una atractiva prostituta disfrazada de intelectual. Cualquiera de esos relatos pudo haber caído en manos de Elena, lectora voraz.

Como les ocurría a todas las presuntas enamoradas de Raúl Miranda, al leerla, Elena se sintió más partícipe de la historia que al protagonizarla, porque es ése el poder que tienen las palabras cuando está permitido imprimirlas, y porque las de Raúl Miranda no sólo eran permitidas por sus numerosos editores sino alentadas por sus entusiastas lectores. Pero, a diferencia de cualquier otra supuesta compañera de aventuras de Miranda, Elena Sotelo puso manos a la obra. No se limitó a indignarse ni a reclamar las calumnias o la invasión a su vida privada, y no lo hizo, en parte, porque no tenía mucho qué perder. Lo que habría podido poner en riesgo era una brillante carrera académica o literaria que de todas formas se había malogrado en sus sueños de juventud, vertidos todos en prometedores talentos como los que una vez conociera en La Guadalupana. Su búsqueda de cantina en cantina en pos de genios masculinos con los que pudiera imaginarse romances de película entre bohemios no le había dejado hijos, ni familiares que la quisieran, ni amigos que verdaderamente la acompañaran. Así que cuando leyó los infundios de los que había sido objeto en el relato de Raúl Miranda, decidió probar la falsedad de los hechos ahí suscritos, no mediante una denuncia redactada con la premura de la indignación y enviada a los semanarios y suplementos correspondientes –tal como hicieron muchas otras copartícipes de los libros de Raúl Miranda vejadas–, ni anteponiendo su palabra contra la de él de cualquier otra manera, sino demostrando con los hechos lo que realmente habría ocurrido de haber sido cierto todo lo que contaba Raúl Miranda. La hipotética mujer que, al ver a Raúl Miranda bebiendo como mendicante moscovita en una cantina, inmediatamente se arrojaba a sus brazos al oírlo recitar versos, que respondía con frases tan univalentes como "remójame desnuda en sueños", "derrámate aquí", o "prométeme que me 'amarás' siempre", o que, según Raúl Miranda, se incendiaba de deseo en la cocina de su casa mientras su esposa Denise de Miranda levantaba los trastes en el comedor, no existía más que gracias a la complacencia de lectores y editores, y Elena Sotelo entendió que la única manera de probarlo no era escribiendo cartas recriminatorias para burla de esos mismos lectores, sino llevando efectivamente a cabo lo que habría sido de Raúl Miranda y de ella si en realidad la protagonista del relato hubiera actuado con la lógica femenina que Raúl Miranda se empeñaba en nacionalizar, si no en universalizar.

Por una vez, además de vestir exactamente como Raúl Miranda había dicho que lo hacía; de pronunciar las frases que él había publicado y de comportarse de la misma extraña manera que Miranda le atribuía, luego de desnudarse desesperadamente mientras la esposa levantaba los trastes, se incendiaría de verdad, conforme Miranda habría querido que ocurriera.

Pese a lo descabellado de su empresa, ésta sí respondía a una cierta lógica femenina invisible para Raúl Miranda. Ello, porque su inspiración para tan estrambótica aventura había surgido de la vida real en las banquetas de la ciudad de México, que poco tenía que ver con los cuentos y donde, cada vez que cualquier mujer joven salía a la calle, no menos de cinco hombres por caminata le susurrarían imprecaciones, le asegurarían que le morderían los pezones, la insultarían por tener un prominente trasero, o le garantizarían que le succionarían el clítoris en cuanto se les presentara la oportunidad. Tras veinte años de enfrentar lo mismo día con día, Elena no había conocido a una sola mujer que respondiera sin desagrado a semejantes ofertas, en lugar de reaccionar con fastidio, indignación, enojo o depresión ante el insulto que la aguardaba en cada esquina y en cada quicio de las puertas. Frecuentemente se había preguntado a qué respondía ese acto del imaginario masculino, si no era al afán obvio de agraviar a las transeúntes, y qué pasaría si de pronto las denostadas jóvenes empezaran a actuar como los hombres persistían en suponer que lo harían. Elena había sido desde siempre afecta a coleccionar conjeturas, algunas indemostrables y otras tantas apenas embrionarias. Por una vez, no permitiría que sus teorías privadas terminaran reluciendo entre las bromas de sus amigos. El escrito injurioso de Raúl Miranda y el cansancio de las ilusiones frustradas le presentaban una oportunidad de probar qué tan cierto era lo que pensaba. Para Elena, se trataba de la única manera de sustentar que, si bien no era una flor de hogar común y corriente, madre y esposa como millones de cocineras mexicanas, sino una soltera alcohólica e intelectual —en ese orden de importancia, tal como lo registra en sus apuntes personales—, con una activa y conocida vida sexual que incluía aventuras con hombres casados como el celebrado novelista, e incluso de dudosa moral, lo que definitivamente no sería nunca es un personaje de los cuentos infames de Raúl Miranda, a quien ella, académica al fin y al cabo, respetaba como amante, pero no como escritor.

Fallaron los efectos especiales, literalmente. La esposa llamó por teléfono para avisar que llegaría tarde debido a una cita retrasada con su dentista, y no arribó sino hasta cuando la cocina estaba en llamas. Raúl Miranda había salido corriendo de la casa, completamente ebrio, y había tardado en entender que necesitaba llamar a los bomberos. Elena Sotelo, con la ayuda de un vecino suyo que era técnico de cine, había preparado fuego frío y se había entrenado para usarlo, pero bebió demasiado como para percatarse de que la estufa tenía una fuga de gas, y de que la explosión que se precipitó por obra de un trapo ardiendo no era parte de su propio montaje teatral. Gritando "tómame, tómame a la luz del fuego, no me dejes aquí encendida", y demás ridículos parlamentos de los cuentos de Raúl Miranda, Elena murió a los treinta y ocho años de edad, calcinada, víctima de su propio experimento ensayístico.

2

EL CLIMA DE DUDA

Los servicios climatológicos les adelantan a los habitantes de la ciudad que esta mañana vivirán a 15 grados centígrados bajo cero, mientras que la tarde y la noche se cubrirán de nieve. Pero es un día espléndido. Por hoy. Ya no le apestan los labios. Apenas abrió los ojos, pudo oler algo más que su propia descomposición.

Inés Carrasco, la mujer que sobrevivió a este libro bastantes años más de lo que debió haber estado escrito, lidia ahora su última batalla contra la vida y no contra la muerte –como ella dice–, respirando la fortuna de despertar sin que las fiebres o la pestilencia le impidan saber dónde está. No es en el cuarto de un hospital –observa–, sino en la reconfortante alcoba del departamento que algunos de sus jóvenes amigos le han procurado para que vaya a curarse en Chicago, la hermosísima urbe que coincidentemente es además una ciudad arquetípica en el imaginario gangsteril. Y su habitación es por cierto muy distinta de la de las fábulas ocurridas en Chicago, equipada como está con una cama mecánica que acciona a control remoto; dos computadoras, una cámara que Juan instaló, bocinas, dos monitores de video, otro de televisión, y una cocineta. Lentamente sale de su cama y se desplaza sin mareos hasta el pequeño lavabo del baño. Se mira en el espejo y lo corrobora en el monitor del video: también las pústulas de sus cejas comienzan a amoratarse, anunciando reconfortantes semanas de cicatrización. Pero a ella lo que más la ilusiona es poder pasar dos días enteros –con suerte tres– sin el olor nauseabundo que mana justo bajo sus fosas nasales, lo que con frecuencia le impide dormir, comer y pensar.

Es libre. Por hoy. Saldrá a disfrutar la tormenta de nieve sin ese olor acosándola. Inés se aplica en sus monstruosas cicatrices los ungüentos que le han recetado.

Hasta antes de viajar a Estados Unidos y ser infectada no habría podido imaginarse cuánto vivió subyugada a los rigores de los aromas o a las finezas de la peste, más diversa en matices que un perfume agradable. Su enfermedad la ha forzado a descubrir que nunca ha podido ni podrá cancelar la percepción de un olor como sí lo hace con los párpados ante una visión repugnante, o incluso con la mente cuando un ruido desagradable le surca la concentración. La inmediatez de su olfato sólo compite con la del tacto en sus dos batallas finales: el dolor físico y el placer sexual; tortura y orgasmo, conquistadores implacables del cuerpo y de la mente; diseñadores del alma.

A veces le es más difícil soportar el tufo que la comezón aguda. Por eso lo piensa. Ha logrado conciliar el sueño sin rascarse las cejas ni las pantorrillas, e incluso soportando algunas punzadas en el esternón, pero no cuando esos racimos de su boca huelen a carne putrefacta. Al principio, su propia pestilencia le daba tanto asco que vomitaba. Hasta que se dio cuenta de que sin alimento se podía morir. Entonces inició un diálogo con su cuerpo para conquistarlo.

Informa el doctor Rosenthal que algunos de sus pacientes han podido contrarrestar el mal olor encendiendo velas aromáticas en sus recámaras, lo que solamente indica qué tanto ignoran esos doctores sobre el tal padecimiento, si el remedio son las velas y las sugerencias de otros enfermos. Como todo en Estados Unidos, de esta enfermedad lo primero que se supo fue cómo abreviarla. Su nombre, por supuesto, es un acrónimo: la ROAP. De la cual sólo conocen, o suponen, que se originó en Sudán o en Irán durante las guerras contra el terrorismo o el bioterrorismo; o en cualquier otro país pagano y lejano, entre chimpancés negros y camellos musulmanes. Pero para Inés, que los contagiados se van a morir es la única certeza, y que lo harán antes de saber si en Sudán vive realmente algún chango transmisor de la ROAP, una certidumbre que los acompañará hasta el día o la noche en que suspirarán por última vez, sin que el competente doctor Rosenthal ni la dedicada doctora Sanders, ambos participantes del plan HMO que cubre a los ciudadanos infectados –y que constituye otro acrónimo, por supuesto–, y del plan humanitario ABTHC para extranjeros infectados bajo análisis, puedan hacer nada al respecto. Son pocos los enfermos y de eso se trata: las epidemias no causan tanto temor como la posibilidad de que ocurran. Inés considera que ella y algunos otros cuantos infelices tal vez morirán de

ROAP, SIES o SARS para que las multitudes se asusten muchísimo. Que ésa es, en suma, una de las pautas para hacer política al iniciarse el siglo XXI, como antes las crucifixiones o las hogueras imponían respeto o sumisión al sistema de gobierno establecido.

Sin embargo, en el poco tiempo que le queda libre de molestias físicas, ella valora lo que éstas representan. No porque las agradezca, pues, a diferencia de sus contemporáneas compatriotas, Inés Carrasco casi nunca tuvo vocación de mártir. Pero sin esas terribles molestias no habría conocido los tesoros que un cuerpo saludable brinda, ni habría comprendido tan cabalmente que la pérdida de ciertas facultades y opciones sirve para apreciar lo que tuvo cuando los deleites de un sabor o las descargas del placer eran parte de la vida habitual. Orgánicamente entiende que ahí, en el imperio del pensamiento dicotómico, donde las calamidades y el bienestar que hay en el mundo se explican con cuentos sobre ángeles y diablos, nacionales y extranjeros, civilizados y bárbaros, modernos y atrasados, deportistas desintoxicados y haraganes tóxicos, adaptados y desadaptados, productivos e improductivos, o codiciosos y tontos –entre otras dualidades– la única manera de sobrevivir con o sin un cuerpo sano es protegiéndose de la mirada vertical, lineal, que se desliza en sentido ascendente sobre un tablero de números del elevador de un alto edificio. En lugar de tapabocas, tanques de oxígeno y equipo de protección personal, lo que Inés se empeña en preservar es un punto de vista envolvente y múltiple. "Como el polen –dice– que no por nada causa tanta alergia a los habitantes aquí, al otro lado de la frontera."

Inés Carrasco sabe mucho sobre supervivencia. Quizás precisamente porque no luchó por su vida: por lo que en su época se suponía que debió haber sido esa vida. No ganó nada, presume, excepto más años para averiguar quién era. Después lo supo, y se va a dar el gran lujo de morirse sabiéndolo.

Su coetánea Elena Sotelo, a quien Inés conoció brevemente cuando ambas sobrellevaban la transición de la escuela preparatoria rumbo a la universidad, era tajante y creía en valores absolutos: en la lucha del triunfo contra la derrota, de la belleza contra la fealdad, de la salud contra la enfermedad, de la juventud contra la vejez, o de la inteligencia contra la estupidez. En aquel entonces proyectaba la imagen del triunfo. No fue la única que abrigó esas ilusiones propias del tiempo en que las mujeres de la clase media capitalina mexicana se aventaban al cenote

sagrado de las horas extras para cubrir sus obligaciones de profesionistas, madres ejemplares, hijas responsables, sirvientas, amantes ardientes,
deportistas y cocineras a la vez, entre otras virtudes, sin más ayuda que
la utopía de la supermujer emancipada —"la píldora de la madre soviéti-
ca que todas nos tragamos", como había oído decir alguna vez—, pero sí
fue Elena una de sus víctimas más precipitadas. La decepción, años después, causó estragos entre las agotadas reclutas de una esperanza tanto
capitalista como comunista, pero sobre todo primermundista, sólo que
no todas llevaron la derrota hasta las últimas consecuencias de Elena
Sotelo, en parte porque tampoco todas se enteraron de sus fracasos.
Elena sí. No era tan tonta. Pero eso la condenó a un destino trágico.

En últimas fechas, cada vez que su enfermedad le obsequia un
sosiego, Inés trata de recordar si en la joven Elena Sotelo a la que ella trató
había ya algunos rasgos, algún indicio de la desgracia que marcaría su camino. Pero a cada intento por evocarla más claramente para regalarle a
Juanito el registro que éste le ha exigido con justa razón y derecho —con el
derecho de la amistad, más que ningún otro—, lo único que a Inés le viene
a la memoria son esos hallazgos sensoriales que ahora le resultan tan caros
y placenteros: el graznido pueblerino de los pájaros al anochecer en una
plaza de la ciudad de Guanajuato, donde alguna vez estuvo con ella y con
otras jóvenes amigas; el aire templado recorriendo sus piernas cortas y
sudorosas; el sabor de los jugos de naranja natural que ella y sus compañeros de estudios compraban a precios escandalosamente baratos en cualquier calle (¡lo que darías ahora, Inés, por una fruta natural en esas latitu-
des, en lugar de las reproducciones que venden aquí!) y, por supuesto, los
aromas de todo lo que acompañó cualquier momento relacionado sólo
marginalmente con Elena Sotelo. Le es inevitable terminar extraviada en
esas nostalgias sensitivas que antes conformaron sólo el entorno de lo vivido y que ahora son la experiencia en sí. Difícilmente recuerda hoy qué decían ella o cualquiera de sus amigos del cineclub al que pertenecía, ni qué
hacía Elena ahí algunas semanas sí y otras no, ni cada cuánto tiempo los
muchachos organizaban excursiones culturales, como si de un cuadro se
hubiera borrado la pintura y sólo quedara el marco: el fuerte olor de una
guayaba anunciando la cercanía de un mercado, el de la madera de muebles en recintos encerrados, el del copal en las iglesias. Le cuesta menos
esfuerzo reconstruir a la Elena a la que no conoció, que es la que terminó
consumiéndose en los brazos y en las brasas de Raúl Miranda.

Pero del dicho novelista terminó sabiendo mucho más que de la propia Elena; prácticamente todo. Sabe que, entre otros atributos, Raúl Miranda sí posee una capacidad de inventiva desbordada, sólo que sus historias más creativas no están impresas, ya que son las que ideó bajo la tormenta de sospechas de su mujer. Esas ficciones no tendrán lectores pero contaron con una memoriosa testigo: Denisita, su hija menor. A través de ella, Inés terminó conociendo los secretos de la familia Miranda más desmenuzadamente que la propia señora de Miranda.

Sabe por ejemplo que, cuando conoció a Elena, el escritor llevaba quince años casado con Denise: esa ruina humana otrora deslumbrante, trabajadora, responsable y atractiva, como todas las demás amantes de Miranda, y con la cual el narrador había concebido dos hijos. En quince años, parece que ninguno de los relatos licenciosos de Miranda resultaron tan propositivos, ágiles y perturbadores como los que ingeniaba para convencer a Denise de que lo que publicaba era producto de su imaginación. El propio Raúl Miranda le contaba a Elena Sotelo con orgullo cómo lo hacía. De hecho, a veces dedicaba más atención y tiempo al acto de persuadir a su esposa con industriosos inventos que al cortejo y la cópula con sus mujeres.

Y es que, a diferencia de otros hombres casados característicos de su tiempo y entorno, el desafío para Miranda no era tan sólo contratar prostitutas rutinariamente ni tener de vez en cuando alguna amante, sino publicarlo en un libro.

Esa variante era lo que convertía la aventura en experiencias enteramente distintas de la picaresca común del triángulo amoroso con sus cartas de deseo carnal expulsadas velozmente por el inodoro, sus pies fracturados tras haber saltado ventanas o trepado árboles a la medianoche, sus regaderazos a la una de la mañana, sus cambios de ropa a horas insólitas, o sus falsificaciones de comprobantes de gastos. Una vida de suyo escandalosa, sí, pero que nunca incluye a mujeres inmolándose en la cocina de las esposas engañadas, ni escrituras de bienes raíces en la Luna, ni tesoros sembrados intencionalmente en el fondo del mar. Fuera de las páginas de sus libros, Raúl Miranda inventó todo eso y más. En sus circunstancias no podía limitarse a lograr que su esposa lo considerara un hombre fiel, sino que tenía que esforzarse para que ésta disociara lo que leía de lo que vivía. Denise de Miranda leía en un relato a su esposo diciendo que el miércoles 16 de abril a las 2 de la mañana había subido a una mujer al asiento trasero de su carro, que le había desabrochado el sostén y los pulmones, manipulándole los senos hasta hacerla rogarle que la penetrara mientras él recitaba al "aro dorado que adornaba su oído" *Piedra de toque* de Octavio Paz, su poeta favorito (con algunos cambios y añadidos de Raúl Miranda), y honestamente no relacionaba tal episodio con el viaje de su marido el miércoles 16 de abril a la ciudad de Monterrey, para dar una conferencia en la Universidad Tecnológica sobre la obra de Juan Rulfo. Ahí radicaba su genio: en publicar que recomponía poemas al oído de una mujer con pendientes "color de oro", y que cuando Denise se encontrara una arracada dorada en su automóvil creyera que Raúl la había comprado para el cumpleaños de su hija. Que honestamente se convenciera de que su esposo había perdido el otro par, y que felizmente el suceso le había inspirado precisamente el libro de una mujer en el carro. Era ése un arte que Raúl tuvo que dotar de un mayor refinamiento que a sus escritos porque, al paso de los años y de sus muchas publicaciones, el recurso de decir que el arete hallado debajo de los muebles era un regalo para la hija o para Denise no tenía ya eficacia. Además, por extraño que pudiera parecer, Denise no era una persona de muy corto entendimiento, lo que complicaba las diligencias de Raúl.

Su mujer no carecía de educación superior, ni era tampoco temerosa de las tradiciones familiares de mediados del siglo xx en México. Antes de casarse, aunque no llegó a ejercer su carrera, Denise se había graduado con honores en Psicología.

Desde luego, cabría preguntarse cómo una mujer que se había logrado licenciar en el estudio del comportamiento humano podía leer aquellas aventuras, incluyendo burlas e insultos a su propia persona, sin deducir que su marido la odiaba o que al menos estaba tratando de decirle algo a todas luces desagradable, pero eso fue justo lo que pasó. No hay manera de cambiarlo: la esposa de Miranda, a la vista de todo México engañada mil veces, tenía título de psicóloga, y no existe un motivo que lo explique. Si acaso muchos, en lugar de uno solo —como ocurre con otras situaciones incomprensibles—, y sucedidos en distintas épocas de esas dos vidas. Pero semejantes antecedentes sin duda exigían añadir más filigrana a las peripecias literario-extramatrimoniales de Raúl Miranda.

De ahí que Raúl no sólo trepara árboles, eliminara cartas, falsificara recibos, inventara conferencias y talleres literarios, armara un público de lectores y un alumnado fantasma o creara familiares que no existían, problemas que nunca tuvo y síntomas de enfermedades no identificadas que jamás padeció, sino que, con la ayuda de grabaciones telefónicas, contestadoras automáticas manipuladas, programas computarizados, efectos sonoros, videograbaciones y documentos falsificados, llegó a fabricar ficciones harto más sofisticadas. Su talento floreció en ese terreno, y en verdad fue su esposa su principal inspiración. Claro que muchas de sus deslumbradas alumnas le decían que él era un novelista de la talla de Proust, Tolstoi o Stendhal y eso lo alentaba a seguir escribiendo, pero tales alabanzas no constituían su verdadera fuente de inspiración porque no lo retaban a desarrollar tanta creatividad como Denise.

La cumbre de su carrera en este sentido fue cuando su amante se incendió en la cocina y llegaron los bomberos, seguidos de su esposa, la señora de Miranda, quien se encontró con las cenizas de Elena Sotelo, una casa semidestruida, un marido alcoholizado durante días, los familiares y escasos amigos de la difunta exigiendo explicaciones, los reporteros de la prensa sensacionalista haciendo preguntas, los periodistas de la prensa cultural buscando declaraciones filosóficas de Miranda, dos hijos con depresión crónica reaccionando de la manera más insospechada –uno de ellos, la mujer, con absoluta indiferencia–, un agente de la compañía aseguradora de inmuebles insinuando que el incendio había sido intencional para obtener dinero y saldar las deudas de Miranda, y un joven desconocido que resultó saber casi toda la historia en detalle hasta el momento en que Elena Sotelo entró a esa casa la noche de su muerte, el cual insistió en averiguar cómo se había desatado el fuego y que, al no recibir una explicación satisfactoria, acosó a Raúl Miranda durante tres semanas, apareciéndose incluso, para incomodidad de la concurrencia, en los dos actos culturales donde éste se presentó en ese período, para preguntarle públicamente qué ocurrió.

El dicho joven se llamaba Juan Alatorre, un artesano de efectos especiales para cine, teatro y televisión al que en el medio de producción de comerciales –donde todos los técnicos tienen apodos o no son técnicos–, se le ha conocido siempre como *El Flaco Alatorre*. Era el vecino de Elena Sotelo que le había proporcionado el material y el entrenamiento para crear fuego falso. Era, además, una anomalía social en potencia. Y por eso, porque extrañamente Juan poseía una conciencia individual, la memoria de estos hechos no quedó sepultada junto con el cuerpo de Elena Sotelo.

¿Pero qué es la conciencia personal sino un cáncer que crece incontrolablemente en un entorno inadecuado para su supervivencia?, comprueba Inés, recordando su vida. No la conciencia social, que puede cultivarse en mayor o menor medida sin variar en lo más mínimo la conducta individual, y que en la época de juventud de Inés era una moda en México. Pero cuando existe y persiste un sujeto al que no le preocupa en lo absoluto el comportamiento de su sociedad, ni el devenir histórico, ni su participación en los cambios o las inmovilidades sociales, sino exclusivamente la lógica y consecuencia de sus propios actos, ¿no se convierte éste en un tumor amenazante para quienes le rodean? En todo caso, ¿qué es lo que provoca que un joven se encoja de hombros al escuchar la noticia de la muerte accidental de Elena Sotelo, otro joven –como lo fue Felipe Correa a los 23 años– cierre el capítulo con un comentario corrosivo, una aspirante a videoasta de la misma edad encuentre en la noticia la manera de solicitar apoyos financieros para preparar un documental feminista sobre el caso, y mientras tanto su muy querido *Flaco Alatorre* se pregunte si no fue él quien cometió un error profesional que terminó cobrando una vida? ¿Por qué surge tan prodigiosa diferencia a esa edad, entre muchachos aparentemente tan parecidos? "Ésa es la única incógnita que me llevaré a la tumba sin respuesta", concluye Inés.

Juan no podía conciliar el sueño. Pasaba sus noches ensayando puntos de ignición, revisando sus materiales, repasando meticulosamente cada uno de los movimientos que había hecho en su taller el día que preparó las substancias para Elena Sotelo, por si cabía la posibilidad de que hubiera cometido una distracción fatal mezclando o entregándole la pólvora de los cables que tenía ensamblados para una película en la que estaba trabajando, en lugar de lo que había planeado para Elena, que no era más que el sencillísimo truco del dedo encendido con el líquido que desaparece tan pronto como humedece, utilizado por cualquier aprendiz de mago e ideal para alguien que, como ella, no tenía ninguna experiencia en el ramo. Así, Juan Alatorre exploró con pulcritud científica, especulando sobre todas las variantes que podían haber intervenido, y considerando aún las más inadmisibles, como el hecho de que aquel día había cargado de gasolina el tanque de su carro con sus propias manos y que por alguna razón hubiera revuelto la gasolina con el líquido destinado para Elena, desequilibrando la combinación, lo cual era absurdo e imposible.

Ésta y otras maquinaciones mentales lo mortificaron durante tres semanas en las que apenas si se alimentó, dedicado enteramente a perseguir los pasos de Raúl Miranda y los suyos, sin que ni su novia Rosa ni ninguna de las amistades que le querían pudieran hacer nada por tranquilizarlo. Y si en efecto había cometido una equivocación, ¿qué haría?, se preguntaban todos, al correr del tiempo, con verdadero temor de que resolviera expiar su culpa entregándose insensatamente a las corruptas e indiferentes autoridades mexicanas.

Lo formidable del caso era que, durante esas mismas semanas en las que Juan inspeccionaba su proceder con sus substancias mágicas, Raúl Miranda cubría los restos ahumados del mobiliario con sus peripecias verbales. De Elena Sotelo se había olvidado completamente, a fuerza de construir un personaje de su invención –la desesperada ex alumna suya que, víctima de una sobredosis de drogas y alcohol, aquella noche había usurpado la tranquilidad de su hogar para rogarle que la protegiera de su novio, un tal Juan Alatorre, aquel loco que seguía hablándole por teléfono, inventando mentiras, y el cual obligaba a Elena a participar en perversiones sexuales– y ahora lo que ocupaba su atención era la posibilidad de mudarse del hotel en el que se había instalado con su familia provisionalmente, rumbo a la casa del viejo padre de Denise, más amplia, bien conservada y mejor ubicada, en el corazón de Coyoacán, cerca de la cantina La Guadalupana.

Por su parte, Denise al principio percibió su situación como iluminada ampliamente por un destello de luces pirotécnicas: los restos de una mujer calcinada, el relato de Raúl Miranda que ella también había leído sobre una mujer incendiada en la cocina de su casa mientras ella, Denise, levantaba los trastes de la mesa en el comedor, o el cambio de planes que por un presentimiento ella misma le hizo a última hora a la historia, al llamar para cancelar, o el olor de su marido después de la tragedia –que aunque sobrio del susto rezumaba alcohol por el cuello y las orejas, y que no era el aliento de dos o tres copas de ron pasado el desastre, sino de casi una botella– o la relación que insistía en establecer el supuesto novio loco con los cuentos publicados por Raúl Miranda y el afán que, según ese tal Juan, tenía la occisa por reproducirlos con efectos especiales y fuego artificial para demostrar algo que ya no alcanzaba a oír porque Raúl le cerraba la portezuela del carro en las narices, pero que entendía, sí, entendía bien aunque ya no escuchara nada y Raúl arrancara el auto a toda velocidad de la Casa de la Cultura Jesús Reyes Heroles, después de la presentación del libro de un amigo de su marido, no: Denise había comprendido aunque su esposo hubiera acelerado para que el ruido del motor ahogara los gritos de Juan, como también había entendido la estupefacción de los hermanos de la difunta y sobre todo, sobre todo, Denise, cómo es posible, el hecho de que ninguna alumna de los talleres literarios que había impartido tu esposo se llamara Elena Sotelo; que antes de cambiar los planes de la cena aquella noche Raúl te iba a presentar a una colega llamada Elena Sotelo. Así había dicho: "colega" y no "estudiante" ni "ex alumna", aunque Raúl asegurara que se había confundido y ahora resultara ser su alumna.

Pero transcurridos los días y las explicaciones y el impacto del siniestro, Denise iba apagando sus luces de alerta una a una, espaciadamente, a la manera de los fuegos artificiales que, una vez agotados, giran cada vez menos y se consumen como devorados por el cielo negro y el silencio espeso.

Se había confundido: nunca dijo "colega", o si lo dijo, qué importancia tenía ahora. El cuento era una coincidencia y la insólita cita para cenar en la casa y presentarle a una colega o ex alumna, también. Porque Raúl nunca le presentaba amigas, sino sólo amigos. Por eso. Porque su esposo gustaba de llevar a sus colegas hombres a la casa, para beber y escuchar música hasta la madrugada, a veces acompañados de sus esposas, a veces solos, pero nunca invitaba a mujeres solas amigas suyas, y menos con el objeto de presentárselas a Denise. Pero eso ahora qué importancia podía tener. La muchacha estaba muerta; era una desgracia para sus hermanos; menos mal que sus padres ya habían fallecido antes, pobres: la pena que este absurdo accidente les habría causado, y Denise que ni lágrimas tenía para la difunta, porque no llegó a conocerla, puesto que aquel día cambió la cita, canceló la cena y se salvó... ¿de qué? ¿Del accidente, o de saber la verdad, o de no saberla y terminar reproduciendo el cuento que había leído, según el cual la difunta se había incendiado de deseo en la cocina mientras ella levantaba los trastes en el comedor? No. La desgracia de aquella desconocida la tenía obnubilada y devastada, al punto de imaginarse pecados que sólo su marido era capaz de fraguar y escribir, pero porque él era un artista, un genio, y esas personas viven más allá de toda frontera, en otro orden universal, como su esposo le había dicho y como ella misma había observado.

Un mes después, la familia Miranda se trasladó del hotel a la casa del padre de Denise, más amplia y mejor ubicada. Con excepción de los trámites obligatorios de la compañía aseguradora y del molesto agente que seguía albergando sus sospechas respecto a un incendio intencional para cobrar, poco a poco la vida del matrimonio volvió a su normalidad, y aparecieron publicados nuevos relatos, esta vez, sobre aventuras en cuartos de hoteles extremadamente parecidos a aquél en el que habían pasado hospedados un mes.

Como es característica de la vida del engañado pasar del sobresalto de una sospecha a otro, y como la presencia del más reciente, con sus nuevas intrigas y enigmas, suele empañar los anteriores, Denise terminó borrando de su elenco de fantasmas rivales al de Elena Sotelo –ahora reemplazada por la posible huésped del hotel que recibía a Raúl Miranda en un cuarto, mientras ella, Denise, lo esperaba en otro–, y el desastre del incendio de su cocina lo recordaba como se acepta un asalto o un grave accidente callejero del que es preciso reponerse, pero que sólo ocurre como una fatalidad azarosa, propia de la vida de una gran ciudad.

Juan Alatorre, en cambio, un buen día salió de su taller dispuesto a bañarse, a afeitarse y a vestirse con ropa de calle, hambreado, con ánimo de prepararse un almuerzo y de dejar de hacer llamadas telefónicas para averiguar dónde se presentaría públicamente Raúl Miranda en las próximas semanas. Sus amigos queridos creyeron que se había aliviado de la pena que lo atormentaba, pero su novia Rosa, que lo conocía mejor, sabía que eso apenas anunciaba otra etapa distinta de su búsqueda.

No se equivocaba. Pasado un par de semanas en las que Juan parecía volver a su trabajo habiendo dado carpetazo al misterio, él le confesó qué certeza lo había liberado de su reclusión mental:

–Sí había una fuga de gas en la cocina –sentenció–. No es mentira de Miranda. En la estufa, donde ella, por inexperta, o a lo mejor borracha, se recargó un momentito. Ya lo tengo comprobado. No sé dónde apareció su cuerpo quemado, pero casi te firmo que fue ahí mismo, al pie del horno. No le dio chance ni de moverse. Y el otro idiota salió corriendo. Y no llamó a los bomberos luego luego, sino hasta un ratote después. ¿Quieres que te enseñe? El cabronazo de Miranda, por culero o por los motivos que tú quieras, chance hasta le pudo haber salvado la vida, pero se rajó. Claro: no sabemos cómo habría quedado...

—Ni qué clase de vida le habría salvado —completó Rosa.

—Claro. Pero así es. ¿Quieres verlo?

Ayudado de sus materiales y herramientas, Juan había preparado una maqueta motora de lo que pudo haber sido la escena en escala miniatura, midiendo el tiempo que el famoso truco del dedo encendido tarda en apagarse y lo que sucede si, por un minúsculo y delgadísimo tubo, en un lugar con las ventanas cerradas, hay una fuga de gas. La maqueta se prendía en llamas.

—No fue así exactamente porque en esta parte hay concreto y aquí hay cemento y yeso —todavía se tomó la molestia de precisar *El Flaco*, con el tono que empleaba frente a sus productores al levantar los paños de sus maquetas.

Ése era el nuevo proyecto: confirmar la hipótesis, porque todas las demás habían fallado. O, lo que era lo mismo: porque él no había fallado, si no que su aprendiz tal vez había incurrido en la falta sobre la que él le advirtió repetidamente: no lo hagas en la cocina, no seas idiota.

—Pero tiene que ser ahí —replicaba Elena Sotelo, contándole la trama del cuento de Raúl Miranda.

—Entonces que sea a la entrada, en el quicio de la puerta abierta, y con las ventanas abiertas, y sólo un dedo, Elena, aunque ya hayas practicado.

Rosa no contestó que tenía toda la razón y que así había ocurrido, punto, para qué te empeñas. A los diecinueve años de edad, su amor no era tan cojo ni tan desesperado como el de los treinta y nueve que tenía Denise de Miranda. Ella sabía que para un técnico de efectos especiales, ese asunto era de suma importancia. Más aun, pensó en recomendarle a una investigadora privada de la que había oído hablar entre sus amigas de la escuela. Estaba en juego su ética profesional, su carrera, su conciencia, y el cariño por la vecina muerta. Aunque los periódicos citaban un parte oficial en el que se establecía que el incendio se había originado en la estufa por algún accidente —"como encender un cigarrillo", decían—, Juan sabía mejor que nadie que el truco del dedo encendido no desata semejante devastación, de no intervenir uno o varios elementos adicionales. Tenía que corroborarlo, y ya estaba pensando cómo.

–Olvídate de la bestia de la esposa y del cabronazo de Miranda –calculó en voz alta–. Los dos hijos también vivían ahí. ¿Qué tan grave era la fuga? Tiene que haber sido grande. No sé, pero nada pierdo con preguntarles ni ellos con acordarse si ese mismo día en la mañana, o antes, olieron gas en su casa. Aunque sean chavitos, de algo se tienen que haber dado cuenta.

Curiosamente, como hija de exiliados argentinos refugiados en la ciudad de México –muchos de los cuales eran destacados intelectuales y científicos–, Rosa tenía información que aportar:

–La edad que tengan estos hijos de Miranda no importa. Sus papás creen que son genios y los meten desde los tres años a estudiar polaco o griego, física cuántica, ballet y solfeo. Te juro que hablan como adultos y no sólo identifican fugas de gas, sino sus componentes químicos. Ondas así.

–¿Hablas polaco o griego? –preguntó Juan, adivinando que Rosa se burlaba así de su progenitora y de su padre adoptivo.

–Por poquito –respondió ella, exagerando su acento mexicano capitalino, que tantas discusiones familiares había causado en su infancia.

El tema se quedó descansando sobre la mesa de la cocina. Juan lo miró cual si fuera una operación matemática sin contestar, y Rosa pudo contemplar lo mismo entre los restos de las tortillas y las tazas de café. Después de un largo silencio que no fue más que un intenso diálogo entre ambos, ella dijo:

–No. No pueden estar ahí los papás presentes oyéndolos. No les creerías. No te contestarían, y es un desperdicio de pregunta y de esfuerzo todo, porque tú lo que quieres es saber si mataste a Elena, que no es cualquier cosa.

–Entonces tengo que averiguar en qué escuela estudian –dijo él en voz alta.

–¿Y un investigador privado? Yo he oído de alguien. Si quieres, pregunto.

–Pero esto no es tan complicado... por lo pronto.

No lo fue. Después de algunas llamadas erráticas a los centros culturales donde el escritor se había presentado, aprendieron lo que tenían que preguntar, y terminaron perfeccionando la forma como saludaban. Juan, el ilusionista de oficio, tuvo que reconocer entonces que las mentiras más estúpidas eran las que mejor acertaban y menos explicaciones requerían. De hecho, fue con la historia de un "ex compañero de escuela de los hijos de Miranda que les había mandado un regalo navideño a la dirección equivocada", y que "quería saber a qué colegio se habían cambiado", lo que hizo que una indiscreta secretaria de una publicación en la que Miranda colaboraba recordara que Denisita, la hija del escritor, iba a la misma escuela del hijo de una reportera que también trabajaba ahí, y que a veces decía que tenía que pasar a recoger a su hijo al colegio para niños genios y liberados. Rosa se encargó del resto por conocer el colegio, ser también ella estudiante, compañera de jóvenes genios y liberados, y sobre todo por tener la ventaja de que el papá de Denisita no la había visto antes.

Tampoco le costó más que un excitante paseo por los Viveros de Coyoacán y dos deliciosos helados de mamey enterarse de que Denisita –la hija que había reaccionado con absoluta indiferencia ante el incendio, ante la muerte de una desconocida en su casa y ante las consecuentes mudanzas– odiaba a su papá y a su mamá, por lo que no tenía inconveniente en contarle sus vidas. A diferencia de su madre, a quien consideraba "una reverenda pendejaza", ella sabía, sin necesidad de conocer los pormenores, que la difunta había sido amante de su padre, quien atormentaba a toda la familia con sus falsedades, y que –según recordaba Denisita–, años atrás, "en una fiesta peor que como había estado la del incendio", había ofrecido a su esposa, cuando todavía era bella y digna de ser entregada sexualmente, a uno de sus compadres y editores.

—Lo más asqueroso es que mi mamá se dejó –informaba Denisita succionando su helado–, porque es una pendeja y una puta de mierda que cree que con mi papá se sacó la lotería, cuando hay que ver qué cagada de lotería es ésa si es mi papá lo que te toca de premio.

Tan sórdidas y bochornosas eran las historias que la joven describía salpicando de coloridos insultos al famoso escritor, que faltó poco para que Rosa se olvidara completamente de la razón que la había llevado ahí. Esa conversación nutrida de tan interesantes referencias no agonizaba en ningún momento y estaba claro que no terminaría más que interrumpiéndose abruptamente a las cinco cuarenta y cinco de la tarde, cuando Denisita tuviera que irse a su clase obligatoria de piano –"el muy pendejo cree que voy a ser pianista"–, de modo que Rosa tendría que introducir el tema que la ocupaba de alguna forma ingeniosa, o bien, contando toda la verdad de sus motivos.

Resolvió que Denisita era territorio absolutamente confiable, no sólo porque sentía repugnancia por su familia sino sobre todo porque, habiendo sido víctima de las patrañas del padre —entre aretes perdidos, agendas olvidadas, obligaciones de trabajo inventadas, falsos asaltos y amigas cuyos gemidos orgásmicos seguramente Denisita de niña tuvo que esperar a que terminaran sentada en la puerta de un motel o metida en un carro—, a sus dieciséis años, a punto de cumplir los diecisiete, lo más probable era que se hubiera convertido en una de esas personas que detectan mentiras y aprecian la verdad. Así que se la dijo tal cual era.

Denisita escuchó muy seria y atentamente la primera parte, relacionada con el problema ético y profesional de Juan, y se divirtió con la segunda, respecto a la muerte de Elena Sotelo.

—Sí. Dile a tu chavo que no le quede la menor duda: no había una fuga, sino una fugota de gas jija de su chingada, que olía a madres por toda la casa desde en la mañana, y de hecho mis jefes estaban agarrándose para variar, que porque quién iba a estar cuando llegara el plomero al día siguiente. No dijeron nada de eso a nadie porque capaz que la familia de la vieja se les echa encima, ¿no? O los demanda, no sé, pero sí, lo que menos tuvo que ver fue tu chavo, fíjate.

La confirmación de la absoluta inocencia de Juan no tranquilizó a Rosa tanto como debiera, pues un fuerte viento había empezado a soplar, anunciando lluvia, y estaba sonando el teléfono, lo cual la hacía sentir ligeramente afligida. Con el paso de los años, a Rosa se le antojó pensar que en ese momento había recibido una palmada invisible del porvenir, y que por tal motivo soplaba el aire frío engarzando nubes negras, aunque la realidad es que en noviembre, a las cinco de la tarde, el aire siempre es un poco frío en los Viveros de Coyoacán, y que es raro el día en que no llueve a esa hora en el Distrito Federal durante aproximadamente seis meses.

Lo extraño es que el timbre del teléfono la haya incordiado tanto, mientras en otras circunstancias tal vez ni siquiera lo habría oído. Las acciones de Juan habían generado una primera fisura en la historia de la que les tocaría a los tres ser parte: o eso le gustaba pensar a Rosa tiempo después.

Como quiera que haya sido, el aparato se encontraba adentro de la bolsa de Denisita, y ésta no parecía tener intención de contestarlo ni de apagarlo.

—Está sonando tu teléfono —dijo la chica, en cambio.

34

Rosa le respondió que ella no tenía teléfono celular. Para su sorpresa, Denisita tampoco. El teléfono que estaba sonando no pertenecía a ninguna de las dos. Sin embargo, el timbre provenía de la abultada mochila en la que Denisita cargaba sus útiles escolares.

Perpleja, la hija de Miranda registró sus cosas y encontró un pequeño teléfono móvil.

—Esta cosa no es mía —dijo, divertidísima, y, en un segundo que sería decisivo para Rosa, en lugar de apagarlo, oprimió el botón para contestarlo.

—¿Hablas inglés?

Rosa asintió con la cabeza. Al parecer, el teléfono del propietario desconocido estaba recibiendo la llamada de algún angloparlante. Denisita informó que el esnobismo de su papá la había hecho estudiar griego, latín, alemán y francés, pero no inglés, por lo que le extendió el teléfono a Rosa para que participara en lo que acababa de decidir que sería un juego. Rosa tomó el auricular de manos de Denise Miranda y se lo acercó a su propia oreja sin pensar casi, movida sólo por la curiosidad de un aparato cuya propiedad nada reclamaba, y que estaba sonando. Como a muchas personas a quienes la vida les ha cambiado por no poder aquilatar la ligereza o el peso de cada instante, Rosa se sintió condenada después a preguntarse qué habría pasado si tan sólo se hubiese encogido de hombros sin participar en la travesura de su nueva amiga. Pero no lo hizo así.

Del otro lado de la línea hablaba una mujer, preguntando por la señorita Tatiana Carrión, misma a la que la mujer que llamaba no parecía conocer personalmente. Por el tono de amable indiferencia en su voz, se trataba, quizás, de una operadora o recepcionista a cargo de conectar una llamada.

Rosa miró la cara de Denisita, que por primera vez desde las dos horas en que la había conocido, sonreía de oreja a oreja, y respondió —para complacerla, para prolongar esa sonrisa mágica que no sólo ella admiraría y recordaría después—, que la señorita Tatiana Carrión no se encontraba por el momento, pero que si la mujer del otro lado de la línea así lo deseaba, podía dejar un mensaje.

—Claro que sí —prosiguió la voz femenina en inglés—. Habla Peggy, del salón de manicure ESMA, otra vez. Sólo para recordarle a la señorita Tatiana Carrión que tiene una cuenta pendiente con nosotros por su grupo de tareas. Que esperamos que la liquide a la mayor brevedad posible.

Rosa creyó no haber escuchado aquello correctamente, en parte por el acento extraño y la rapidez con la que Peggy hablaba, pero sobre todo porque no podía creer que alguien desde un teléfono de propietario desconocido estuviera diciéndole a ella que llamaba desde algún lugar o institución cuyas siglas eran las mismas de las del campo de concentración donde habían torturado a su padre.

—¿De dónde dice que me está llamando?

—Manicure ESMA. Uñas —repitió la voz que decía pertenecer a Peggy.

—¿E, ese, eme, a?

—Sí, señora —ratificó Peggy, con el tono condescendiente de quien se prepara para reñir—. ESMA Fashion.

—¿Y usted dijo algo sobre un grupo de tareas?

—Sí, señora. Manicure y pedicure para la señorita Carrión, el día 28 de agosto a las tres y treinta y cinco. Queremos saber cuándo va a liquidar su cuenta con nosotros. Si tiene cualquier pregunta, favor de comunicarse.

Rosa se oyó a sí misma preguntar cuál era el teléfono y la dirección del salón de manicure y pedicure ESMA en Estados Unidos. No sólo pidió tales datos, sino que los apuntó en un trozo de papel color rosa que Denisita, cada vez más interesada, le facilitó. Al mismo tiempo, se preguntaba qué habría pasado si su madre hubiera escuchado en inglés esa referencia a su pasado remoto y cientos de veces estudiado, recordado y emocionalmente desmantelado; si, a pesar de todos sus esfuerzos por superarlo, habría sido capaz de tomar tal confusión sin sobresaltos. Otro impulso, el de la protección filial, la urgía a tomar nota de la ubicación de aquella ESMA cuya existencia —según resolvía al instante— su madre no debía enterarse: como si hubiera alguna razón por la que la madre se enteraría.

Notó que sus propias manos estaban sudando y se dijo a sí misma que había heredado el pánico de su familia al simple vocablo ESMA, pronunciado en cualquier idioma. Sintió una inexplicable responsabilidad sobre sus hombros —la de callar algo que no entendía— y colgó el teléfono.

Denisita se había puesto a registrar su mochila en busca de más objetos ajenos.

3

EL EVANGELIO SEGÚN ROSA

En *El Evangelio según Rosa,* confeccionado por Juan, había una frase que a ella la abochornaba particularmente, y que no recordaba haber dicho nunca: "La única preocupación de los adultos es entender qué demonios les pasó de niños. De eso se trata la vida y nada más".

Rosa pensaba que la mayoría de las sentencias apuntadas en su cuaderno era del propio Juan y no de ella. Pero su novio afirmaba que era Rosa quien había pronunciado en diferentes momentos tales palabras y que él no hacía más que recolectarlas día a día, en diferentes colores y tamaños, plasmándolas junto a los objetos gráficos y fotografías de la historia de su amor: boletos de lugares a los que habían ido, envolturas de condones, cuentas de artículos que habían comprado juntos, recortes de cantantes a los que ambos escuchaban, o pasajes de transporte que les recordaban un día especial, entre otras baratijas que Juan el alquimista convertía en tesoros.

Pero *El Evangelio según Rosa,* con aquella primera página que rezaba: "Todas las ciudades del mundo son espantosas", y aquella segunda que enfatizaba: "Todos los países del mundo son inhabitables", más una tercera que aclaraba: "La única diferencia es que hay un lugar en el que ya sabemos dónde queda la parada del camión", y una cuarta que resolvía: "Por eso creemos que ése es mejor que otros", era como si alguien se hubiera puesto a filmar sus movimientos sobre la cama mientras dormía y, por lo tanto, ella no podía corroborar si verdaderamente se había tendido de espaldas o sobre un costado, tal como se veía en la imagen.

De todas formas, le gustaba ver su álbum. Sobre todo, le gustaba tener un novio que hiciera algo así. No sabía de ningún otro aficionado a confeccionar así su cariño. Los novios de sus amigas se burlaban de sus cuerpos, de sus preferencias, de sus sueños, de sus convicciones, de sus deseos, de sus palabras y de sus actos, al grado que las muchachas terminaban preguntándose si cuidarse de no ser consideradas "un objeto meramente sexual" era tan malo como sus madres les decían, y si no habrían preferido eso en lugar de ser tomadas por objetos sin calificativo. Aquellos jóvenes eran los hijos del grupo generacional de Elena Sotelo y Felipe Correa, lo que los hacía un poco más sofisticados que sus padres en sus rechazos sentimentales, y por supuesto distintos de los congéneres sesentayocheros de Raúl Miranda. Pero Rosa no había conocido los modales de las anteriores generaciones y no quería estar con ninguno de los apropiados representantes de la suya, así que se sentía afortunada de no verse acompañada de esos jóvenes que simulaban tirar a sus amigas por las ventanas de sus casas, o que les gritaban imprecaciones delante de otros hombres, o que se reían de ellas junto con otros hombres, todo ello apenas a unas cuantas semanas de haber empezado a desahogar el ansia sexual entre ambos. Prefería el álbum cuyas frases no identificaba como suyas, pero en donde estaba grabada esa voz única que se distinguía de las flores, los poemas, las serenatas, las cartas, las canciones o los anillos a los que recurrían los otros hombres cuando estaban enamorados. Juan nunca le había regalado flores a su Rosa. Nunca le había escrito ni recitado un poema: el experto en efectos cinematográficos hablaba en serio cuando se trataba de amor, explorando las profundidades de sus antojos sensoriales y en ocasiones, también sus razonamientos.

    ¿De dónde había salido un hombre como Juan, tan diferente de sus muy convencionales hermanos y primos, tan poco parecido incluso a sus mejores amigos y colegas del medio fílmico? "De una película; es el galán directamente salido de la película más hermosa y no lo sabe", se respondió la muchacha embelesada la noche en que regresó a la casa de él para contarle su hazaña con la hija de Raúl Miranda y se encontró a Juan sentado en el suelo, esperando el veredicto de su conciencia; vigilando como si al mundo le importara si él había matado, si él era un asesino, aunque fuera por equivocación.

    Había preparado la cena como los demás jóvenes no solían hacer, y que era lavando los trastes utilizados para que la invitada no tuviera que limpiarlos, y se había dejado caer sobre la alfombra mientras se secaba las manos, a la espera de una respuesta, porque había gente que por error quitaba la vida –discurrió Rosa–, gente que por error la daba y gente que, como Juan, prefería saber qué había salido mal para no repetirlo, que es lo único que nos permite acomodarnos en ese espacio al que llamamos existencia y convertirlo en un fenómeno particular. Pero esto no se lo iba a decir ella a Juan. Esto no aparecería en *El Evangelio según Rosa*, porque de ser así quedarían suprimidos los ojos almendrados o los robustos pectorales de Juan, sus dedos largos hundiéndose en las ondas negras de su cabello, y demás maravillas que encuadraban semejantes declaraciones. Juan las omitía por tratarse de sus propios atributos pero eran realmente lo que generaba las respuestas de Rosa, y eso él no podía entenderlo. Mejor callar. Y también, porque no estaba él para saberlo en ese momento, pero aparte de quienes mataban o daban a luz por equivocación –como los doctores a veces y como las mujeres a veces–, había gente que por convicción quitaba la vida, que era la clase de gente que había dejado a Rosa huérfana de padre a los once meses de edad, y que también sólo por error no dejó a Rosa asimismo huérfana de madre, de modo que había errores letales y otros vitales: el primero había logrado matar a Elena Sotelo y el segundo dejar con vida a Rosa para que, veinte años después, le fuera dado contemplar el torso desnudo de su novio como ahora que abría la puerta y se lo encontraba en la alfombra de la sala. Si se lo decía, no aparecería así en *El Evangelio,* porque Juan no podía verse a sí mismo y no habría entendido la belleza de la espera hirviente en su cuerpo.

–Una fuga de gas tremenda desde en la mañana –le dijo, a manera de saludo.

Juan cerró los párpados.

–¿Tienes hambre? –le preguntó, sin que se notara ninguna emoción en su voz, y que, según había notado Rosa, era cuando más conmovido solía estar.

Aquella noche habían terminado comiendo la cena tibia de un mismo plato sobre el fregadero, ensimismados, en lugar de sentarse formalmente en el pequeño comedor para saborear los pormenores de la aventura de Rosa, como habían planeado, luego de casi tres horas de hacerse el amor rabiosamente en la recámara. Aquella noche habrían copulado largos minutos en la cocina si no hubieran debido despejar la nube de tristeza, de superstición y de temor que se les apareció al imaginar la similitud de sus posturas con la de Elena antes del accidente, por lo que de mudo acuerdo se habían trasladado al cuarto.

Ahora ella preparaba café mientras Juan descansaba sentado, contemplando la ventana tristemente obscura del departamento de su vecina muerta.

Aquella noche el teléfono había estado sonando. La luz intermitente de la contestadora indicaba que había siete mensajes almacenados. No era tanto, en realidad. Juan recibía copiosas llamadas de trabajo, sobre todo demasiado tarde: avisos de última hora por cambios de planes en la producción de una película, por escenas cortadas en algún comercial, por decisiones de última hora respecto a los horarios, los materiales o los guiones. Siete mensajes en dos o tres horas de ausencia eran pocos en comparación con las veces en las que un productor o un director podía girar órdenes a su batallón de asistentes para atosigarlo hasta que descolgara el teléfono a cualquier hora de la noche y de la madrugada. Pero esa semana Juan estaba trabajando en un comercial de autos producido por Guillermo *El Lentejuela Marrero*, un hombre afable y organizado, puntal, previsor, capaz de anticiparse a los más caprichosos presupuestos. Cuando *El Lentejuela* telefoneaba no era más que para desearle buenas noches y recordarle que, si no dormía bien, la pesada agenda de trabajo del día siguiente se lo iba a cobrar.

A lo lejos se escuchaba *Querida,* una canción estridente, rijosa, que hacía muchos años había sido la moda, y Juan resintió la ausencia de los conciertos para chelo de Haydn que a esa hora habría puesto su vecina Elena Sotelo, la instruida investigadora de Letras Hispánicas que bebía hasta desplomarse cada noche y de cuya casa al amanecer a menudo salía alguien desplazándose con ineficaz sigilo para no despertar a los vecinos.

—¿Sí te conté de cuando me acosté con ella? —dijo Juan.

—Sí me contaste. Como veinte veces.

—Perdón.

No había sido la primera vez que Elena, estando ebria pero no lo suficiente como para caer en el colchón de su amplia cama, le pedía que la abrazara y la acariciara, aunque sí la primera noche en la que Juan había sentido su cuerpo recostado en el suyo como una musculatura vital y envolvente, en lugar del carnoso desván de ruinas prematuras al que Juan muchas veces desvestía para ponerle una camiseta y meterlo a la cama. Habían terminado de ver dos películas en video que Juan llevaba —como muchos otros sábados en los que ninguno de los dos tenía con quién más sentir que era sábado—, y Elena como siempre había terminado acurrucándose en él. Sólo que esa vez no expedía el sudor alcoholizado y picante de siempre, sino un aroma sutil, amargo, también dulzón, fresco y recatado. "Eucalipto", pensó Juan con extraña emoción, recordando las pocas veces que se había tropezado con ese olor esquivo que lo fascinó en los muchos años que estúpidamente había tardado en conocer su origen y su nombre. Se llamaba eucalipto y no gloria ese manjar aromático que percibió sólo unos segundos una tarde en que se había escapado de su casa, cuando tenía doce años, para ir a las calles a las que su familia le tenía prohibido acercarse. Era también el olor del vestíbulo del lujoso hotel donde se había hospedado en París, del París que no conoció durante la producción de otro comercial de automóviles, pero del que se le quedó grabada esa fragancia con diptongo, esa palabra de género masculino que sin embargo él desde entonces sólo podía asociar con su primera experiencia sexual realmente desinhibida y gratificante entre las piernas de una joven camarera.

No siempre había sabido él esto tan cabalmente como entonces, pero las insistencias del olor doblegan a la razón con más resolución de la que se le concede, y aunque quizás no haya sido precisamente de eucalipto el perfume de la piel de Elena aquella noche de sábado, no pasaron más de unos segundos antes de que se viera él explorando con las manos el vientre firme y los grandes pechos de su amiga, imaginando lo que veinte años atrás habría encontrado el ahora reputadísimo e intocable Felipe Correa en esa cópula histórica que Elena tantas y tantas veces le contó.

—Mi amor: ¿sabes por qué se dice que "descanse en paz"? No por el muerto, sino por uno. Tienes que dejar que Elena descanse en paz adentro de ti —dijo Rosa, como siempre, adivinando sus acongojados recuerdos.

El café estaba listo y Rosa tenía toda la razón. ¿Qué dijo? Tomaría nota de eso para reproducirlo con fanfarrias visuales en *El evangelio*. Llega un momento en que los muertos deben descansar en paz adentro de nosotros, y había llegado esa hora. Ya había hecho cuanto estuvo en sus manos por obsequiar a su vecina con el merecido funeral de averiguar cómo murió. Las exequias habían terminado. Tenía que abandonar el cementerio. ¿Por qué no se iba? ¿Por qué se seguía viendo a sí mismo con su traje negro y su ramillete de claveles baratos junto a la tumba recién sellada? Lo sabía. ¿Pero lo había olvidado? Quizás lo había querido olvidar, que no es lo mismo. Era que Elena Sotelo le simpatizaba particularmente, nada más. Y, también, que había sido su amiga dos años, su amante de una noche; la vecina que siempre necesitaba dinero prestado; que le leía versos, que le regalaba libros y que le contaba las vidas de sus amantes. También eso, pero no nada más. Era que en Elena se compendiaban muchos tropiezos, o tal vez uno solo que era la quintaesencia del fracaso, y no de cualquier derrota sino de la que no importaba. No había sido la protagonista de una epopeya como la de los papás de Rosa. Elena no había escapado de las garras de una de las dictaduras de los años setenta ni había criado a una portentosa hija en el exilio, luego de haber quedado viuda de un mártir de la libertad de expresión; de un joven periodista torturado y asesinado en las mazmorras de la ESMA; ni había escapado corriendo, con su hija en el vientre, rumbo a la embajada de México, ni se había subido a un avión disfrazada, ni fue nunca nada más que una vecina de otros, una amante de otros; la amiga de los que verdaderamente importaban. Sus fracasos eran sólo intrascendentes y exclusivamente amorosos, aunque tampoco habían escalado las dimensiones de Ana Karenina o Madame Bovary, sino nada más las de los limitados personajes de Raúl Miranda. Y Juan se había encariñado con todo eso; con tanta simpleza; con tantos errores comunes y corrientes y necedades que eran finalmente los errores y las necedades de la mayoría de la gente: beber cada vez más para mitigar el sufrimiento, esperar sin hacer nada a que la vida sea como alguna vez se esperó, aunque ya no se recuerde ni por qué; endeudarse para pagar el sufrimiento, trabajar cada vez menos, justificar las ausencias con mentiras, defraudar a la gente, perder a los amigos, conseguir otros, volver a defraudarlos, beber más, prometerse no beber más, seguir bebiendo y creer que hacer todo eso es la única manera de encontrar el amor que enderezará esa vida, incluyendo las deudas y las borracheras.

También porque, con todo, esa mujer que se había equivocado de cantina, de mesa, de expectativas amorosas, de amantes, de época, de ciudad y de universidad, asombrosamente no en todo había errado, porque la puntería perfecta no existe ni siquiera para fallar. No se había equivocado de carrera, por un lado: era una analista literaria diestra aun en sus épocas de mayor irresponsabilidad en el trabajo, y por eso la aguantaban. Por otra parte, tampoco se había equivocado de vecino, pues habiendo podido entablar amistad con cualquiera de los haraganes solteros que vivían en el mismo edificio y que también bebían, había elegido a Juan, a quien a fin de cuentas no le molestaba que le dijera mentiras ni que armara dramas en su casa, y quien incluso a veces disfrutaba su compañía. Pero el acierto más notable de Elena se podía encontrar en el hecho de que no hubiera tenido hijos, lo que en sus condiciones habría resultado desastroso y que era la costumbre de muchas mujeres que hacían compañía a tantos hombres casados. El propio Juan era producto de semejante decisión tomada diecisiete años después de que los laboratorios Schering introdujeran en el mercado la primera píldora anticonceptiva; después del movimiento de liberación femenina y entre mujeres profesionistas. Tal como había terminado él averiguando tras seguir escapándose rumbo a las calles que le tenían prohibidas, a la casa cuyo vestíbulo olía a eucalipto y a la oficina del tío al que los familiares de Juan consideraban loco, malvado, egoísta y casi demoníaco, él mismo era el resultado de semejante locura femenina: a su mamá se le había metido en la cabeza que no había otra forma de vivir más que embarazándose de su papá, lo que a la postre ocasionó que la primera esposa de su padre lo echara y que éste se casara con su mamá. Juan se sentía resultado de un trueque y lo era. El único que se había avenido a señalar lo que había ocurrido era el tío loco, a quien por tal motivo la familia no había querido volver a ver. Como era de esperarse, de la unión entre los padres de Juan resultó un odio fiel. El padre se había casado por haber sido expulsado de su matrimonio anterior, y la mamá, para celebrar el triunfo de su propia guerra, así que vivieron atacándose desde que Juan tuvo uso de razón. Su historia familiar, tan diferente de la de la admirable madre de Rosa, no registraba más que amenazas y combates por posesiones, celebraciones de victorias largamente anheladas y estrategias ajedrecísticas para someter al opositor. La amistad clandestina de Juan con el tío loco fue lo único que le permitió conocer la felicidad. Con él se había iniciado en las artes de los efectos especiales fílmicos y así había logrado diseñar su propio rumbo. Pero lo sobrecogía imaginar qué habría sido de él sin su tío el villano y si nunca se hubiera atrevido a explorar los velados orígenes familiares. Estaba convencido de que sólo de milagro se había librado de transformarse en la persona que estaba destinada a ser: un contador, un contralor o un vendedor de partes automotrices, como sus otros tres hermanos. De modo que cuando veía que Elena dejaba ir a los casados sin hijos, Juan recorría todos los problemas que estaba evitando y se lo agradecía mentalmente a nombre de los afectados potenciales.

Al leer el estudio inacabado sobre Tolstoi que su vecina había iniciado veinte años atrás, Juan se dio cuenta de que no era la primera vez que pensaba en la fatalidad. El tema le atraía particularmente por considerarse él mismo prófugo de su vida. A veces se preguntaba también si la marca omnipresente del destino de Rosa no formaba parte de los atributos que lo habían hechizado desde que la conoció. No podía negarlo. Ciertamente, la belleza de Rosa atraía a todos los hombres. Su lucidez y su independencia la colmaban de admiradores donde quiera que fuera. Su dulzura era además el contraste que dejaba arrobados a quienes persistieran en el intento de conquistarla, que nunca eran pocos, tanto jóvenes como hombres maduros y viejos. Pero lo que a Juan lo abismaba contemplándola era el hecho de que Rosa hubiera estado destinada a terminar en brazos de los siniestros parteros de la ESMA al nacer, para ser adoptada por una familia de militares argentinos, y que por casualidad su madre embarazada no hubiera estado en la casa donde debió ser capturada. Toda ella era desde entonces una grieta en el orden de las cosas, pensaba Juan.

—Sería más divertido si me dijeras qué piensas desde hace horas —dijo Rosa, terminando su café.

Él sonrió. También en eso tenía la razón. Rosa y la razón eran una misma. La razón tenía los ojos obscuros de Rosa. Pero eso tampoco se lo iba a decir porque ella ya lo sabía.

El teléfono sonó nuevamente. Esta vez Juan se resignó a enfrentar las obligaciones de trabajo que le deparaban al siguiente día y contestó. En cambio, con lo que se encontró fue con la voz de Denisita Miranda. Era aguda pero melodiosa y matizada. Salvo por los improperios con los que reclamaba haber dejado siete mensajes grabados y que hasta ese momento alguien le hubiera contestado, por teléfono sonaba como una niña. Nuevamente Rosa había acertado en sus consideraciones: la hija de Miranda era irresistiblemente simpática. "Qué diferencia con el higadazo del papá", se dijo mientras oía a Denisita explicando la anécdota que Rosa ya le había referido, respecto al teléfono celular aparecido en su mochila.

—No debí habérselo regalado a Rosa —se quejaba.

—No sabía que se lo hubieras regalado —acotó Juan, y volteó a ver a su novia—. ¿Tú lo tienes?

—Sí —contestó Rosa, mostrándoselo—. Me lo regaló Denise para que haga llamadas de larga distancia a la Argentina sin pagar nada. Pero yo no conozco a casi nadie en Argentina. Se lo voy a llevar a mi mamá.

—Oye: qué mala onda, mano —lamentaba Denisita mientras tanto—, pero dile que no se lo puedo regalar. Resulta que es de una de las viejas de mi papá y está desesperada buscándolo.

La historia no acababa ahí ni era tan simple. "Con un papá como el mío nada es simple", apuntaba, y Juan estaba de acuerdo. Era precisamente su padre quien había introducido a escondidas el tal teléfono en su mochila. Como pertenecía a una de sus amantes y aquella misma mañana lo había descubierto olvidado en el auto cuando su esposa se acomodaba en el asiento del copiloto, no acertó más que a ocultarlo entre las pertenencias de su hija. Ahora la propietaria, Tatiana Carrión, estaba preguntando por él, y Denisita no sabía qué contestarle.

—Si les digo que pasen a recogerlo a tu casa, se van a dar cuenta de que ustedes son los vecinos de la ex de mi papá, Elena Sotelo, ¿no? ¿Estará bien eso?

No, no estaba bien. Juan y Rosa no creyeron que eso fuera conveniente. Mejor sería que pasaran al día siguiente a recoger el teléfono al hogar de Rosa y no al de Juan. Porque aunque pasaba casi todas las noches en el departamento de Juan, oficialmente Rosa vivía con su mamá y ahí no había manera de relacionarla con Elena Sotelo.

De modo que al día siguiente Tatiana Carrión se presentó en la casa de la mamá de Rosa, a recoger el teléfono móvil que se le había caído de su bolsa durante un trance sexual en el carro de su amante, y que nunca entendió cómo ni por qué había aparecido un día después en otro extremo de la ciudad, en la casa de una mujer que vivía sola con su hija.

Con todo, la turbación de Tatiana Carrión no se compara con la que padeciera la guapa señora Laura Grossman, madre de Rosa Grossman, al abrirle la puerta y descubrir que la joven amante de Raúl Miranda, por lo visto propietaria de un teléfono extraviado y deudora de una tarea de pedicure en un salón de belleza neoyorquino extrañamente llamado ESMA, lucía colgado en el cuello uno de los objetos que se llevaron los seis secuestradores del padre de Rosa la noche en que lo sacaron por la fuerza de la casa de sus abuelos rumbo a un indecible suplicio. Mismo que terminó algunos meses después en el centro clandestino de detención de la Escuela de Mecánica de la Armada Argentina (ESMA), donde al parecer murió torturado, y donde Laura Grossman habría dado a luz a Rosa si sus perseguidores la hubieran encontrado.

"Puede que no sea la misma", pensó Laura Grossman, aun sabiendo que aquella miniatura de cobre con la forma de una rosa enjaulada en espinas –fabricada por el abuelo de Rosa, joyero de oficio, con motivo de su trigésimo aniversario de bodas con doña Angelina Méndez, invocando los versos de *Romeo y Julieta* por ser él judío y ella católica– difícilmente tenía duplicado en el planeta, porque las historias que dan nombre a las cosas, o a la rosa, o a una hija llamada Rosa, no se repiten en el mundo.

"Pero no tiene por qué ser la misma", volvió a decirse, mientras saludaba a la ofuscada joven y le ofrecía pasar a su casa para entregarle su intrigante teléfono.

4

EL IDIOMA PROPIO DE LOS NOMBRES AJENOS

Eleuteria odiaba su nombre y su gorra de estambre. Lo primero había sido una extravagancia de sus padres, y lo segundo, un recordatorio de que sus padres no podían darse el lujo de ser extravagantes en una granja, sin tomar en cuenta la geografía y la escuela donde sus hijos cursarían la primaria. Porque lo que en California o Nueva York habría pasado por una coquetería e incluso una necesidad en los años setenta, en Kentucky había resultado ser una estupidez y una tortura.

"Una tortura", se repitió mirando la nuca del taxista y su permiso para conducir, con la fotografía y el nombre: Cisse Noumoutie. ¿De dónde provenían esas palabras? A Eleuteria se la antojaron africanas. ¿Qué habrían hecho sus maestros de primaria en Kentucky para pronunciar un nombre así, si el de Eleuteria, más sencillo, siempre había ameritado pausas y sonrisas torpes? Cada principio de año era lo mismo. Pasaban lista y Eleuteria sentía las miradas de todos los demás niños sobre su nuca aunque nadie la mirara, así como ahora ella observaba la del conductor de nombre presuntamente africano, también sin prestarle total atención, no porque importara, sino porque no había mucho más en qué pensar y cualquier detalle poco común desperezaba de la rutina. Y no, Kentucky no era Nueva York, y en un colegio local privado una alumna con un nombre español sólo invitaba a suponer que podía no ser tan rubia ni tan pecosa ni tan familiar como lo aparentaban sus típicos pantalones vaqueros y sus gorras de estambre tejidas por alguna granjera gorda y sonriente. Por una mamá lo suficientemente egoísta como para ponerle a su hija cualquier capricho de nombre sin medir las consecuencias en un estado como Kentucky. ¿Qué habría hecho Cisse

47

Noumoutie a los ocho años de edad en la tribu africana en la que nació, de haberse llamado Richard Cohen en lugar de Cisse Noumoutie? ¿Cómo lo habrían mirado sus compañeros de escuela, a pesar de que nada en su apariencia ni en su acento indicara que no era de ahí? Eso no lo había contemplado la mamá de Eleuteria, claro, cuando oyó ese vocablo hispánico y pensó que su bebé, como las mascotas y los animales de la granja, nunca iría a la universidad, y que podía tener cualquier nombre.

En el congestionamiento automovilístico de Park Avenue cerca de Grand Central Station Eleuteria pensó en preguntarle a Cisse Noumoutie de dónde era. Pero se cansó antes de hacer la pregunta. Se vio moviendo sus delgados labios. Se vio aspirando. Se vio levantando su lengua del lecho donde la tenía guardada diciéndose frases a sí misma y se descubrió exhausta antes de tomar aire, como le sucedía últimamente con las ocurrencias que consideraba distracciones estorbosas. Si formulaba la pregunta en voz alta, el conductor mencionaría el nombre de algún país que a Eleuteria le daba igual y que tal vez ni siquiera sería capaz de localizar en un mapa del continente africano a simple vista. Mejor no preguntar nada. El asunto no tenía la menor relevancia y, para efectos de lo que estaba obligada a hacer ese día —regresar a su trabajo luego de fungir como jurado en el juicio de otro infeliz de nombre impronunciable—, sólo debilitaría su muy menoscabada disposición de ánimo y espíritu. Porque el hombre, después de informar sobre su nacionalidad, se sentiría invitado u obligado a entablar una conversación sin importancia, adelantó Eleuteria. Había que ahorrar esfuerzos, tal como le habían indicado en las clases de yoga, donde le estaban ayudando a administrar sus recursos vitales.

Esas clases eran la única actividad en su vida directamente vinculada con su ser auténtico y no con su nombre, mismo que era como aquella rosa de cobre cubierta de espinas y colgada en el pecho de la turista mexicana la semana pasada: un perfecto yerro.

Eleuteria no sabía cómo ni por qué había guardado esa baratija quince años. Lo único que había tenido sentido fue tirarla a la basura el día que decidió deshacerse de todos los objetos inútiles para que su departamento no se viera tan desordenado las veces en que Matt se quedaba a dormir con ella. Pero lo que menos imaginó era que sus propios vecinos —no, no los harapientos borrachos que dormían en la calle, sino los educados y blancos inquilinos de su mismo edificio— tuvieran la horrible costumbre de hurgar en los cubos de basura buscando los desechos de los demás para lavarlos y reciclarlos. ¿Quién sabe? Tal vez no eran tan blancos ni tan solventes en términos financieros como se veían al salir y dar los buenos días, pensaba. Quizás también eran todos de apariencia engañosa, como el nombre de Eleuteria y como la propia vida de Eleuteria en un departamento que no era tal, sino más bien una pequeña bodega en un sótano, remodelada como vivienda con los materiales más baratos, como tantos otros millones de supuestos departamentos neoyorquinos que no eran más que almacenes recubiertos y cuartos embutidos entre los huecos de otras construcciones. Celdas chorreantes de humedad, malolientes e infestadas de ratas y cucarachas, por las que además millones de idiotas de todos los países del globo terráqueo estaban dispuestos a pagar miles de dólares al mes con tal de vivir en Nueva York.

Recordaba Eleuteria que la primera vez que le habían dicho sus ex compañeras de estudios cuánto pagaban por vivir en aquellas ratoneras sin luz ni espacio ni silencio ni vista, había pensado que eran los suyos casos excepcionales, e incluso se había reído de la impericia de sus amistades para encontrar vivienda, hasta que supo que ella también tendría que meterse en algo así si lo que quería era instalarse a pretender que vivía en la gran ciudad y ser el orgullo de sus padres y de sus cuatro hermanos menores. Ahora no sabía cómo salir de esa trampa, de esa simulación que era su existencia cada día. Pero el hallazgo de la rosa que alguna vez tiró a la basura y que meses después volvió a encontrar adornando el pecho de una de las clientes de *La Misteriosa* le hacía ahora deducir que no era la única. Acaso todos sus vecinos ocultaban también algo y sentían sobre sí la condena de perpetrar el disimulo de un éxito social que no existía en un departamento que no era tal, durante años que tampoco transcurrían, y probablemente también con parejas que ni siquiera les gustaban. Porque Matt era el hombre ideal para su mamá, no para ella, concluyó cuando se bajaba ya del taxi rumbo a su trabajo, aventándole bruscamente el dinero del pasaje a Cisse Noumoutie y cerrándole la portezuela del taxi con un golpe tan duro como si de su madre se tratara.

—Perdón —rectificó, cuando el taxi ya había arrancado haciendo rechinar las llantas en señal de desprecio.

Estaba de mal humor ese día. Era un hecho. Aun cuando sabía que los niños no se merecían una maestra malhumorada y se había propuesto no volver al trabajo de mal talante. Y aun cuando, bueno, sabía que tampoco se le podía llamar "maestra" en ese remedo de escuela, y que los niños iban ahí a jugar con los animales, básicamente. Era otro de los simulacros que formaban parte de su realidad aparente: trabajaba en la guardería infantil más anunciada de la colonia más lujosa de Manhattan, donde se enseñaba a los niños a tener contacto con los animales. Pero eso también podía considerarse una falsedad: que hubiera que pagar una fortuna en colegiaturas para conocer de vacas, borregos, gallinas y caballos. ¿No era más "natural" y económico llevar a todos esos críos de día de campo a cualquier granja como la de los padres de Eleuteria, aunque más cerca? Había que ver para creer lo que costaba el mantenimiento de aquel pequeño zoológico abierto, junto con sus establos, en un sitio cercado de pavimento y rascacielos. Ni qué decir respecto al trabajo propiamente dicho, que no consistía más que en jugar con los niños y alimentar a los animales.

Mientras que sus padres y hermanos se sentían importantes allá en Kentucky diciendo que ella era maestra de un sofisticado instituto de enseñanza experimental en la ciudad de Nueva York, la realidad era que le habían dado la plaza gracias a su extensa experiencia como granjera, no como profesora, y que su bachillerato en pedagogía y su licenciatura en Letras Inglesas de poco le había valido para ganarles el empleo a las demás postulantes con iguales o mejores calificaciones académicas, y desde luego, con títulos en universidades más conocidas. La verdad era que nunca habría obtenido el codiciado puesto de no ser porque durante su primera entrevista con la directora tuvo que decir a qué se dedicaban sus padres y que había crecido en una granja, que para el caso era como tener un doctorado en la Universidad de Harvard, porque resultó ser lo único que despertó verdadero interés en su examinadora. A la semana siguiente había sido aceptada y a los dos días de trabajo sabía ya que la prestigiada Kidsfarm no era más que un establo de lujo y un costoso capricho de los padres de familia.

"Un costoso berrinche de las madres de familia, para ser exactos", se dijo mientras entraba al instituto o "establo de lujo", sacudiéndose la nieve de las botas y del abrigo, como si cada pedacito de hielo fuera verdaderamente alguno de esos perniciosos antojos maternos empeñados en meter a los niños de ciudad en granjas artificiales, o en ponerles nombres de ciudad a las niñas criadas en granjas de verdad.

–Eleuteria, corazón: creí que no venías hoy. Oí que tenías que ir a prestar tu servicio como jurado.

La voz era de Liz, quien nunca preguntaba nada sin sacar ventaja de la respuesta. Había que tener cuidado con las palabras enfrente de Liz. Eleuteria meditó cuál podía ser la contestación menos expuesta y explicativa mientras colgaba su abrigo en el perchero del vestíbulo.

–Terminó muy rápido.

–¡Ah!, ¿sí? –dijo Liz, casi jubilosa.

Entonces Eleuteria recordó a qué se debía tanta atención: el año pasado, Liz había sido jurado de un caso de violación y asesinato múltiple que ocupó las primeras planas de los periódicos durante muchas semanas, y que acaparó todas las conversaciones a la hora de la comida en Kidsfarm durante casi seis meses. Notó en los ojos de Liz la semilla del triunfo: a diferencia de ella, su deber cívico en la aplicación de justicia norteamericana, orgullo del sistema democrático estadounidense, había terminado rápido y sin merecer un solo comentario de la prensa amarillista de la ciudad.

–¿Qué fue? –preguntó Liz, afectadamente amable.

–¿Qué fue qué? –replicó Eleuteria, como si intempestivamente se hubiera descubierto a la mitad de un torneo de esgrima sin la careta apropiada y un cucharón de cocina en la mano en lugar de espada.

–¿Culpable o inocente?

No lo recordaba. Por estar pensando en la rosa de cobre, claro, que había visto el día anterior colgada del cuello de la mujer aquella. La verdad es que apenas si había prestado atención al juicio del hombre acusado.

Liz capturó de inmediato su desazón en la palma de la mano y sonrió pícaramente, casi eufórica.

–¿No sabes?

–Sí, sí sé. Claro que sé –contestó Eleuteria, tan a la defensiva que delató haber sido jurado en un tribunal durante un juicio que no entendió, o que al menos no le prestó la menor atención–. Pero tengo mucha prisa.

–¿En serio? –insistió Liz, en el tono de quien lanza una última estocada.

Eleuteria corrigió su rumbo. No: no era el momento de imaginarse lo que contestaría y sentir pereza de tan sólo comenzar a decirlo, como le había ocurrido con el taxista africano –Cisse de la tribu quién sabe qué–, o con la cliente mexicana de la semana pasada –Tatiana del rancho sabrá Dios qué nombre–, o en todo el juicio contra el negro acusado de dispararle al dueño de una tienda de alimentos durante un asalto a mano armada, cuya culpabilidad o inocencia finalmente no tenían nada qué ver con Eleuteria y por tanto le importaban un pepino; aquello era la vida real. Liz era una norteamericana blanca de Brooklyn y Eleuteria, pese a su nombre de pila, una McGill de Paducah, Kentucky, hija del enorme Douglas McGill. Esa batalla era entre iguales y Liz –a diferencia del negro acusado, o del taxista africano o de la mexicana, que no importaban y a quienes conoció sólo eventualmente–, pertenecía a su mundo, por falso que éste fuera, y podía hacerle perder su tramposo empleo en un igualmente simulado abrir y cerrar de ojos, mandándola directamente a una muy tangible y nada pretenciosa escuela pública, dando clases a niños del Bronx. Era el momento de reaccionar.

Miró entonces a la espigada jugadora de esgrima de pies a cabeza y regresó sobre sus pasos con cuatro bombarderos accionados a control remoto.

–La verdad es que no puedo hablar en este momento de eso, Liz. Fue un caso muy emotivo, muy fuerte. Tú sabes cómo son estas cosas. ¿No fuiste tú jurado hace poco? Si mal no recuerdo...

–Ay, sí. Fue una cosa terrible.

–Entonces me entiendes.

–Claro.

–Pasas por momentos muy difíciles. ¿No pasaste tú...?

–Ay, sí. Imagínate. A mí me tocó un caso muy sonado...

–Eso recuerdo –interrumpió–. Por eso pensé que me entendías. No es una cosa que se pueda tomar a la ligera, como si fuera un espectáculo...

Eleuteria fingió apenarse.

–Ay, perdóname. No me refiero al montón de entrevistas que diste tú para la televisión aquella vez, sino a otro tipo de espectáculo, ¿me entiendes? Sé que me entiendes porque tú también eres una persona muy sensible.

–Sí, claro –dijo Liz, perdiendo súbitamente todo interés después de haber recibido la primera bomba.

Pero Eleuteria no iba a dejar al enemigo huyendo fácilmente a otro campo después de saberse atacado.

–Sobre todo aquí, en un colegio para niños, donde se trata de procurarles una atmósfera tranquila y acogedora. Fíjate: ahora que me acuerdo, la televisión no tenía permitido entrar aquí a entrevistarte a propósito de un suceso tan terrible, ¿verdad?

–No, no tenía permitido –mintió Liz.

–¿No? Ay, entonces estoy confundiéndome con otro día, porque me acuerdo de haber visto este vestíbulo y hasta los salones de clases inundados de reporteros.

–Un día, sí... Annie pensaba que era una forma de ayudar a la escuela mostrando el trabajo que se hace aquí.

–¿Annie? Debo haberme confundido –disparó Eleuteria sin pausa–, porque también un día, como dices, yo vi a Annie un poco incómoda con el escándalo que, desde luego, se habría podido evitar, ¿no crees?

–Annie a mí me dijo que le parecía bien.

–¿Crees que debí entonces haber traído a los periodistas hoy aquí con los niños, Liz, para hablar sobre un robo a mano armada del que me tocó dar mi veredicto? –persistió Eleuteria, a la manera como había escuchado durante el juicio a los abogados hablar, asombrándose ella misma de cómo podía no recordar nada del caso ni del acusado negro y sí, en cambio, de la forma como hablaban los defensores blancos y el fiscal en sus respectivas intervenciones. "Será que lo he visto ya muchas veces en las películas y programas de televisión", pensó.

–¿Robo a mano armada? –concedió Liz, vencida por el morbo–. Qué terrible.

–Terrible, Liz. Y muchos otros detalles que, la verdad, no creo que los niños tengan por qué estar oyendo.

–Qué precioso conjunto –contraatacó Liz, mirando hacia la puerta de la cafetería, por donde, providencialmente para ella, iba entrando Annie, la subdirectora del colegio.

–Sí, qué precioso traje, Annie –coreó Eleuteria.

Annie asintió con la cabeza para agradecer el cumplido y ése fue el fin de la conversación. Eleuteria no quería añadir más, porque sabía que la subdirectora era más amiga de Liz que de ella. Dejó a Annie y a Liz solas en el salón principal.

Sabía que empezarían a hablar de ella, y mal, pero no podía impedirlo. Por lo menos había vaciado todas sus bombas disponibles sobre la lengua malintencionada de la educadora de segundo año. Lo más urgente, por el momento, era encontrar a Sasha, su substituta de aquel día, para avisarle que ya podía irse a descansar, si así lo deseaba.

Eleuteria atravesó el salón de pintura sonriendo a los niños y a Myra, la profesora de arte, mientras pensaba que todo lo que había dicho durante su altercado con Liz era también una falsedad. De hecho, lo único cierto era lo que su enemiga había sugerido al principio: que ni se acordaba del juicio, y que había estado tan distraída esa mañana que apenas se enteró de lo que sucedía. Era el efecto que le causaba no estar tomando sus pastillas antidepresivas. Ahora lo entendía.

Encontró a Sasha en el gallinero, haciéndose cargo de seis niños. Eleuteria se unió al grupo. Sasha reportó una mañana sin incidentes, excepto porque se les habían acabado las crayolas otra vez. Eleuteria opinaba que el grupo de Liz gastaba demasiado material. Sasha estaba de acuerdo. Liz y sus amigas seleccionaban a los hijos de las familias más influyentes y adineradas de la zona para tenerlos en sus grupos y tratarlos como reyes, comentó: con ellas estaban los hijos de los amigos del alcalde y de los donadores de la campaña electoral del Presidente de la República. No reparaban en gastos. Más que dar clases, estaban haciendo carrera política, resumieron Eleuteria y Sasha con sonrisas irónicas.

Eleuteria se sentó en el suelo junto al hijo de los Sanders a decirle que su dibujo de los pollos era el cuadro más hermoso que podía existir. El hijo de los Sanders pintaba garabatos en un cuaderno y decía que eran pollos. Eleuteria pensó vagamente en algo que no podía formular con claridad por carecer del vocabulario y la preparación académica para hacerlo a pesar de sus estudios universitarios, pero que tenía que ver con la relación entre el concepto y la palabra. En este caso, los tachones del hijo de los Sanders y la palabra "pollo", que significaba algo tan distinto de lo que se veía en el cuaderno. Para el hijo de los Sanders todavía no existía diferencia alguna entre su garabato y los pollos que se paseaban por el corral. El trabajo de Eleuteria consistía, de hecho, en hacerle creer que no había distinción alguna. Tenía tres años y medio. A esa edad, entre lo más perjudicial que podía sucederle a ese niño podría ser tener un maestro que, en lugar de brindarle confianza en su capacidad para reproducir gráficamente lo que veía, le hubiera hecho entender qué tan feos, desarticulados y distintos de la realidad eran los rayones que estaba pergeñando.

¿Pero qué ocurría a la edad del joven negro que, junto con otros amigos, había entrado a la tienda de alimentos a robar, pistola en mano, sentenciado aquella mañana por dispararle al dueño en un brazo? ¿Qué entendía ese chico por la palabra "peligro"? ¿Había alguien en Nueva York que no supiera que, de unos años a la fecha, cada rincón de la ciudad estaba vigilado por una cámara de video? Correcto —se respondió Eleuteria en su rápida disertación mientras el hijo de los Sanders seguía desmoronando los crayones—: estaba drogado. El consumo de heroína le había impedido distinguir entre la amenaza real de acabar en la cárcel y su ilusión de salir bien librado. Bajo el efecto de las drogas, su percepción podía parecerse a la del hijo de los Sanders. Ella misma, ahora que había dejado de tomar Prozac por varios días, veía su entorno de modo enteramente distinto y se planteaba todas esas preguntas que no llevaban a ningún lado. Quizás también ella bajo el efecto de las pastillas había empezado a parecerse al hijo de los Sanders: antes era feliz, y ahora tenía la sensación de que su vida era un simulacro, con la felicidad comprimida en una píldora.

Pero había otros casos. Casos sin drogas ni píldoras. Como el de su mamá, por ejemplo. ¿Qué pasaba cuando una madre granjera bautizaba a su hija con el nombre de Eleuteria o Yuan-Pé, sin ninguna consideración del país ni el período histórico ni la región en que vivía? ¿O qué ocurría a la edad de la mujer que se había llevado a su país la rosa de cobre enredada en espinas, convencida de que era un amuleto de poderes mágicos, el cual la protegería de los muchos maleficios que le estaban arruinando la vida, según le había dicho *La Misteriosa*?

Claro que *Misteriosa* no se llamaba así. Se había puesto así al entender que muchos de sus clientes, incluso los más despiertos, le atribuían veracidad a un vocablo en español, y lo que funcionaba en contra de Eleuteria resultaba un beneficio en este caso. El nombre verdadero de *La Misteriosa* era Betty. Eleuteria lo había escuchado muchas veces cuando *La Misteriosa* no estaba disfrazada con su larga túnica ejerciendo sus funciones de clarividente en el suntuoso establecimiento de la esquina, cerca de la estética donde Eleuteria se hacía manicure y de la tienda de cámaras fotográficas, radios y grabadoras.

El ornamento de cobre había llegado ahí, según sus cálculos, antes de que el portero del edificio donde Eleuteria vivía se hubiera llevado toda la basura. Alguien —que tenía que ser un vecino, porque al área de los cubos de basura no se permitía el paso a repartidores ni vendedores—debió haber registrado entre la porquería de desperdicios de comida, botellas y papeles. Acaso sus hallazgos fueron puestos en venta unas cuadras más adelante, en la tienda de ropa usada, donde quizás Betty *La Misteriosa* los fue a comprar, o tal vez *La Misteriosa* sostuviera algún negocio directo con los rescatistas de basura de la zona: cualquier alternativa era posible.

El resto no precisaba ningún esfuerzo de imaginación: la turista mexicana que cada año se hospedaba en el B&B de la colonia, engolosinada con las leyendas que corrían de boca en boca sobre *La Misteriosa* —y que sobre todo *La Misteriosa* había hecho circular entre los clientes de los establecimientos cercanos—, estuvo dispuesta, como cientos de visitantes adinerados e ingenuos, a pagar tres mil dólares por hacerse una tarea de limpieza de sortilegios perjudiciales. *La Misteriosa* la convenció de que estaba embrujada; seguramente la cubrió de temores antes que de ungüentos purificadores, y la enredó en mortajas de esperanzas. Para cuando Eleuteria se la encontró haciéndose pedicure en el salón ESMA Fashion, ya no había argumento capaz de convencerla de que la habían engañado. Estaba contándoles a las pedicuristas coreanas que *La Misteriosa* había adivinado los nombres de uno de sus familiares y que le había dicho que algunos parientes difuntos la cuidaban, pero que simultáneamente existían mentes malintencionadas con deseos de destruirla, para lo cual habían preparado algunos trabajos de vudú en contra suya, y que unas almas de fetos sin nacer volaban sobre su cabeza. Con el fin de neutralizar sus poderes malignos, *La Misteriosa* le había regalado ese collar del que pendía la Rosa del Deshielo, decía la vieja charlatana, y que había pertenecido a un monje tártaro occidental con poderes divinos, y a la que debía rezarle todos los días mirando con dirección al río Yang-Tszé, que según la leyenda había sido descongelado precisamente por la Rosa del Deshielo: de ahí el nombre del dicho ornamento, ante el que había de repetir diariamente: "Yo quiero el Bien en mi vida y deseo verlo".

Pero cuál no sería la sorpresa de Eleuteria, después de escuchar tan fascinante historia, al acercarse a la muchacha llena de curiosidad, y descubrir que la Rosa del Deshielo del mago tártaro era ni más ni menos que la baratija que ella había tirado al bote de la basura el día en que se había puesto a limpiar su casa a conciencia para hacerse de un lugar más habitable cuando el novio se quedaba a dormir.

–¿Te sientes bien? –oyó a Sasha decir a lo lejos, como si le hablara desde una cabina a prueba de sonido–. Eleuteria: ¿me estás oyendo? Haz alguna señal con la cabeza si no puedes hablar.

¿Qué clase de petición era ésa? ¿Qué había pasado? Eleuteria no lo sabía. Cuando se incorporó de una posición horizontal que al parecer había tomado, dos niños y su amiga Sasha la estaban observando, ésta última con expresión afligida.

–¿Qué pasó?

–No sé. Te fuiste a acostar ahí y dejaste de hablar.

¿Se había desmayado? Ahora escuchaba mejor y recuperaba la noción del lugar donde se hallaba. Pero no se sentía mareada ni débil. Tal vez había sido un desvanecimiento muy breve. ¿Cómo podía ser eso, si había seguido pensando y recordando? Probablemente sólo se había quedado dormida unos segundos. Sasha quería llamar al doctor, pero Eleuteria insistió en que no lo hiciera. Estaba bien, decía. Podía caminar perfectamente. Era tan sólo que había tenido un día muy pesado.

Sasha ofreció quedarse hasta el final de su turno para que se fuera ella a descansar a su casa, pero Eleuteria sabía que lo que menos necesitaba era ir de regreso a su minúsculo y soviético departamento, como las historias que de niña le contaba papá McGill sobre lo mal que se vivía en Rusia, e idéntico a los que aparecían en las películas anticomunistas, justo en las escenas en las que el héroe era enviado preso a Siberia. No: a ese lugar ya no quería regresar más que al caer las noches, cuando se hallara agotada, sólo para dormir. Eso no era un sitio de reposo, y en esos momentos lo que menos necesitaba eran recordatorios de todas las cosas en su vida que no eran más que apariencia.

Eleuteria se secó una lágrima. "¿Por qué lloras?", pareció decirle la hija de los Stephens con la mirada. Entonces recordó su promesa de no volver a mostrar su mal humor delante de los niños y le sonrió. Preguntó en cambio en voz alta quién quería montar el pony. Casi todos los niños mayores levantaron la mano o emitieron algún sonido. Eleuteria propuso una rifa para darle de comer un terrón de azúcar al pony. Los niños respondieron entusiasmados. Sólo la hija de los Stephens guardó silencio. Miraba a Eleuteria atentamente. Hacía unos momentos la había visto incorporarse y llorar, y ahora la veía proponer una alegre rifa. La hija de los Stephens escudriñaba con esa asombrada atención que muestran los niños cuando no le creen a un adulto, pero tampoco pueden formular lo que están sintiendo. Eleuteria se advirtió por un instante observada desde lo lejos y pensó que esa niña era un rincón de su propia conciencia.

Tenía razón, además, esa conciencia: ella tampoco se creía a sí misma. Lo que había pasado en la sala de manicure aquella vez que vio la supuesta Rosa del Deshielo en la ilusionada mexicana era muy distinto, o lo mismo, pero con algo más que lo hacía distinto. La verdad era que hubo una época en la que Eleuteria había sido también una recién llegada. También había oído las historias de *La Misteriosa* y, por duro que fuera reconocer esto ahora, también las había creído. Años atrás, Eleuteria había pagado los miles de dólares que se requerían para recibir los beneficios de la adivina. También se había internado en las pequeñas estancias cubiertas de velos, entre las imágenes de santos y cojines por las que la condujeron sus asistentes, y también se había sentado en flor de loto tal como le dijeron, a repetir rezos y a seguir las instrucciones de *La Misteriosa*, quien, si bien no había acertado en cada detalle del curso de su vida, por lo menos había expresado algunos datos que concordaban con su situación.

Pidiéndole que cerrara los ojos e inhalara el vapor de una poción de extractos "naturales" que olían a frambuesa —según le pareció—, *La Misteriosa* le había asegurado que ella era una persona con un destino superior, traída a este mundo para cumplir una importante misión en beneficio de la humanidad entera, y que por eso había terminado viviendo en Nueva York, donde al paso de unos años se relacionaría con las personas que le asistirían en el cumplimiento de su karma. "Tú tienes el don de la educación", había afirmado *La Misteriosa*, y ése había sido el problema, la mortaja de ilusión que le correspondió a Eleuteria, porque tal como ahora lo veía, *La Misteriosa* enterraba a las mujeres en anhelos. Aunque no había querido creerle la mitad de lo que dijo, había debido aceptar que la mención a sus dones como educadora la había puesto a dudar. Era difícil ignorar esa declaración habiendo estudiado Pedagogía. Sobre todo, era casi imposible no dar la bienvenida gustosa a semejante alternativa, con la fastidiosa vida que llevaba.

Con el paso y el peso de los días, en aquellos tristes tiempos la semilla del vaticinio comenzó a dar los frutos de sus preguntas: ¿sería cierto que Eleuteria había venido al mundo con una misión especial? Si no, ¿cómo era posible que la cartomanciana se aventurara a garantizar tan importante dato si estuviera convencida de que era falso? ¿A tanto podía llegar su atrevimiento? Eleuteria no podía concebirlo así. Además, no sabía de ninguna otra cliente a la que le hubiera dicho que había venido a este mundo con una misión especial ni que poseyera el don de la educación. Podía ser cierto, entonces. Quizás no todavía, pero el camino estaba abierto y era una opción de futuro para ella con la que le gustaba soñar.

El siguiente paso fue empezar a explicarse su presente enojoso como signo del camino al que estaba destinada. Todo lo que le pasaba en su vida sucedía por algo. Había un futuro preparado para Eleuteria y sólo así se entendía por qué tenía que soportar la contrariedad de un trabajo más bien fraudulento en una granja urbana. De alguna manera —más sentida que razonada, cabe decirlo—, Eleuteria había terminado hospedando esa posibilidad en su corazón, quizás no exactamente tal como la había recetado la adivina, pero sí en su postulado fundamental, que consistía en pensarse como alguien especial, única, y con un objetivo en la vida. De hecho, era tal convicción secreta lo que le había dado fuerzas en determinados momentos difíciles de su estancia en la famosísima urbe.

Pero los años habían pasado en Kidsfarm, en las pugnas inverosímiles con las demás profesoras, y en su inhabitable departamento, sin que el llamado divino se hiciera presente en modo alguno. En los momentos de mayor optimismo, con la ayuda de sus píldoras, pensaba que todo aquello era una prueba de paciencia a la que estaba conminada. Pero la verdad era que el único que progresaba con visible rapidez era su novio Matt en su carrera de músico arreglista, quien para esas fechas ya había logrado poner su propio estudio e incluso le ayudaba a ella a pagar sus cuentas de fin de mes. El amor se mezclaba con el resentimiento y Eleuteria había terminado unida a él más por la imagen de triunfo que proyectaba ante sus familiares en Kentucky que por un afecto genuino.

En tales circunstancias fue como se topó con el adorno que ella misma había desechado y que esta vez envolvía una verdad espinosa. Lo revisó atentamente con la esperanza de estar equivocada, pero no lo estuvo. Pensó en todas las decisiones de su vida que en los últimos años había ajustado a esa certeza, a ese creerse una mujer elegida por el Cielo para llevar algo a cabo. Más que sentirse engañada, se supo estúpida.

Porque la gente capaz de ofenderse al haber sido estafada era aquélla que, habiendo cometido una tontería imperdonable, prefería acusar a terceros de su propio error, pero no era ése ni siquiera su caso. Ella pertenecía ahora a otra categoría: la de quienes incurren en una imbecilidad tan descomunal que no pueden atribuírsela a nadie. Ése era su problema. Ni modo de culpar a *La Misteriosa*, como si semejante nombre atrapa-gringos no la delatara sola. Ese mal paso tan largo había sido sólo de Eleuteria. Habría podido encontrar cualquier otro empleo que no tuviera que ver con esa estafa de enseñanza preescolar ni de primaria: aceptar que no había otras opciones más que la maloliente escuela o el timo. O habría podido separarse de Matt y olvidarse enteramente de su teatral vida en la gran ciudad. Incluso habría podido casarse con un granjero y regresar a Kentucky: hasta eso habría sido mejor, igual que en Kidsfarm pero sin el entorno urbano. En cambio, durante tres años y medio ("ya casi cuatro", añadió, asustada), llevó esa vida fragorosamente postiza, y sólo por haber querido creer que tenía un destino. ¿Qué haría ahora para recuperar el tiempo perdido?

Inmediatamente dejó de tomar las pastillas de la felicidad. Si su existencia no era una prueba de tolerancia ni conducía a ningún lado, ya no necesitaba usar píldoras para resistirla. A la mañana siguiente se descubrió más indignada que nunca por cuestiones en las que antes, tal vez por el efecto de los antidepresivos, no solía reparar: su nombre, con todo lo que implicaba, más la incomodidad de su vivienda en relación con su precio, y los recientes triunfos profesionales de Matt. Lo primero que pensó en consecuencia era que tenía que ir al establecimiento de *La Misteriosa* a reclamarle los años de desperdicio, pero cuando se preparaba ya para salir rumbo a lo que iba a convertirse en la reclamación de derechos del cliente más espectacular del año en la ciudad de Nueva York, se encontró con el citatorio que había recibido por correo y se acordó de que ese día ni siquiera era de trabajo, mucho menos de ir a reclamarle nada a una telépata, ya que estaba obligada a ir a hacer su servicio como jurado.

Los días transcurridos en los tribunales le ayudaron a reconsiderar su decisión de reclamar a *La Misteriosa*. Al principio, mirando al juez y al acusado, había delirado con la posibilidad de demandar a la charlatana por robarse la basura de los edificios y atribuirle propiedades mágicas, pero al oír al abogado del infeliz que estaba siendo enjuiciado y observar la gran cantidad de factores que podían anular las pruebas en su contra, así como de testigos requeridos, desistió de su sueño.

Sin embargo, la frustración se convertía en una compañía cada vez más voluminosa con la que tenía que cargar. A cada mañana siguiente sentía apenas fuerzas para levantarse y mirar con asombro infinito cuántas cosas en su vida habían dependido hasta ese momento de una ilusión existencial. Así había pasado aquel período de trabajo forzado en los tribunales. De no ser porque podía meterse en problemas muy severos con la ley, sobre todo en épocas de guerra –que en su país era siempre–, Eleuteria habría abandonado el estrado de los jurados en cualquier momento.

En ocasiones sentía que lo que se estaba juzgando era su comportamiento. Imaginaba al juez dictándole sentencia por estúpida. Alguno de sus vecinos era llamado a testificar. Había visto a Eleuteria sacando de su departamento toneladas de basura.

–¿Y cómo supo usted que en esas bolsas de basura se hallaba este objeto? –preguntaba el abogado de Eleuteria mostrando la miniatura de la rosa enjaulada en espinas–. ¿Reconoce este objeto?

El vecino aceptaba que no había visto el contenido de las bolsas, pero Eleuteria sabía. Los acusados son los únicos que saben exactamente qué pasó, y ella sabía. Nada la iba a sacar de ese mal sueño. Había pagado miles de dólares a *La Misteriosa* por conocer su destino y hacerse una tarea de limpieza espiritual. Le había creído más de lo que le gustaría reconocer. ¿No les contó entusiasmada a las muchachas coreanas del salón de manicure todo lo que había pasado en su sesión de rituales? Ahí estaban ellas como testigos. También pasarían al estrado a declarar. Ahora entendía qué tan probable era que las pedicuristas cobraran comisión por la publicidad que le hacían a la adivina en su negocio. ¿No las había visto cobrando las cuentas pendientes de *La Misteriosa* a las clientes "atrasadas con los pagos", a las "olvidadizas"? Aquello bien podía no ser sólo un gesto de buena voluntad para con el vecino, sino una estafa concertada entre dos pequeños establecimientos, y Eleuteria lo había visto todo en esos años sin razonar ninguna relación de intereses.

–¿Qué tan fiable considera usted la capacidad de percepción de su novia? –le preguntaba el fiscal a Matt–. ¿Se tomaría usted en serio durante tantos años cualquier cosa que le dijera una desconocida?

¿Cuántas veces en la intimidad le dijo a usted que ella sentía tener un don muy especial? Cito: "el don de la educación". ¿No le dijo eso?

Claro que lo había dicho, y sobre todo a Matt. Para que la admirara, algunas veces, o para competir con él, otras, pero se lo había dicho. Y el veredicto era predecible: Eleuteria no tenía nada especial. Quedaba condenada a una vida común e insignificante. No había sufrido privaciones y humillaciones por ningún otro motivo más que su falta de aptitudes para procurarse una carrera como la de Matt y una existencia más apasionante. Su presente sería su cárcel.

El juicio había concluido y ahora estaba su estrecha vida por delante. ¿En qué acabó realmente la historia de aquel miserable acusado de asalto a mano armada? Ya no lo recordaba. Pero estaba drogado seguramente cuando cometió ese crimen. Y a ella le hacían falta sus pastillas antidepresivas para prestarle la suficiente atención a la hora de juzgarlo. Eso era. ¿Dónde las había dejado? Ahora recordaba: había decidido abstenerse. ¿Por qué? Porque también era estúpido tomar pastillas y fingir la felicidad. Todo era estúpido. Nada tenía caso. Para colmo, la pequeña hija de los Stephens seguía observándola desde lo lejos, aun cuando la rifa había ya terminado, todos los niños habían tratado de montar al pequeño caballo y había sonado la campana de la salida.

—¿Te sientes bien, Eleuteria? —volvió a preguntar Sasha.

—Qué pregunta tan estúpida también es ésa, ¿te has fijado? Preguntamos si se siente bien una persona justo porque nos parece que se siente mal —dijo Eleuteria.

Tras lo cual se marchó sin despedirse, dejando a su substituta sobrecogida.

Pero al día siguiente regresó pidiendo disculpas por su inusual comportamiento, contando a quien quisiera escucharla que la experiencia del juicio la había afectado profundamente, suspirando y entornando los ojos, suspirando y entornando los ojos otra vez, repitiendo todos los lugares comunes propios de tales crónicas y asegurando que ya se había repuesto tras largas horas de sueño. Se veía jubilosa. Más que horas de sueño daba la impresión de haber tenido un interminable y profundo orgasmo. Estaba, de nuevo, bajo el efecto de las pastillas, pero nadie se dio cuenta porque así era como todos la conocían.

La verdad era que había pasado parte de la noche pensando en no regresar más. Se había visualizado redactando su renuncia. Después resolvió que ni siquiera se tomaría la molestia de escribirla. ¿Para qué? Era demasiado trabajo. Le llamaría por teléfono a Annie, la subdirectora que de todas formas no la tenía en alta estima. Annie aceptaría su dimisión hasta por teléfono. Nadie la extrañaría en Kidsfarm. Mucho menos los niños, que en todo caso se percatarían más de la ausencia del pony que de la de ella. Regresaría a Kentucky. Ya encontraría la forma de explicar a la familia. Con alguna mentira, claro. Con otra mentira más.

Se vio a sí misma marcando el teléfono de Annie. Esperando a que contestara. Escuchando su voz y diciéndole lo que tenía que decirle. Pero no tenía caso. Para qué darles gusto a Annie y a Liz, además. Tampoco eran gente especial. Pensándolo bien, daba igual. Todo daba igual.

Antes de dormir se acordó de aquellas dos mujeres que también habían formado parte del jurado, a las que oyó durante un receso en el baño sin que ellas se percataran de que alguien las estaba escuchando. Una era la gorda negra llamada Maureen. La otra era Sarah, una pelirroja blanquísima. Cosa rara entre una negra y una blanca, habían entablado una plática animada: no para hablar del crimen cometido por el negro asaltante, sino de ella, de Eleuteria.

—¿Te has fijado en esa rubia qué cara tiene? —preguntaba Sarah.

—Ajá.

—¿Ajá qué? Tú estás sentada junto a ella. ¿No te parece incomodísima?

—Para mí que lleva tres días drogada —dijo la negra—. No sé cómo la dejan entrar a un recinto donde las drogas están prohibidas.

—Para mí que es retrasada mental y nadie se dio cuenta.

Eleuteria jaló en ese momento la cadena del excusado y salió de su compartimiento, sólo para molestarlas, porque no por nada era ella la hija del mayor Douglas McGill, héroe de Vietnam y de Corea, y a ella nadie le quitaba la última palabra.

Las mujeres la miraron como a una espantosa aparición. La pelirroja incluso emitió un gemido de horror. Pero la hija del valeroso *Marine* había aprendido a plantarse con cara de nada hasta que el opositor se diera cuenta de que no se iba a mover. Ambas se retiraron casi corriendo.

Eleuteria se había quedado llorando en el baño después de haber oído su sentencia. Pero ahora el juicio había terminado, ella había

5

LAS LÁGRIMAS SABOTEADAS

Era previsible que Inés Carrasco sintiera punzadas en el estómago el día de su cita con la señora Laura Grossman, madre de Rosa, a quien tendría que rendirle cuentas de su minuciosa investigación sobre una peculiar figura ornamental fabricada en Argentina, desaparecida en un campo de detención y reaparecida casi veinte años después en Estados Unidos, a manos de una cartomanciana conocida como *La Misteriosa* para su clientela anglosajona y como *Madame Keshavadas* para los turistas latinoamericanos. En los últimos tiempos, éstos habían llegado a constituir su principal fuente de ingresos, particularmente gracias a los actores de televisión y bailarines de América Latina, que eran muy supersticiosos. El apodo de *La Misteriosa* en español para norteamericanos estaba ya confinado al desuso y por eso a Inés le había costado cierto trabajo encontrar la relación entre la astróloga de la que hablaban las manicuristas en Nueva York y la hechicera a la que se refería Tatiana Carrión en la ciudad de México. Pero para Inés Carrasco no había habido misterios indescifrables hasta ese momento. O casi. Sus clientes la recomendaban como la mejor investigadora "de bajo perfil", para casos *light*, o como la única eficaz, considerando que la mayoría de los atracos, violaciones, secuestros y asesinatos en la ciudad de México era ignorada, encubierta, o perpetrada por las propias autoridades. A Inés, mientras tanto, no se le escapaban detalles sin explicar. Quizás porque lo suyo eran los casos consumados y perdidos, cuando ya nadie tenía tanto interés en borrar huellas, decía ella. Quizás porque la gente la buscaba cuando los supuestos criminales habían sido sentenciados y los muertos enterrados; después de que habían operado todas las instancias legales y, aún así, quedaban cosas por aclarar. Cuando la desesperación por entender los hechos "había pasado tantas horas sentada en tantas antesalas que ya hasta aprendió a leer revistas y no recuerda ni qué está esperando", bromeaba Inés cuando se hallaba de mejor humor que ahora.

La tarde le deparaba un momento angustioso y lo sabía. De ello no sólo daban cuenta los aguijoneos en el vientre y el inevitable temblor de sus manos cada vez que trataba de anticiparse a lo que ocurriría, sino sobre todo su disposición a incorporar cuanto veía a su estado de ánimo: el cielo anunciaba una posible granizada, además de la usual tormenta vespertina; el atolladero automovilístico en el que se encontraba sobre la avenida Revolución desplegaba visiones apocalípticas y le garantizaba que, de quedarse ahí, no desembocaría en el Eje Mazatlán sino una hora después de lo previsto, por lo que tendría que dar varios rodeos para llegar a tiempo, y lo peor era que seguramente cientos de conductores estaban planeando hacer lo mismo que ella.

Entre los harapos humanos que bullían en las esquinas tratando de conseguir de los conductores dinero o sobras de comida, algunos prevenían la lluvia y trataban de hacer sus diligencias limosneras con mayor velocidad, lo que causaba amontonamientos adicionales y entorpecía la circulación cada vez más. Los niños miserables se abalanzaban sobre los parabrisas de los carros para limpiarlos y pedir unas monedas a cambio del servicio antes de que el aguacero lo proporcionara gratuitamente. Algunos de ellos se estaban iniciando ahí mismo en el negocio del minicrimen organizado rociando con sus botellas de agua especialmente los carros de las mujeres para, al momento de pedirles limosna, revisar dónde dejaban ellas sus bolsas: si las ponían sobre el asiento del copiloto, el niño limpiaparabrisas pegaba un chicle masticado en la portezuela de la conductora. La goma de mascar embarrada era la contraseña de los atacantes que aguardaban en la siguiente esquina, armados de fierros, para que supieran que en ese vehículo había una mujer sola con una cartera a la vista. El carro solía ser flanqueado por dos sujetos, uno encargado de hacer voltear a la conductora hacia una ventanilla y el otro, de moler la del lado opuesto a porrazos, tomar su bolsa y huir. En medio de un embotellamiento vehicular no había mucho que la mujer pudiera hacer, excepto dejar su coche a disposición del transeúnte cómplice, echar a correr tras el asaltante y quedarse sin carro. La policía recibía un porcentaje de lo que los rateros colectaban cada día, y el niño limpiaparabrisas, una limosna más. Normalmente, cuando Inés localizaba a los niños vigilantes cazando a sus futuras víctimas, los espantaba levantando su bolso y sonriéndoles. Pero esta vez no tuvo ánimos de retar amistosamente al que se le acercó. Mala señal, razonó, si ya ni siquiera tenía tiempo de brindarles un guiño a esos infelices en el campo de batalla callejero.

Y no, no tenía tiempo. Ya no. Algo había cambiado en su vida con aquel último trabajo. No porque algún detalle faltara en el informe más exhaustivo que la señora Laura Grossman pudiera jamás obtener sobre el azaroso recorrido de su baratija sobreviviente, ni porque no pudiera ahora entregarle puntualmente todas las respuestas a sus preguntas. No era eso. Laura Grossman daría por compensado cada centavo de los viáticos y el anticipo que con tantos alegatos y sospechas le había entregado para hacer ese viaje a Nueva York. Ahí estaban las declaraciones grabadas, las fotografías del salón de belleza y sus serviciales manicuristas, junto con las del escaparate del negocio de la cartomanciana, tal como se observaba desde la calle, desde varios ángulos, y el minucioso registro visual del trayecto de la rosa desde el departamento de Eleuteria hasta los cubos de basura del edificio, las puertas traseras por las que entraban los recogedores mexicanos, los rincones callejeros donde hacían trueques con los pepenadores negros; la foto del pepenador en turno que recordaba haber rescatado la singular figura e incluso su descripción escrita y firmada del día en que fue a venderla a *La Misteriosa* por cinco dólares. No, ciertamente Inés Carrasco no era una aventurera detective ni mucho menos una investigadora certificada, ni tenía oficinas, ni teléfono donde pudieran localizarla, ni correo electrónico; ni podía tampoco suministrarle recibos que pudieran incluirse en las declaraciones anuales de impuestos, ni firmaba contratos ni tenía la misma firma siempre, y la camioneta que conducía quizás portara placas falsas, y efectivamente nadie podía dar cuenta de qué clase de pasaportes utilizaba cuando su trabajo la mandaba a viajar al extranjero, pero nadie la igualaba en eficacia a la hora –siempre puntual– de entregar resultados. Por eso había que proporcionarle todo el dinero en dólares que exigiera por adelantado y sin facturas, faltaba más, confiando sólo en el instinto o en el milagro de que, en una tierra sin ley, donde cunden los ladrones, Inés Carrasco formara parte de esa población invisible y también nutrida que los evita en lugar de integrarse a sus filas. Lo cierto era que al final de la aventura Inés pagaba con intereses la confianza concedida. Acaso las grabaciones que rendían sus pesquisas no siempre constituyeran evidencia en el marco legal, pero en el arqueológico –su especialidad– no había modo de poner en duda la autenticidad de las confesiones que lograba.

Era tal su don de gentes que hasta la poco carismática Eleuteria McGill se había dejado fotografiar por ella, adentro de su departamento y en el kínder ecologista en el que trabajaba, junto con los niños y los animales de la granja. La propia Eleuteria, normalmente escrupulosa con cualquier información sobre su familia y su vergonzante granja, había terminado contándole la historia de su odiado nombre, Eleuteria, que a la vez era la historia de su padre en la Argentina entrenando militares durante la dictadura, y del padre de Rosa siendo torturado por los alumnos del padre de Eleuteria. Ése había sido el recorrido continental de la rosa. Sí: rebasaba por mucho las expectativas de Laura y hasta las de la propia Inés, que nunca solían ir tan lejos como las de los clientes al momento de contratarla. Sí: Laura Grossman se daría más que satisfecha.

Pero ella no. Ése era el problema. Un dolor le avisaba siempre que había algún desajuste. Así le había ocurrido desde muy joven, cuando decidió abandonar la vida en la que se suponía que debía acertar y tuvo que empezar a confiar en sus propios errores como investigadora. A veces era un dolor en la parte posterior del cuello o en la quijada. El lugar variaba, pero no su naturaleza: era siempre una molestia intermitente, ya fueran aguijaduras sutiles o escandalosos pinchazos, como luces de alarma que se encendían y se apagaban adentro de su cuerpo. Ahora esa señal emergía desde el estómago. Si lograba escapar de aquel atolladero vehicular, aproximadamente dentro de una hora estaría tomando mate en la casa de Laura Grossman. Eso era lo que la preocupaba.

Había empezado a llover intensamente. Los limosneros corrían a guarecerse y varios automovilistas apagaban sus motores, derrotados, pensando en la cita a la que llegarían tarde. Lo que no era el caso de Inés, claro. Ella había anticipado el congestionamiento y la lluvia. Ella se anticipaba a todo. ¿Era eso una virtud? Siempre lo ponía en duda.

También la angustia que sentía en ese momento la había presentido. Desde que había aceptado hacerse cargo de la averiguación lo supo. O aun antes, cuando se le habían presentado esas dos muchachas avispadas en la barra del café de la vetusta tienda Woolworth, donde ella hacía sus citas de presentación. Algo no iba a salir del todo bien. Ni Rosa Grossman ni Denise Miranda parecían estar buscando lo que decían buscar. ¿Pero no era eso lo común entre las criaturas de esa edad? En las sábanas de sus memorias narcotizadas solía haber enredados secretos de familia: desde pequeñas mezquindades que por lo general las muchachitas no podían reconocer como tales, hasta paternidades que les eran vedadas con mentiras, e incluso –como había sucedido una vez con el sueldo semanal de una de sus clientes– robos cometidos por parientes adictos, pero en casi ninguna circunstancia las chicas se presentaban diciendo lo que querían, sino, en cambio, alegando una excesiva preocupación por una amiga en apuros con el novio, o por el propio novio metido en problemas. Era a Inés a quien le correspondía averiguar qué preguntas –además de las relacionadas con el novio o la imaginaria "amiga en apuros"– atormentaban sus vidas al grado de tomarse la molestia de empezar a preguntar por ella.

A este respecto, Rosa y Denisita tampoco eran la excepción: habían llegado con la graciosa historia de un teléfono móvil perdido y encontrado con otro objeto a su vez también extraviado, pero no fue muy difícil deducir que aquello era un pretexto. No podía ser cierto tampoco que, tal como ellas dijeron, la madre de Rosa le hubiera prohibido a su hija continuar sus indagaciones detectivescas. A primera vista se notaba que a esas dos jóvenes educadas en colegios liberales y freyrianos, con sus pantalones cuidadosamente raídos y sus zapatos de plataforma, hacía mucho que ya nadie podía prohibirles nada ni preguntarles a qué horas regresarían a dormir a la casa de sus padres. No era por eso que recurrían a ella. Bastó con oírlas hablar aquella tarde para saber que en realidad buscaban algo más. Quizás a sus respectivos padres: una, por amor a lo que éste había sido, y la otra, por desdén a lo que éste era. Tampoco resultaba demasiado complicado entender que ambas quedarían desilusionadas con los resultados, si Inés trabajaba para ellas: que terminaría descubriendo demasiado y que tal vez ni el heroico padre torturado en los campos de concentración argentinos ni el infalible Don Juan eran tan mitológicos como sus hijas los percibían.

Había que ver, por añadidura, si no estaban mintiendo: si el dije extraviado existía, si el tal novio de Rosa no era un mequetrefe, un irresponsable o hasta un matón a sueldo, en lugar del santón que su joven enamorada describía.

Pero Inés también se sabía más que capaz de lidiar con tales dificultades. El problema no era el trabajo. El problema era Elena Sotelo. Su nombre de pronto había caído sobre la superficie de la barra, entre el café, las bebidas azucaradas y las servilletas manchadas con el lápiz labial negro de Denisita. Elena Sotelo se desprendía del resto de la información que le estaban proporcionando. No: Inés no tenía inconveniente ocupándose de ayudar a dos clientes tan jóvenes en un asunto tan inusual y aparentemente sencillo. Cosas más raras le habían encargado antes, desde búsquedas de mascotas no convencionales hasta de discos compactos con información comercial. Y no: no le preocupaba la posibilidad de que las niñas estuvieran mintiendo; que hubieran sido enviadas por algún enemigo de sus ex clientes dedicados al espionaje industrial, o por cualquier otro motivo. Por más complicado que pudiese ser ese trabajo, lo único que sí podía anunciar malos resultados era ese nombre del pasado.

Inés tenía fe en un teorema: mientras más olvidara su primera juventud, mientras más incomunicada estuviera la Inés de entonces con la Inés de hoy, mejor operaba en la profesión con la que de joven había soñado, pero que la Inés de hoy había tenido que maquilar y procesar desde el imperfecto mundo de los sueños esbozados hasta la realidad en todos sus horribles aspectos. Para que el esbozo cobrara cuerpo, ella había debido deshacerse de la Inés de ayer. Y el nombre de Elena Sotelo pertenecía a la Inés de ayer. No era un buen comienzo.

Pero ahora ahí estaba, rumbo a la casa de la señora Grossman, al final del camino, con un premonitorio malestar en el estómago. Y todo había salido bien. Sus admiradores perforarían en su impecable marcaje de éxitos otro punto más para la leyenda de la cazadora que, en la selva capitalina de los encubrimientos y la corrupción, nunca había dejado preguntas colgadas del follaje. No le había tomado más de dos días corroborar la historia de las muchachas y los datos sobre la muerte de Elena Sotelo. Tampoco había pasado más de una semana cuando ya había obtenido las referencias pormenorizadas, las direcciones, teléfonos y fotografías de Tatiana Carrión, con lo que no sólo satisfizo la curiosidad de Denisita respecto a una de las amantes de su papá, sino que despertó la de la persona que más le interesaba: Laura Grossman.

La madre de Rosa, según sus cálculos, sería la única cliente y con dinero para pagarle un trabajo en forma. A ella iban dirigidos los pro-

70

yectiles de atracciones lanzados por Inés. La búsqueda inicial había sido su tarjeta de presentación. A partir de entonces, tal como imaginaba, la madre de Rosa pasaría un mes o dos meditando sobre la locura de su hija. Ello, sólo para llegar a la conclusión de que Rosa ya era una mujer joven bastante cuerda y decidida, capaz de forzar una situación hasta donde ella no se había atrevido, quizás por la edad, o por cansancio, o porque no se busca a un marido conocido con la misma insistencia con la que se busca a un padre desconocido.

Y terminaría llamando. Eso Inés podía asegurarlo. Cuatro, seis u ocho semanas después –pero no mucho más: tal era el período de gracia de un deseo inhibido en la piel–, la señora Laura, más que pensar en el padre de su hija que la mirada de ésta diariamente le recordaba, comenzaría a acordarse del amante que también fue; de ese único amor de juventud al que nunca dijo adiós, que nunca sació y del que no se divorció. Entonces dejaría de importarle que esa investigadora de la que le hablaban las jovencitas quizás fuera un fraude porque no tenía ni oficina ni teléfonos dónde localizarla, pero a la que su hija Rosa ya había visto personalmente. Cedería y estaría dispuesta a pagar por someterse de nuevo al tormento del rastreo de una huella amada, así fuese fosilizada e imprecisa. Empezaría a preguntarse por qué no había reaccionado antes; por qué se había quedado sin palabras ("como embrutecida", señalaba Rosa), cuando recibió a Tatiana Carrión en su casa; cuando descubrió que tenía algo más que hablar con ella además de entregarle su teléfono y preguntarle tímidamente que "dónde había comprado ese collarcito tan lindo", sin obtener a cambio más que el nombre de una tienda donde eso no estaba a la venta y que era evidentemente una respuesta mentirosa.

Con todo eso contaba Inés. Su primer recado enviado sería, además, claro y directo, porque una mujer que había escapado de su país embarazada para salvarse y salvarle la vida a su hija, como Laura había hecho, no podía ser una de esas señoras que titubeaban ante las grabadoras telefónicas. A partir de entonces, sería Laura Grossman la que marcaría el camino y el ritmo a seguir, no Inés.

Efectivamente, un día llegó el mensaje, que era casi una orden, y que puso a Inés sobre la pista de la portadora de un teléfono celular y de un supuesto amuleto entregado por una vieja charlatana en Nueva

York. Laura Grossman pagaría lo que le hiciera falta por conocer más detalles; eso no era problema; lo que vos necesités. ¿Cómo dices que te llamas? ¿Inés qué? Yo conozco a unos Carra'co Gómez, dice la argentina, tratando de jugar a la detective ella también, y tú te ríes por dentro, Inés, porque sabes que tu nueva cliente desde el primer momento quiere enseñarle matemáticas a Pitágoras. Duda la argentina de que tu nombre sea verdadero. Quizás tengas que mostrarle una de las identificaciones que tienes, tan falsas que parecen auténticas, como diría la señora de la O con esa amplia sonrisa con la que siempre saludaba en tu taller de fotografía, tan elegante, en la colonia Juárez. Y se la muestras, cómo no, sólo que esta vez lo que ella no sabe es que tu nombre es auténtico, Inés Carrasco, porque se acabaron los tiempos de andar falsificando documentos; se acabaron los tiempos de hacer favores peligrosos sin saber ni a quién ni con qué objeto. Quién hubiera creído que al final del camino te ganarías el derecho de usar y de extenderle a la argentina tu nombre otra vez, Inés Carrasco, al pie de tu fotografía, aunque fuera en una credencial hechiza y con domicilio inventado, pero así es. Se la extiendes a la señora Grossman antes de que ésta agregue nada para que vea tu nombre completo y acepte de una vez por todas que le adivinas el pensamiento; que no habrá nada que no sepas tú antes que ella, y que contigo es preferible no hacer alardes de astucia. Aquí está la fotografía. Esta mujer tan gorda que necesita usar tallas especiales eres tú. Pero te estás cambiando de casa y tu oficina está en remodelación. Siempre te estás cambiando de casa y siempre tienes una oficina en remodelación. No hay modo de encontrarte. Sin embargo, en un par de meses le vas a traer en charola de plata todo lo que necesita saber su objeto perdido y te lo agradecerá. Aunque la pregunta es si tú se lo agradecerás. Si creerás que habrá valido la pena hacer un trabajo en el que había una incertidumbre llamada Elena Sotelo, que era como el letrero anunciando curvas peligrosas en una carretera, no porque no fueras tú una diestra conductora en un automóvil bien equipado, sino porque ahora no te podías dar el lujo de hacer trabajos que no pudieran ser perfectos. No después de que habías terminado de pagar tanto por ejercer un oficio legal: informal sí, pero no ilícito. Y tampoco había pasado tanto tiempo, Inés, desde que saldaste cuentas con tanto negociante turbio para que te dieran permiso de dedicarte permanentemente a lo tuyo. Después de tanto esfuerzo, ¿qué caso tenía ahora abrir el expediente de tu propia prehistoria?

Que era una prehistoria estúpida, además. Plagada de errores y vergüenzas. No como ahora. Aunque por algo se empieza, claro. Sí: las raíces del árbol presumido y frondoso seguramente tienen pelos y lodo y formas retorcidas de tanto escarbar la tierra para beber agua. No son bellas como las hojas. Y se topan con piedras antes de llegar al manantial. Y seguramente ellas tampoco saben que detrás de cada piedra hay otra más grande. ¿Pero para qué recordar cómo estuvo el trayecto rumbo al manantial? Ésa es la pregunta: ¿para qué trabajar en algo que tiene que ver con tu propio pasado? Son ganas de desgraciarte la vida. ¿Cuántos otros ofrecimientos de trabajo tienes? Cinco. Y apenas ayer cayó otro más. El pago aquí no es mucho mejor que con cualquier otro cliente. ¿Qué es? Que Rosa Grossman y Denisita Miranda te resultaron muy simpáticas. Y te causaron una muy grata impresión, hay que reconocerlo. ¿Por qué no? Te sorprendieron. Descubriste que algunas muchachas de hoy ya no cometen tantos errores como tú y Elena Sotelo. Están más preparadas.

¿Pero era eso solamente?, insistía ahora que se acercaba al edificio de departamentos de la colonia Condesa, donde Laura Grossman la esperaba con otra taza de mate. No, no era ésa la causa que había obrado en ella la milagrosa transgresión de sus propios reglamentos. El verdadero motivo por el que había aceptado y casi planeado ese trabajo, con todo y el mal sabor de boca del recuerdo de su propio pasado en un periódico cuando tenía 24 años, de los enredos en los que se metió y los peligrosos precios que pagó, era saber que unas manicuristas en Nueva York habían bautizado su negocio con el nombre de la Escuela Superior de Mecánica de la Armada, la ESMA, también llamada después "el Auschwitz argentino", donde además de aplicar inconcebibles torturas a los presos, los torturadores mantenían vivas a las mujeres embarazadas hasta que parieran, con el fin de dar sus bebés en adopción a las familias de los militares argentinos. Laura Grossman —de ascendencia judía, por cierto— habría sido despojada de su Rosa si hubiera estado escondida con su joven marido la noche en que éste fue capturado en la casa de sus suegros. Rosa Grossman habría sido criada en una familia de militares, y ella, Inés, nunca la habría conocido en México. ¿Qué motivaba a unas manicuristas neoyorquinas de ascendencia coreana a nombrar su negocio con tan repugnante nombre?

La ignorancia, seguramente. Eso supusieron Inés y hasta la propia Laura Grossman. Pero había algo que Inés nunca le dijo a la señora

Grossman, ni antes, ni durante su investigación, y que muy posiblemente también le escondería ahora que tenía cita con ella para finalizar el contrato hablado y cobrar su liquidación.

El asunto de la ESMA reaparecida como salón de manicure y pedicure en una elegante zona de Manhattan le recordaba algo más que no le comentó a su cliente. Te recordaba al fascinante, al verdaderamente misterioso, al guapísimo joven Zarko Krilic, y eso era lo que te preocupaba tanto.

"Entiéndeme: el mundo se está repitiendo a sí mismo en versión insustancial y frívola. Como prueba cuento ya con varios testimonios. Las peores atrocidades de las que el ser humano es capaz, cometidas en cierta época en un lugar, reaparecen dentro de pocos años en otro punto del planeta, en su versión más fútil y burlona. ¿O cómo te explicas que los nombres de mis amigos masacrados en Sarajevo sean ahora la marca de estos juguetes infantiles que se venden en los centros comerciales Wal-Mart?", reclamaba el increíble Zarko. Eso era lo que te estaba sacando de quicio y causando dolores de estómago: que Zarko tuviera razón, y que esta historia del campo de concentración argentino reaparecido como salón de belleza lo confirmara.

Inés apagó el motor de su auto para no gastar gasolina en el estacionamiento en que se había convertido toda la avenida. La tormenta era ahora granizada y, cosa curiosa, había arreciado en cuanto se atrevió a pronunciar en voz baja el nombre de Zarko.

"No cualquier pesar, sino los más despiadados y colosales tormentos –había garantizado Zarko–. Y tú me dirás que cómo se mide el sufrimiento, o que quizás es una cosa que tú simplemente no puedes medir –proseguía en su impecable español, preguntándose y respondiéndose solo–. Y tienes razón, pero en todos los casos de los que por lo menos yo logré tener noticia, se ha tratado de las más sanguinarias matanzas. De la mujer a la que violan, embarazan y mantienen en cautiverio para forzarla a tener un hijo de su enemigo, por ejemplo. Después se llega a saber que esa mujer tenía un apodo, que era como sus familiares la llamaban de cariño, y a los pocos años ese apodo se usa para denominar un coctel en un bar de adolescentes. Podría ser una coincidencia, piensas. Y claro que lo es, pero macabra. Ahora su nombre de cariño ni siquiera descansa en paz sobre su tumba, sino en un coctel de hoteles en las playas de Palma de Mallorca, escrito en un menú que se manda poner en circulación el mismo día en que su hermano es baleado por un francotirador en Sarajevo: otra casualidad, sigues pensando, hasta que se juntan diez, quince, veinte coincidencias escalofriantes. Joder, no sé. Eso ya no parece casualidad, sino pesadilla, comienzas diciendo... diciéndote. Serán juegos de palabras, si tú quieres, ¿pero por qué coinciden con fechas tan odiosas? Y a veces, con horas, como el caso del niño destazado en Sudán, que murió a las seis de la tarde de un dos de abril, y cuyos dibujos aparecen exactamente reproducidos en ese estúpido anuncio televisivo de camionetas Toyota que sale al aire por primera vez a las seis de la tarde otro dos de abril. Un niño rubio y sonriente aparece dibujando en la pantalla adentro del carro, y tú dirás que todos los dibujos de niños se asemejan, ¿pero también los colores que elige, la composición exacta, las fechas y las horas en las que aparece el anuncio? Es, pienso yo, una correspondencia siniestra".

El Zarko le había asegurado a Inés que, desde ese siglo que terminaba, o quizás mucho antes, la humanidad ha sido capaz de crear dos mundos paralelos, uno pavoroso y otro insolentemente trivial; uno en el que la gente atravesaba por los sufrimientos más impensables y otro en el que los trazos de su dolor se reducían a nuevas banalidades, por lo que la historia no se repetía una vez como tragedia y otra como comedia, sino como ofensa.

—O tal vez esto haya sido así siempre —cuestionaba el refugiado de un país que ya no existía—. Yo pongo como ejemplo la caída del Muro de Berlín por asociarlo con cualquier acontecimiento histórico de mayor repercusión, pero en esos mismos años hay otra revolución pacífica que es la comercialización de la internet. En un planeta cada vez más intercomunicado, que no interconectado, quizás lo único que cambió es que ahora tenemos manera de saber cómo es, cómo ha sido siempre en realidad. Quizás el Holocausto se repitió completo como escarnio en otra parte, en 1950, por ejemplo. La única diferencia es que en 1950 no había comunicación ciberespacial, todo se daba digerido a través de los periódicos, y entonces no nos enteramos. Yo ahora puedo recopilar todas estas experiencias por la red. Empecé porque quería ayudar a la gente durante el sitio en la ciudad donde nací. Mandábamos cartas electrónicas a los pobladores sitiados en Sarajevo y ellos nos contestaban desde el infierno, contándonos lo que estaban viviendo, o sobreviviendo. Leí muchas historias que estaban ocurriendo, pero yo en ese entonces lo que quería era ayudar a la gente de la ciudad a la que conocía sólo de nombre, porque mis padres habían huido de Yugoeslavia cuando yo tenía apenas siete años.

"No fue sino hasta después de la guerra cuando me dio por encontrar estas curiosidades de los nombres que yo conocía reproducidos de la manera más estrambótica en los contextos menos apropiados, o mejor dicho, inversamente equivalentes –había explicado el apuesto Zarko Krilic con su acento ibérico y su voz de plomo, tratando de mostrarle el contenido de su computadora Mac portátil, que Inés se rehusaba a tomar en sus manos–. Ya había ido a recorrer Sarajevo, o lo que quedó de ella, lo suficiente para entender que yo no era un exiliado de vuelta a casa, sino un turista en un lugar casi irreconocible. Había regresado a Madrid y a mi vida cuando estas cosas empezaron a suceder. ¿Y por qué os menciono internet? Porque fue así como pude saber de otras historias que también se repetían por todas partes del mundo. No estaba solo en esto y había incluso quienes habían coleccionado archivos de coincidencias."

Zarko y sus ciberamigos habían encontrado paralelos por numerosas partes del globo terráqueo. Era una visión tan estremecedora como desafiante, pero Inés en aquel entonces no había querido saber más. Primero pensó que era mejor no creerle hasta descubrir cómo había dado con ella y qué estaba haciendo en México un diseñador de publicidad serbio naturalizado español, lo que de por sí era sobradamente inusual. Como no llegó saberlo ni Zarko a decírselo, cortó la comunicación.

Ahora todo se veía diferente y lo único que cobraba sentido eran las teorías del Zarko. Siempre había tenido razón. Con un negocio de manicure y pedicure llamado del mismo modo que el campo argentino de exterminio, fundado no el mismo año pero sí el mismo día en que toma el poder una Junta Militar que deja un saldo de más de veinte mil desaparecidos y después de saber que la mascota del salón es un gato llamado Skyvan, igual que los aviones desde los que los militares argentinos aventaban a los presos vivos al mar —entre otras hórridas equivalencias—, la única explicación lógica era ésa del serbio aventurero: el mundo se reproducía en otra versión, en otro punto del planeta, años después.

Estacionó el auto a una cuadra de distancia del edificio donde vivía Laura Grossman. Miró desde la esquina en que estaba situada hacia la calle, comparando el tamaño de la cuadra de la ciudad de México con el de una cuadra de la ciudad de Nueva York. Visualizó la esquina desde donde se veía la estética ESMA y el establecimiento de la charlatana. Ahora el dolor le espoleaba el pecho. No podía creer lo que veía. ¿Estaba soñando? No. Ya alguien se lo había dicho antes: la colonia Condesa del Distrito Federal había sido diseñada a imagen y semejanza de la conocida Greenwich Village de Manhattan. "Algún cerebro malinchista, copión, de naco acomplejado, decidió que el progreso se transmite así, imitando a Nueva York", le había explicado Marco, un amigo muy mal hablado que vivía en Nueva York y que había fungido como su contacto anfitrión cuando ella trabajaba para Pereda. "Seguramente la idea surgió del cerebro de un funcionario municipal corrupto: ése fue el que decidió que la colonia Hipódromo Condesa fuera una imitación de The Village", había insistido Marco enardecido. Y sí: en algún otro lado había verificado ella la existencia de un proyecto arquitectónico en el Distrito Federal semejante al de la dicha zona neoyorquina, pero el parecido, aunque fuera vago, entre algunos de los frontispicios y nichos que decoraban el edificio de *La Misteriosa* en Nueva York ahora le causaba mareos de espanto. "Maldito Zarko", refunfuñaba Inés, mientras oía sus propios pasos rumbo al edificio, golpeando el pavimento con sus tacones cortos y afilados. "Maldito loco que me metió esta idea en la cabeza. Yo ni me habría dado cuenta"

Era cierto: existen cientos de negocios e instituciones llamadas ESMA por todas partes del mundo, y millones de mascotas con toda clase de nombres. En cualquier otra estética podrían haberse encontrado las coincidencias. No tenía por qué acongojar a su atormentada cliente con especulaciones. Bastante duro era ya tener que informarle a Laura Grossman que la joven maestra de un jardín de niños en Nueva York era hija de un militar norteamericano destacado en la Argentina en aquellos años de la guerra sucia, y que había ido ahí a asesorar a los torturadores de su difunto marido. No había por qué calentarle el cerebro con ideas alarmantes. Pero el recuerdo de los ojos azules del Zarko, esos ojos que contenían tantas visiones apocalípticas de la guerra, le susurraba mientras tanto otras posibilidades diabólicas.

6

EL TESTAMENTO DE INÉS

El desayuno nauseabundo la había vuelto a la vida: dos trozos de pan elástico, queso hecho con harina que se sentía como papel en la lengua, y un jugo de naranja artificial por cuyo desagradable sabor había podido adquirir conciencia de su recuperación y comparar todo aquello con los bolillos mexicanos, el queso de leche natural y las naranjas de verdad que abundan en su país. El disgusto por la comida falsa de las minitiendas de víveres era sin duda síntoma de mejoría, y el hambre le indicaba que la fiebre había pasado.

Inés se sirvió la segunda taza de café tostado obscuro aromático, y encendió la videocámara que Juan le había dejado instalada en su moderna vivienda especialmente para que, antes de morir, contara todo lo que había ocasionado su huída del Distrito Federal rumbo a Atlanta más de diez años atrás.

—Lo primero que tienen que saber es cuánto ignoran de mí —dijo ante el confesionario de la posteridad.

Una luz indicaba que su cara deforme y su fuerte voz estaban siendo digitalizadas claramente en el primitivo siglo XXI, donde al parecer sólo la tecnología progresaba.

—No sólo les ocultamos cosas, especialmente yo les oculté cosas, por protegerlos a ustedes, sino también por costumbre: yo nunca digo la verdad, así como tu Rosa nunca dice mentiras. Y aún así somos más parecidos de lo que te imaginas, Juan, tú y yo. La prueba es que yo habría hecho exactamente lo mismo que tú si le pasa a mi vecina lo que a Elena, y tampoco habría dormido hasta entender cómo se murió.

El ojo de la cámara le dio su venia para que prosiguiera. Inés abrió su cuaderno de notas.

—Creo que yo les dije a ustedes que me crié en un barrio tan pobre como el de Tepito, donde vivía y trabajaba desde hacía algunos años, y que a duras penas cursé la secundaria, lo cual no es verdad, como después tanto tú, como Rosa y Denise, habrán podido imaginarse. Estudié la carrera de Periodismo en la universidad e incluso conocí a tu vecina, Elena Sotelo, desde que estaba en la escuela preparatoria, y un poco después, cuando empezó a cursar la carrera de Letras Inglesas. No he matado ni atacado a nadie, ni en defensa propia ni de ningún otro modo, ni fui una prostituta con suerte ni sin suerte ni de ninguna otra forma. Es nada más que la gente con la que he trabajado no me habría aceptado sin leyenda y yo pagué por una, así como la gente me pagó a mí tantas veces y muy generosamente por tener actas de nacimiento y pasaportes. Desde luego, tampoco es cierto que me crié en un barrio tan pobre, ni que había trabajado ahí robando y vendiendo, pero por supuesto me ayudaba mi aspecto físico que permitía cualquier cantidad de mentiras, por morena y chaparra. Siempre fui gorda. Siempre fui fea. Así que en ese mundo podía pasar por lo que quisiera: ladrona o recadera, vendedora ambulante, ex prostituta, ama de casa. Nada más necesitaba ponerme un delantal con manchas de grasa, unas chanclas y un acento de Tepito. Lo único que sí es cierto es que tú no podías operar sin clientes de Tepito y protectores, también afincados en Tepito, que en esos años ya se perfilaba como uno de los centros de distribución más importantes, no sólo para los cárteles de droga mexicanos, sino también para los colombianos, aunque de ningún modo con la organización operativa que tuvo ya después, ¿no?, en las fabulosas épocas de los narcogobernantes y la narcopolítica. De todas formas, mi ramo era artesanal; no estaba digitalizado como ahora y era bastante más peligroso, entonces tú necesitabas protección. Yo trabajé ocho años para un señor al que llamaban Pereda, pero ni siquiera viví en Tepito. Tenía mi taller en la Juárez, y pasaba como un estudio de revelado de fotografías. Entonces no era tan sencillo trucar las fotos. Lo mío era la falsificación de documentos en una época en la que no había computadoras personales ni programa Photoshop, así que los falsificadores no eran chavos ricos egresados de la escuela de informática o diseño, que ahora es de lo más común encontrar. Esto era más bien un negocio al que no entraba la gente educada, por el nivel de riesgo, aunque se ganaba muy bien.

"Pero yo sí había estudiado –declaró, y notó que lo dijo con una voz más grave, más confiada–. Estoy segura de que tú y Rosa se dieron cuenta. Tú te diste cuenta de muchas cosas. Somos más parecidos de lo que te imaginas. Creo que a un mismo punto llegamos por caminos distintos. No me parece casualidad que nos hayamos entendido bien: a fin de cuentas, yo me dediqué muchísimo tiempo a falsificar y tú a crear efectos especiales. Desde que supe en qué trabajabas me interesó conocerte. Soy curiosa, y de falsificadora a falsificador, me llamaba la atención que alguien tan dedicado a la simulación hubiera estado al mismo tiempo tan interesado en saber qué le pasó a Elena Sotelo, porque yo también.

"Primero creí que eras algo así como un neurótico perfeccionista del simulacro y que por eso querías saberlo. Que para ti Elena era un error en tu técnica y ya. Pero después que me contaron del *Evangelio según Rosa,* que vi que era un asunto importante aquí y que realmente lo habías confeccionado con tus propias manos –las manos de la admiración por tu Rosa–, pues me pareció insólito. También ridículo, pero atractivo.

"Aunque ya te estoy oyendo; remilgando que no tengo tiempo qué perder y sí es cierto, en parte. Yo me estoy aquí muriendo, hacía mucho no tenía fuerzas y el único día que me siento mejor me pongo a hablar de ustedes. Pero es que cuando te sientes mal lo que más extrañas es el tiempo que la salud te da para divagar. En fin. Ya sé que se trata de que esta historia quede registrada y tú distribuyas tus miles de copias. Que no pase algo como lo de la computadora portátil del Zarko, que curiosamente fue lo que nos dio la clave de dónde estábamos; de cómo atestiguábamos una realidad irreal. Aunque te aseguro que la computadora del Zarko nunca trajo un archivo con la cara granulienta de una vieja como yo hablando. Por lo que vi, ese tesoro informático, esas historias impresionantes estaban todas escritas en diferentes idiomas. Pero escritas. No contadas por una vieja moribunda. Ni modo. Ahora soy yo lo único que te queda para recuperar este libro".

El cual empezaba, apuntó Inés, con la rectificación y el recuento. Así que no era cierto que apenas cursó la secundaria y que pasó toda su vida en la calle, entre pandilleros, y sí es cierto que estudió Periodismo e incluso conoció a Elena, esa vecina de Juan, repitió.

Inés saboreó las palabras que estaba diciendo como si de las frutas frescas tan añoradas se tratara. Apenas empezaba a decir quién era, y que había mentido, las frases siempre refugiadas en los escondites de sus falsas identidades se amontonaban ahora en el frente de su memoria. Las palabras. Qué cómodo era volver a hablar como Inés Carrasco, y a veces, como la joven Inés Carrasco que había sido. Qué cómodo y qué relajado no verse en la necesidad de estar seleccionando un vocabulario justo para su identidad prestada. Ni con ella misma hablaba ya casi nunca así. Lo primero que había tenido que hacer para flotar sin contratiempos en su oficio era hablarse a sí misma en otros términos. Pero ahora ahí estaban todos. No los había olvidado. "Lo que por gusto se aprende nunca se olvida", se dijo, y concluyó su pausa, que había sido como un signo de admiración o una nota al margen, en ese testamento hablado.

A Elena la había visto por primera vez desde que estaba en la escuela preparatoria, explicó. Inés y Elena fueron presentadas en unas excursiones que organizaba un grupo de jóvenes cada año a la ciudad de Guanajuato para el Festival Cervantino, que en aquél entonces no era el magno festival artístico internacional que fue después y al que mucho menos acudían las hordas de desenfrenados hijos de la crisis.

—No era el vertedero de esos jóvenes que dos décadas más tarde invadirían la ciudad rompiendo ventanas y aterrorizando a la población. Qué va. Era toda una exquisitez ser joven e ir a Guanajuato. Sólo los muy enterados y los esnobs como nosotros íbamos a ver los entremeses cervantinos puestos por guanajuatenses y a oír los conciertos. Ahí coincidí con Elena. Ella era como la duquesa del grupo porque provenía de una familia de diplomáticos pero se juntaba con nosotros, muchachos clasemedieros, hijos de amas de casa con los suficientes recursos como para no hacer el trabajo doméstico solas y contratar a mujeres más pobres a que hicieran el aseo, y de profesionistas de medio pelo, como mi padre, que era un abogado no muy exitoso. Elena en cambio había pasado su infancia viajando y estudiando en escuelas privadas en el extranjero. A las muchachas gordas y no tan ricas, como era mi caso, Elena nos parecía un cuadro de una exposición, siempre rodeada de hombres inteligentes preguntándole cosas y admirándola. Como que nos infundía mucho respeto y fascinación, y por lo mismo no le hacíamos mucha plática. Sólo la contemplábamos.

"También la volví a ver un poco después, cuando empezó a cursar la carrera de Letras en la UNAM. Pero tampoco nos tratamos mucho, por lo mismo: había demasiados factores que nos diferenciaban, fíjate.

Mis amigas y yo éramos echadas de nuestras casas, desconocidas por nuestras familias para siempre, en cuanto manifestábamos nuestro deseo de no casarnos, seguir con nuestra carrera y mantenernos solas. A partir de entonces empezábamos a vivir en departamentitos compartidos, con problemas económicos, trabajando y estudiando al mismo tiempo, bajo fuertes presiones de los padres y los hermanos y primos, sobre todo de los hermanos varones y del padre. Pero entre las familias como las de Elena, más acomodadas, eso no se usaba. La hija era la hija de la familia, pasara lo que pasara, hiciera lo que hiciera, desde meterse drogas hasta meterse a estudiar a la universidad pública (que era peor visto que meterse drogas). La hija no se convertía oficialmente en la vergüenza de la familia, aunque lo fuera. Había el dinero suficiente como para, si quería vivir ella 'independiente' tal como anunciaba, mandarla a vivir al extranjero, o ponerla en un departamentito aparte cerca de la casa familiar, o en una casa aparte en el jardín de la casa familiar. En cambio nuestras familias, como te digo, eran más religiosas y respetuosas de las tradiciones: el hombre podía tener relaciones sexuales con quien quisiera y vivir soltero; la mujer no. En los años preparatorianos esta variante no marcaba una situación de gran contraste entre Elena y las demás, pero ya en la universidad era más obvia, más visible, primordialmente a la hora de compartir los gastos. Además, yo suponía algo así como que ella estudiaba en las cortes de la literatura, mientras que a mí me correspondía el lugar de sus escribanos, los periodistas. Algo así. El caso es que demasiados factores nos diferenciaban. Nada más coincidíamos, a veces, en un cineclub que habían formado algunos estudiantes para proyectar películas europeas en sus casas. Para nosotros el cine europeo era la respuesta a todas nuestras preguntas. Eran épocas en las que no existía el video casero ni, mucho menos, estas cámaras con las que ahora es posible que tú me veas y me hables desde un café del D.F. con tu computadora... En fin. Otra vez estoy hablando de ti. Bueno. Había este cineclub, como te digo, y ya no me acuerdo por qué lo mencioné. Lo que recuerdo muy bien es el olor del tabaco, del proyector, y de la loción de *Pepe*, mi novio.

"Quizás algo que te puede dar una mejor idea de mi juventud es por qué me acostumbré a no hablar de ella. Es una reserva que se me quedó desde la perspectiva de la edad que tuve: te estoy hablando de un periodo que va desde mis 17 hasta mis 24 años, más o menos. Entonces tienes que tomar en cuenta que así como cuando tú eres niño captas las cosas de manera distinta, dándole una dimensión mayor o menor a ciertos aspectos que en tu vida adulta tienes que renegociar para madurar, así mi percepción de la realidad mexicana para los que fuimos jóvenes a principios de los años 80 tal como la pienso ahora, a mis 50 años, es una cosa muy distinta de como realmente la viví. Y a mí la precisión, ya sabes, es una cosa que se me da muy bien, justamente porque conozco los límites de la falsificación. Entonces si te voy a hablar de mi juventud yo no invento, ni la voy a barnizar con los brochazos de la lógica, o de la explicación ya como vieja. Te la trato de contar tal como la viví. Pero entonces lo que viví es que me cuesta mucho trabajo hacerte un recuento de eso porque ni yo ni mis amigas ni mis novios de aquel entonces queríamos hablar ni de nuestra juventud ni de ninguna juventud. La palabra 'jóvenes' estaba más devaluada que el peso mexicano, sobre todo entre las chavas. Es una alergia que sé que nos quedó en ese tiempo después de la famosa generación de estudiantes del 68. Ellos nos vacunaron contra la idea de juventud y la nostalgia por la juventud. Ni entonces ni cuando crecimos nos gustaba hablar de 'cómo eran las cosas' uno, dos, o diez años antes: ni de las diferencias, digamos, tecnológicas, ni de qué tan viejos eran los teléfonos viejos en el pasado, ni de dónde estaban las espantosas calles y las espantosas glorietas de la ciudad de México que ya no estaban, ni de la horrible música que ya no se oía, ni de las ruinosas cantinas, ni nada parecido...

"Y es que, cuando nosotras apenas empezábamos la universidad, los ex estudiantes del 68 empezaban a cumplir entre 40 años, los mayores, y 30 los que habían sido más o menos preparatorianos durante la masacre en la Plaza de las Tres Culturas, más o menos, y eran los que querían acostarse con nosotras porque éramos más jóvenes, y nos buscaban mucho, para hablarnos a borbotones de una juventud de la que renegaban y que les parecía un error, pero por la que al mismo tiempo sentían mucha nostalgia. Nos agarraban de terapia generacional para que, con nuestro silencio, como en el psicoanalista, les explicáramos por qué las fuerzas de choque paramilitar habían asesinado sus años de jóvenes y sus sueños. De ahí se nos quedó a algunas chavas universitarias esa maña de no hablar de la juventud. Era una nostalgia que, por más que nos insistieran, a nosotras nos parecía muy poca cosa, porque el mundo en el que vivíamos era un lugar donde la moneda mexicana se devaluaba drásticamente, y a cada rato, y había cada vez más inflación, corrupción, sobre-población, miseria, narcotráfico y mafias, mafias para todo. Las mucha-chas que en aquel entonces queríamos ser independientes no entendía-mos qué cosa teníamos que honrar o respetar de una generación que no parecía estar dispuesta a que hubiera jóvenes después de ella, pero que ya ni era tan joven, y que predicaba valores incomprensibles, totalmente incomprensibles. Valores que para nosotras se anulaban unos a otros: el respeto irrestricto y la preservación de las instituciones familiares, reli-giosas y sociales, por un lado, ¿no?, con casa propia, esposa-sirvienta, sir-vientas para la esposa, amantes, sirvientas para las amantes, hijos, cole-gios privados para los niños, viajes a Europa para ellos y a Disneylandia para los niños, y un empleo a cualquier precio para sostener ese tipo de vida, ¿no? Eso, por una parte, y que para las mujeres era más de lo mismo. Mientras que, por otra parte, pues la nostalgia de la juventud rebelde, constante, esto es, muy presente, con sus historias de cómo eran las calles y las cantinas y la música, pero también muy aparte, porque lo que predicaban de jóvenes ya no era lo que defendían como adultos. Entonces nosotras, que por rebeldía contra todo eso no queríamos ser ni tan rebeldes ni tan respetuosas, ni a regresar al hogar paterno jamás, lo primero que aprendimos fue a no hablar de nosotras: por lo menos para no fastidiar la juventud de los que vinieran después.

"También aprendimos que a los cuarenta años las personas se convertían en seres siniestros: enemigos de la juventud, observadores de la tradición de la que nosotras huíamos, conversos, renegados y sobre todo, furiosos. Como te digo, todo esto te lo cuento desde la perspectiva de joven, de muy joven, que nos daban nuestros pocos años. Ultimadamente, no entendíamos que lo que estaban tratando de matar era su propia juven-tud, no la nuestra.

"Y así llegué yo, egresada de la universidad, directamente al periodismo, o a lo que se empezaba a llamar 'nuevo periodismo'. Lo pri-mero que aprendí fue que el maestro que me había recomendado para el trabajo pertenecía a un grupo muy importante, aunque no lo parecie-ra, y que lo que determinaba tu estancia, tu permanencia dentro de un periódico, era a qué banda pertenecías adentro del diario en el que tra-bajabas y cómo negociabas con las restantes. Yo no entendía por qué me habían recomendado para el trabajo, pero entendí que lo importante no era en qué periódico trabajabas, sino en qué departamento de ese periódico, y que cada departamento estaba dividido en bandas, aunque no lo pareciera, y que podía ser que el jefe de tu sección no fuera siempre de la misma banda que la de algunos o todos tus compañeros de trabajo, entonces tú tenías que tener cuidado, porque si la banda a la que pertenecían tus compañeros era más poderosa que la de tu jefe, no era inapropiado faltarle el respeto al jefe, quien muy probablemente sería destituido antes que tus compañeros, y en cambio faltarles el respeto a los compañeros de la banda más poderosa te podía costar el empleo. Pero si la banda de tus compañeros, en cierta negociación que pudiera ser secreta (y casi todas lo eran), había perdido mucha influencia apenas un día antes de que tú te decidieras a alinearte a su grupo tratando a tu jefe como a un gusarapo públicamente, quien podía perderlo todo eras tú. Las riñas eran constantes, sordas y constantes, y ningún grupo de poder dominaba permanentemente sobre el resto, así que tenías que estar al día, más que respecto a cualquier noticia en el país, en relación al poder real de cada banda adentro de tu departamento, aunque el sector que me había recomendado a mí dentro de mi departamento y mi periódico parecía sostenerse en una buena posición.

"Desde luego, aunque había sido yo una buena alumna, no pasó mucho tiempo antes de que pudiera darme cuenta de que también mi entrada al periódico podía haber sido producto de una negociación, más que por mis méritos como estudiante: que querían sacar a alguien, y que a cambio habían buscado a una muchacha nueva e ignorante, como yo, por alguna razón que no estaba a la vista. O sí, pero yo no la veía: me habían recomendado no sólo por responsable e inexperta, dos cualidades terribles, sino también por ser fea. Como supe después, las bonitas en el periodismo no hacen carrera, acaban en la televisión, y ellos querían a una persona batalladora como yo que les durara un buen tiempo.

"Lo que definía las noticias que aparecían publicadas eran los sobornos del gobierno y de las empresas, pero también estas riñas entre las bandas. Y entre sobornos y peleas, quedaba muy poquito espacio para la noticia en sí. Eso era lo que veía que pasaba con los reporteros. Yo como primeriza no hacía reportajes ni entrevistas, por supuesto. Mi deber era llevar y traer cables y redactar las notas de los cables. Después aprendí a falsificar datos, primero un poco, después mucho, hasta que se me pidió falsificar pruebas dado mi excelente desempeño como falsificadora. Después aprendí a ocultar noticias. Después aprendí a falsificar noticias a través de la publicación de cartas apócrifas dirigidas a la sección de correo del periódico. Después me presentaron al *Pinto*, un linotipista que trabajaba de medio tiempo en la imprenta, que vendía muy buen café al que le ponía su piquete de ron, y que entre cafeteada y cafeteada me fue enseñando a reproducir sellos, tipos de papel y caracteres.

"Yo fui una jovencita gorda y fea muy afortunada. Fui muy afortunada porque mi aterrizaje bestial en estos medios periodísticos me permitió entender algo de lo que entonces era difícil darse cuenta muy conscientemente: el funcionamiento, la vida y el trabajo en aquellos periódicos de circulación nacional estaban reproduciendo dentro de un solo edificio de oficinas, entre cuatro paredes, lo que ocurría a gran escala con las instituciones nacionales, sobre factores que determinaban la vida, pues, de la gente. El país estaba siempre repartiéndose entre grupos que peleaban territorios de control, finanzas y acción. Y la suerte que yo tuve, tanto en el periodismo, o lo que era ese periodismo, como, después, en el negocio de la falsificación de documentos, es que pude verlo antes que mucha gente y no hacerme ilusiones como mucha gente".

Inés hizo una pausa para tomar otro sorbo de café. Se preguntó si era el momento de empezar a explicar algo, y dijo:

—Me pregunto si éste es el momento de empezar a explicar algo. Porque hay algo característico de mi juventud. No sé si lo explico bien. Yo creo que lo más importante es el auge del narcotráfico como nunca antes, por una parte, y nosotras. Nosotras, o sea: las mujeres, pero no todas las mujeres, sino las nacidas en la capital o las que se iban a vivir a la capital, que ya no estudiábamos una carrera para pasar el tiempo mientras nos casábamos, que ya ni siquiera nos casábamos, que nos manteníamos solas desde que cumplíamos la mayoría de edad: algo que ahora es tan natural para una chava de tu clase social, pero que en mis tiempos apenas empezaba a dejar de ser una declaración sesentera, de ésas de las que nuestros mayores nos hablaban, sin llevar a la práctica. Era una posibilidad de vida y no teníamos nada qué perder: o eso creímos. Lo que teníamos que hacer era cambiarnos a nosotras mismas. Estudiar, trabajar y mantenernos. Nada más, pero nada menos. Y nada menos en serio: no era menos trabajo, sino mucho más. El resultado de las que creyeron que se podían casar después de un proceso de liberación fueron esas mujeres agotadas, financieramente quebradas, prematuramente envejecidas, divorciadas y frustradas, que son ahora las mamás de tus compañeros y compañeras de generación. Porque seguíamos un modelo de la super-mujer moderna feminista mexicana que estudiaba, trabajaba y atendía a su familia sin caer muerta por las noches, y nosotras, las que compartíamos departamentitos en las zonas más pobres del centro, y después en las más destruidas por el terremoto del 85 y que por lo tanto bajaron de precio, no volteábamos a ver al hombre o a la familia que le financiaba la carrera, las niñeras, las colegiaturas y las sirvientas de esas fabulosas intelectuales, científicas, diplomáticas y artistas de la época que además salían en revistas explicando cómo dividir el tiempo entre 'ser mamá y una profesionista realizada'. Las que por lo tanto caíamos muertas cada noche éramos nosotras, sobre todo las que se tragaban la píldora completa y dejaban de tomar la anticonceptiva, porque acababan sin un minuto libre durante el día siquiera para comer, mucho menos para preguntarse dónde estuvo el error. Agotadas, si no pues hasta enojadas con los hijos, ¿no?, con los hijos a los que metían a estudiar a escuelas privadas activas y progresistas y terminaban cambiando a colegios del gobierno por no tener con qué pagar su educación, en fin, bueno, estas mujeres terminaban veinte años después tratando de reanudar su carrera iniciada, cuando ya se les había olvidado cómo hacer una ficha bibliográfica, luego de un largo divorcio del Hombre Nuevo. El Hombre Nuevo Emancipado que mientras tanto había recogido ascensos y nombramientos y reconocimientos laborales, ¿no?, como tu papá, ¿no?, el gran profesionista, mientras tu mamá vendía pasteles para completar sus gastos del mes, siempre pensando que era una etapa temporal. Pero no era temporal. Y me acuerdo bien cómo empezaba esa etapa permanente. 'Yo voy a poder con todo. ¿Por qué no?', era el grito de guerra de la supermujer emancipada y psicoanalizada a los veintitantos años, en cuanto le salía la prueba del embarazo positiva. '¿Por qué no? Pues porque vives en México D.F. a finales del siglo XX, mi reina, no en Estocolmo ni en París', les contestábamos las otras. Porque habíamos algunas más despiertas, pero que también estábamos bastante dormidas, no te creas. Dormidas con ilusiones.

"Pero a mí lo que me pasó en el periodismo me salvó la vida de los sueños, de cualquier sueño. No para bien ni para mejor, no en un buen tiempo, pero por lo menos no para seguir soñando. Porque un día la cosa ahí en el diario ya no se trató de cambiar uno o dos datos, sino de fabricar toda una historia, con personajes y todo, para prácticamente darle el nombramiento de diputado a uno que era muy amigo de un miembro del consejo editorial del periódico, y perjudicar a otro miembro de ese mismo consejo, el cual estaba cobrando mucha fuerza, pero que era del bando contrario. Para 'neutralizarlo', decían, había que 'exhibir', o sea, desprestigiar, e incluso, calumniar, a su gente. 'Su gente' era un funcionario del que cobraba soborno para elogiarlo en el periódico. Lo que yo tenía que hacer era 'apuntalar' la biografía del señor antes tantas veces alabado en ese mismo periódico, publicando una nota diaria al respecto, simplemente partiendo de alguno que otro dato verdadero, pero añadiéndole cada vez más datos falsos, y 'mejorar' la del otro candidato, a veces con 'testigos' de escenas heroicas que nunca nadie vio, pero que podían haber sucedido, declaraciones de curiosos, o, al revés, cartas adversas 'que por temor preferían conservar el anonimato', e informes 'de primera mano' que partían de suposiciones, además de, por supuesto, cartas apócrifas de 'lectores indignados ante la noticia de que exista un político tan despreciable, aborrecible, desviado, etcétera', como el funcionario al que querían derrotar, todas ésas completamente inventadas de mi puño y letra. Y además, se suponía que tenía que estar yo agradecida de trabajar en ese periódico, que era de gente con estudios universitarios y educada, me decían, que porque en otros diarios tal situación era mucho peor y los reporteros tenían que ir armados a sus oficinas. Yo cuando vi que todo el mundo se tragaba las historias no comprobadas, que no había ley por encima de la del periódico y su consejo editorial, y que el propio funcionario desacreditado tenía tanto qué ocultar que ni siquiera demandaba al periódico por difamación, si yo hubiera sido una mujer hecha y derecha, con familia qué mantener y compromisos económicos que cumplir, me habría costado muchísimo trabajo darme cuenta de lo que, con menos tiempo de vida y sin compromisos ni deudas, pues no implicó para mí ningún gran desvelo descubrir, que es que me había convertido yo en una delincuente.

"Y que ya la profesión con la que mal que bien había soñado, el periodismo, para el que tampoco me sentía llamada ni mucho menos, pero que había estudiado con cierto rigor, quizás porque era la moda, claro, pero al que le había llegado a tomar respeto y aprecio, era un oficio que ya no tenía nada que ver con lo que estaba yo haciendo en el periódico.

"Y esto fue un privilegio. No sé cómo explicártelo, porque sé que no se ve como tal, pero saber que eres un delincuente te ofrece la opción de entender que ignorándolo toda tu vida habrías terminado convirtiéndote en un criminal peor, y que tienes la opción de corregirlo, y de saber que no será fácil, porque si eres mafioso tienes ya amigos y enemigos. Porque cuando no eres delincuente y expones algo sin tener nada que te expongan a ti, tienes sólo enemigos, pero no amigos. Eso, de alguna manera es más fácil, ¿sí?, porque de alguna manera es más fácil lidiar con los adversarios que con los aliados. Sobre todo cuando estás en el crimen organizado, aunque sea en pequeña escala, como lo es en un periódico.

"Lo malo es que nunca eres el único que se da cuenta de tu propio comportamiento: esto es, de la conciencia que has tomado. Otros te ven. Te ven mientras te das cuenta de que estás haciendo algo que no precisamente te gusta. Y cuando has participado en actos ilícitos hay mucha gente muy cercana a ti que se puede pasar en cualquier momento al bando contrario. Yo estaba a fin de cuentas en un trabajo recomendada por alguien. Mucha gente podía querer mi plaza, por insignificante y mal pagada que fuera. En el periodismo no había mal sueldo. Nadie iba por el sueldo. Se sabía que el sueldo se ganaba con sobornos y comisiones; no por lo que te pagaban en nómina. Yo me estaba cuidando de mis compañeros de trabajo y jefes que podían ser de otras bandas, pero no tomé en cuenta a mi novio, *Pepe*, que se acostaba conmigo y compartía todos mis secretos.

"Bueno, pues *Pepe*. *Pepe* fue la carnada. El buen *Pepe* que era gordo igual que yo. Tal vez por eso habíamos creído enamorarnos. *Pepe* era guitarrista y no sabía bien qué quería hacer con su vida. Muy ingenuo. Pero su amigo Rogelio no lo era. Rogelio era la contraparte de Felipe Correa, en versión pobretón. Creo que aún desde tan joven Rogelio quería ser embajador. Todos los escritores quieren ser embajadores, ¿te has fijado? Debe ser un empleo ideal. Se ve que es como lo máximo a lo que puede aspirar cualquier escritor. Y ya lo ves: Rogelio Sánchez se hizo después, efectivamente, embajador, como a los cuarenta y tantos años. Ahora ha viajado mucho Rogelio Sánchez. Pero a sus veintitantos años no era él, sino Felipe Correa, el hijo de un embajador, entonces ahí estaba el problema para Rogelio. Felipe tenía todo lo que Rogelio envidiaba, porque mientras tanto él tenía que trabajar como reportero en el periódico y abrirse paso viviendo en departamentitos de la Mixcoac. Era un muchacho ya muy ambicioso. Y a mí me parecía resentido, por como lo oía expresarse de Felipe Correa. Pero mi novio *Pepe* no desconfiaba de él y por lo visto le contaba cuanta cosa le preguntara. No calculó cuánto podía perjudicarme, ni qué tan lejos estaba dispuesto a llegar su amigo. Pero había que ver lo que empezó a ganar Rogelio para saber cuánto había hablado. El buen *Pepe* habló orgullosamente de mí con Rogelio y éste alertó a mis propios jefes de que yo estaba acariciando la idea de filtrar en otro periódico la información sobre cómo se había condimentado esa noticia fabricada por órdenes del consejo editorial."

Por supuesto, despedir a Inés no era una opción. Estaba ella ya lo suficientemente implicada en muchos otros malabarismos informativos –o desinformativos– como para que le fuera posible salir caminando tranquilamente de ahí con su liquidación en la bolsa.

–Lo extraño para mí es que Zarko supiera esa parte de mi vida. Cuando dijo: "Sé todo sobre usted", yo me reí con esa risita estúpida, o con esa risota estúpidamente exagerada que hacemos las mujeres cuando estamos frente al objeto del deseo: no me acuerdo bien porque estaba bajo la mira y yo para registrar bien las cosas tengo que estar en la sombra, pero alguna de esas dos opciones, no te quede duda. Yo mientras más veía a Zarko Krilic más nerviosa me ponía. A mí son muchos los hombres que me gustan, hasta *Pepe* el pusilánime y gordo me gustaba. Pero no cualquier hombre me pone nerviosa. Los ex yugoeslavos son mi debilidad, ¿ya te había dicho? Sí, claro que ya te dije eso el otro día. Pero no me extendí más. Me explico: dudo que existan hombres más guapos en el planeta Tierra. Quizás en otro sistema solar. Pero no en éste. Bueno. En mi personal inventario erótico, el arquetipo de belleza masculina absoluta se fue a instalar a Sarajevo. Está científicamente comprobado. En fin. El caso es que entonces, la primera vez que conocí a Zarko Krilic y que me dijo que sabía todo de mí, yo para hacerme la interesante, dije: "Nadie sabe nada de mí". No lo hubiera dicho. Zarko sabía mucho, sabía muchísimo; sabía incluso de mi antigua amistad con Mara Mendoza. ¿Alguna vez en estos años oíste hablar de ella? Te apuesto mil dólares a que no. Y no tienes por qué.

"Mara Mendoza era una cantante tan mala que ya nadie se acuerda de ella. Y no sólo era mala sino que no tenía carisma. Y tenía un aspecto físico, no feo, sino raro. La gente se le quedaba viendo, pero no por atracción, sino como tratando de indagar por qué era tan asimétrica. Y no tenía repertorio. Quién sabe cómo había logrado encajarse en el mundo de los trovadores que, creo, esto también ya te lo dije, en ese entonces estaban de moda en el mundo de la producción de música de la contracultura. Ella supuestamente hacía una fusión de jazz y trova, pero sobre todo porque casi no tenía voz ni canciones, entonces hacía movimientos como de bailarina contemporánea mientras cantaba. Por el toque 'artístico' o 'vanguardista' conseguía uno que otro concierto, pero nada más. Sin embargo, conocía a muchos artistas y andaba siempre en el mundo de la farándula. Se había vuelto drogadicta y les conseguía drogas a sus amigos artistas. Empezó a hacer más negocio vendiendo drogas al menudeo que cantando. Empezó a vender drogas también a los periodistas. Así la conocí, en las farras de periodistas, cuando ya se había convertido su casa en un centro de distribución de drogas bastante seguro y confiable. Me recuerda un poco a Elena porque mientras tanto su foco de atención no creas que era nada de esto de las drogas y la venta ilegal donde ya estaba metida pues de lleno, sino un tipo casado del que se había enamorado. Me leía sus cartas de amor. Estaba desesperada. En eso me recuerda a Elena persiguiendo a Felipe Correa. Pero, a diferencia de Mara, Elena era un cerebrazo, preparadísima, que a pesar de eso fracasó, mientras que muchos de sus colegas hombres con menos capacidad acabaron en la gloria. Yo en cambio al fracaso de Mara sí le atribuyo otras razones que no son las de esa desigualdad social tremenda por ser mujer. Pero no me gusta hablar mal de Mara. Me llevé mucho más con Mara que con Elena, por cierto, aunque no hubiera tenido ni el talento ni la preparación. No es justo.

"Total. Lo significativo de Mara, para efectos de contarte lo que fue mi juventud, es una cosa sí muy propia de la época: mientras estaba metiéndose de lleno en el crimen organizado, por lo pronto convirtiéndose en una *drug-dealer* de lujo, en lo único que pensaba era en su casado horroroso, igual, mofletudo, bigotón, panzón, como Raúl Miranda. También casado con una pobre desdichada que en su juventud había sido muy bonita, y a la que también trataba como al trapeador. Era increíble. Sólo a Mara se le ocurría que no la buscaba por sexo ni drogas, sino porque la amaba y quería formar con ella una familia.

"Y así, entre lectura y lectura de cartas de amor pornográfico, ante las que yo trataba de poner expresión analítica, circunspecta, en lugar de carcajearme, una vez Mara me dijo que ya sabía lo que me había pasado en el periódico. '¿De qué hablas?', fingí, pero Mara sabía muy bien cómo aproximarse a un caso perdido como el mío porque ella también lo era. Entonces me dijo muy claro, o más bien me alertó: había gente ahí en ese periódico que me tenía ya atada con estos favores, con estas complicidades secretas, inconfesables, que ya se habían establecido, y gente que, por otra parte, no me quería nada. De una forma u otra, mi salida de ahí no iba a ser una fiesta de despedida sin balazos, y mi salida, pronto o tarde, no iba a ser una cosa buena para mí si no tenía poder. A mí me iban a sacar embarrada hasta el cuello de desprestigio, como chivo expiatorio, en cuanto necesitaran uno. Pero todo eso lo podía evitar si tenía poder. Esto es: la única manera de salir sin que nadie se atreviera a dañar mi reputación era con gente poderosa protegiéndome. Y, por otro lado, mi buen desempeño como falsificadora de pruebas y datos, aunque joven e inexperta, pero con un gran potencial, ya había pasado de voz en voz. Ya se sabían muchas cosas de mí 'muy buenas y de buena fuente', decía Mara, como si no supiera yo que 'la buena fuente' había sido ella misma, pero total. Mi buena fama, mi corta edad, mi lealtad, mi aspecto físico que podía pasar desapercibido, por gorda, en fin, todo eso eran virtudes que ya habían llegado a oídos del señor Pereda, que era un señor muy respetado en el medio. Y con el típico 'no te quiero presionar, pero piénsalo', se había despedido Mara de mí esa tarde en la que prácticamente me ofreció la protección de una mafia de Tepito para poder salirme del periodismo dignamente.

"Por supuesto que dije que no, y por supuesto que lo pensé después, y por supuesto que se necesitó que pasara todo lo que el señor Pereda adelantó, que viera yo que estaban a punto de usarme como solución a uno de sus problemas en el periódico, para que yo volviera a preguntarle a Mara que en qué consistía exactamente eso que me había propuesto un día, porque en mi trabajo estaban a punto de ventilarse los desfalcos que había provocado el jefe de finanzas en favor del consejo editorial, y se necesitaba echarle la culpa a alguien, de preferencia a una mujer, de preferencia una redactora inexperta como yo, para enredar el fraude en las minifaldas y la confusión. Andaban buscando candidata. Nadie me iba a decir que yo había sido la elegida, pero allá en las mazmorras de la imprenta *El Pinto* lo sabía todo y me tenía cariño, pues ya me había yo convertido en su aprendiz. Él me alertó. Nunca supe bien cómo pensaban involucrarme con el jefe de finanzas, pero yo que los conocía sabía que podían tender puentes donde quisieran. Entonces sí me interesó saber exactamente qué me había ofrecido el tal señor Pereda amigo de Mara y saber si además de aparecer en la primera plana de un periódico, no con mi firma sino con mi foto como defraudadora, había algo mejor qué hacer.

"Fui a ver a Mara un día que se convirtió en todos los días de mi siguiente vida, porque lo que tenía que hacer era seguir oyendo las cartas pornográficas en su casa y seguir yendo a sus fiestas para, entre plática y plática, recibir un encargo de Pereda, o saber en qué consistía el siguiente, por lo general con información fragmentada, y por lo general consistente en corregir algunos detalles de identificaciones oficiales. Hasta que me convertí en una falsificadora de datos y credenciales calificada, al menos por ellos. Después de un tiempo me dejaron salir del periódico, pero no bajo las metrallas del escándalo que antes habían pensado achacarme.

"También dejó de tener sentido seguir viviendo en un pequeño departamento, porque estaba ganando bastante bien. Mara quiso que me mudara a su propia casa, que era amplia y estaba obviamente muy bien ubicada, en una zona céntrica, pero que no veía yo para nada habitable, con tanta fiesta y, digamos, pasión epistolar. Me cambié a un dúplex en la colonia Juárez, donde puse mi taller: un lugar grande en el que me sentí siempre bastante sola. Pasaba mucho tiempo leyendo, viendo películas, pero sola. Había dejado de invitar a mis ex compañeros del periódico a mi casa, porque yo había visto lo que pasaba con otros de ellos cuando de la noche a la mañana su nivel económico subía de la manera más notoria y ellos inventaban mentiras para explicarlo. Era un espectáculo muy lamentable e inútil, porque todos se imaginaban la verdad: que al tipo le estaban colmando la mano de billetes por debajo de la mesa. Cualquier periodista pobre sabe de dónde proviene el dinero cuando uno de ellos se compra casa propia y aparece a la siguiente semana con dos carros nuevos, chofer y asistentes. Pero el palabrerío de las explicaciones es una cosa penosa. Y hasta incómoda. Yo me acordaba particularmente de Armando, un muchacho que había vendido información a un narcotraficante y había comprado casa propia en San Jerónimo: andaba diciendo que se había sacado la lotería. Nadie le creía pero todos tenían que fingir que no se daban cuenta. Otros resucitaban a un extraño pariente millonario, o una herencia. Yo no pude imaginarme desplegando ahí un teatro forzadísimo y preferí evitar a mis antiguos conocidos. Además, era más seguro.

"También a Mara la dejé de ver después. Mi contacto directo se había convertido en una tal señora de la O, ya mayor, con quien nunca entablé una amistad como con Mara. Precisamente de eso se trataba. Sobre todo, de que nadie me viera a mí, para no tener que inventar explicaciones. De mi familia, ya te dije, me había separado siguiendo la pista del feminismo virtual y totalmente alucinado en un país como México, pero ahora la razón por la que no me les volvía a acercar más que nada era por eso: para evitar las excusas y más mentiras, cada vez más enredadas. Todos los encargos, más que nada los de permisos aduaneros y pasaportes falsos, que eran los más delicados, más que las actas, se hacían a través no de terceros, sino de los terceros de terceros: gente que tenía que creer que yo era gente de Tepito, muy bronca y mal encarada, para que nadie me hiciera mucha conversación, y la poca que se entablara fuera sobre bases totalmente ficticias. Lo cual era cansado y nada fácil. Por eso también se me pagaba. Yo no quería conocer al señor Pereda personalmente, la única vez que pude hacerlo no quise; ni siquiera sabía si era sólo el nombre y el rostro con el que se presentaba todo un grupo con un vocero; tal vez era así. En fin: retrasados mentales no eran. A mí no me tocó vivir eso de que los traficantes parezcan tan imbéciles como para proporcionarle la información a cualquier desconocido, o asignarle tareas peliculescas, entregándole armas y carros blindados para que corran aventuras sin ninguna limitación ni preocupación por delante, y ya. Como si bastara con embarrarle las manos de dinero a la policía, a las delegaciones, y ya. Y como si no hubiera otras bandas y competencia en el mercado, y enemigos por todas partes dentro del mismo negocio, como en los periódicos. Exactamente como en los periódicos. Por eso digo que el periodismo es un reflejo en miniatura de lo que ocurre a gran escala, por lo menos como yo lo viví. Te reitero que todo esto que estás grabando y que he anotado desde que me lo pediste es sólo mi experiencia y mis impresiones.

"Y bueno. Hasta ahí corrí con suerte. Con la gran suerte, no de mantenerme con vida, que al contrario de lo que dicen en las películas, la verdad, no es cuestión de suerte, sino de mucho trabajo y dedicación. No. La suerte había sido ésa que te conté: haber podido desde joven identificar que estábamos viviendo en una realidad virtual antes del auge de las computadoras, porque las cosas se llamaban de una forma y eran otra. A veces eran lo contrario: cómo era posible que en un periódico, que se suponía que estaba hecho para informar de lo que pasaba, yo lo que había aprendido era a cambiarlo. Y cómo era posible que hubiera una delincuencia legal y otra ilegal. En fin: casi ninguna definición del concepto correspondía al acto, y mis circunstancias particulares habían hecho imposible que no me diera cuenta. Eso es lo que llamo suerte porque no a todas mis compañeras les cayó encima semejante sacudida de realidades inmediatamente después de las evidencias inevitables, digamos, de saber que la palabra 'matrimonio' o 'maternidad' no tienen que ver con la felicidad, y, en fin, lo normal, lo que era más o menos lo obvio para una chilanga de mi edad, o como habría dicho Denisita: 'para una que no fuera tan pendeja como su mamá', pero eso es lo que diría Denisita, no yo, porque a ella la gracia de hablar todo el tiempo con palabrotas se le daba de una manera que, bueno, tú sabes, es todo un talento; y hay gente que lo tiene. Ella lo tiene porque descubrió que las palabras usadas por su papá eran inservibles, o eran un arma de dolor, adentro de su casa. A ella no le dejaron más que las groserías y la descompostura del lenguaje para recomponerlo. Si me identifiqué tanto con ella desde el primer día que la conocí es porque la entendí. Entendí por qué hacía eso. Y al revés, yo por los mismos motivos a su edad había empezado a prestar más atención a las palabras. Sobre todo, con relación a los hechos. Por mis circunstancias, digamos, especiales. ¿Extraordinarias? No creo, pero sí especiales; demasiado condensadas como para no verlas. Eso es lo que pasó.

"Y también yo, como todos los delincuentes, quería dejar la delincuencia. Eso por ejemplo no tiene nada de extraordinario. Es lo más natural. Todos sueñan con eso: retirarse, dicen, 'dejar esta vida' y poner 'un negocito', un restaurante, un hotelito, lo que sea, en, no sé, en una playa de Zihuatanejo, un videoclub en Barra de Navidad, cosas así.

"Pero yo ya lo había intentado con eso del periódico. Y había aprendido una cosa: que había fracasado, pero que me había librado de no ver de qué estaban hechas las burbujas de sueño. En fin: la señora de la O, que era muy dada a repetir refranes, decía que hay gente que cree que cada intento fallido por dejar de fumar es un error, y hay gente que cree que cada intento fallido por dejar de fumar es un paso cada vez más próximo al momento en que dejará de fumar. No lo ponía ella en práctica porque esto me lo decía fumando colilla tras colilla, pero yo lo oí. Lo oí cuando estaba por cumplir los treinta años. Pensar lo primero conducía precisamente a acabar como Elena Sotelo.

"Cuando se enteró de que no la habían seleccionado para ocupar la única vacante de crítica literaria mujer en la revista donde mientras tanto Felipe Correa coleccionaba aplausos, dicen que trató de suicidarse. Para ella fue el final de su carrera, de esa carrera brutal que también era de ganar o morir. Y si hubiera tenido paciencia, ya ves: ahora de esas revistas, ¿quién se acuerda? Nadie. En el medio de publicaciones donde Elena se movía, en esa época había dos corrientes: los anticomunistas contra los comunistas, y en torno a eso giraba la existencia entera y la obra de cualquier poeta, novelista o crítico literario en México. Pero después pasó esa moda, fueron vencidos todos los puntos de referencia comunistas que permitían una amena y larga batalla verbal entre los comentaristas y la nueva –terroristas contra antiterroristas, 'americanos' contra 'antiamericanos'– le importaba nada más a Estados Unidos y no podía internacionalizarse tan bien como la otra, entonces empezó la ola comercial de la literatura de mujeres escrita por hombres, en México y en España: las heroínas y las feministas. Después eso también se agotó y ahora, ya ves, lo más exitoso en el mercado editorial son los libros de delincuentes que deciden hacer su biografía diciendo que ellos no tuvieron la culpa de lo que hicieron: narcopolíticos, narcotraficantes, violadores y defraudadores, y entonces los grandes escritores, o los supuestamente grandes narradores, son los que les escriben sus libros. En eso se emplean como escritores fantasmas. Pero es la moda ahora, y mañana habrá otra. ¿Quién se acuerda de las anteriores? Nadie. Si Elena se hubiera esperado unos diez años haciendo su trabajo pacientemente en la universidad, habría descubierto que su exclusión de una revista anticomunista no era el fin del mundo, aunque en ese momento pareciera el único sueño posible, y aunque Felipe Correa pareciera el único cerebro pensante del país. No había por qué tratar de suicidarse por una cosa así.

"Creer que había una salida, aunque lejana, que todo paso fracasado era un pequeño avance, tampoco era la salvación segura, pero dejaba más esperanza, así que el día de mi cumpleaños –más por desesperación de verme treintañera que por valentía, yo creo– me le reaparecí a Mara Mendoza, le pegué el susto de su vida, y le expliqué que yo estaba ya muy entrenada y con dinero, que así como podía desaparecer a la gente con otro pasaporte, también podía desaparecerme a mí. Hacerme una identidad falsa me llevaba no más de dos horas, a lo que había que añadirle una hora, por el tráfico, de trayecto al aeropuerto Benito Juárez de Mexicolandia. Y ya. Chao. Adiós.

"¿Pero para qué, le dije a Mara, si el señor Pereda a lo mejor puede apoyarme en mis nuevos proyectos? A mí lo que me gusta es la investigación, no la falsificación. Cosa que quizás el señor Pereda recordaría, dije, si se acuerda de mí, y seguro se acuerda de mí. Pero también de mis inicios: de que me conoció en el periodismo. Y era por eso: no porque a mí me gustara lidiar con bandoleros que destrozaban a la gente a periodicazos, sino porque a mí lo que me gustaba era la investigación, sólo que no tenía ninguna experiencia. No tenía nada entonces, más que juventud y estupidez. Ahora soy un recurso muy bueno. ¿Por qué? Porque así como sé cómo adulterar credenciales, también sé descubrir cuáles están falseadas. Asegúrale al señor Pereda que no tengo la menor duda de que la nueva cosa a la que me quiero dedicar le puede redituar grandes beneficios, le dije. Además, no estoy renunciando a lo otro. Pero quiero combinar. Tengo aspiraciones, dile así. Esa palabrita, 'aspiraciones', ellos la entienden. Nada más estoy tratando de ampliar el negocio. Dile que piense si cree que no puede ganar nada vendiéndoles a los periódicos información. No falsedades: información verdadera, descubierta por mí. Dile si no hay abogados que necesitan información, que necesitan investigadores, que necesitan datos reales. Dile si no hay bufetes legales que pagarían, y muy bien, por información sobre documentos falsos, siempre y cuando no afecte los intereses del señor Pereda y su gente, que no investigue nada de ellos, pero sí de todo lo demás. Dile si no hay muchas personas a la que les da escalofríos nada más pensar en acercarse a un narcotraficante, en hablar con un narcotraficante, en pagarle a un narcotraficante cualquier cosa...excepto información. Por información cualquiera paga, y paga bien, y no lo consideran un crimen. Hay mucha gente que, gustosa, haría entonces tratos con el señor Pereda. Gente que de ninguna otra manera se habría acercado a él. Y abogados. Abogados que también lo pueden defender el día que lo necesite. Así que dile y vuélvele a decir que no se saque de onda si empiezo a ampliar mi negocio, porque estoy también ampliando su negocio. Y ahora tengo muchos contactos y sé quiénes necesitan información.

"Yo había ensayado mi discurso hasta dormida, meses y meses, pero la pobre Mara, que había envejecido rápidamente en aquellos años que dejamos de vernos (yo creo que por las drogas), ya no tenía la agilidad mental para responderlo, ni para tomarlo de golpe, así que la hice apuntarlo.

"El colmo de mi éxito fue cuando me ofrecieron una cita con el señor Pereda para hablar personalmente del asunto, y yo me di el lujo de declinar, 'por cuestiones de seguridad' dije. Lo único que pedía era un encargo que tuviera que ver con la investigación y no con la falsificación. 'Una sola tarea, para empezar, y que él elija, no yo, para que vea él cómo lo hago, para que decida si le conviene', pedí. Parecía yo vendedora presentando un nuevo producto.

"Todo eso estaba muy lejos del restaurancito en Zihuatanejo, del hotelito en Barra de Navidad y de la jubilación definitiva, pero mucho más cerca de la realidad conforme a mis posibilidades. 'Pruébela, con confianza, y usted me dice, no se sienta presionado', casi decía, ¿te imaginas? Como si alguien pudiera hacer sentir presionado a un gigante de ese calibre. Pero confiaba en que él se iba a dar cuenta de que no le estaba yo ofreciendo un timo, sino un negocio, y con un producto que él ya había usado, sólo que en una nueva modalidad. Quería lograr más independencia, pero sin pedir el divorcio agitando un papelito para que le disparen, sin arriesgar la vida, sin ganarme la enemistad de Pereda y sin venganzas de muerte jurada. Al contrario, ya lo decía Mara: en un paraíso de corrupción, lo mejor es estar protegida. Y no tratar de pasarse de lista, pero tampoco ser tan imbécil como para quedarse ahí, atrapada entre dos fuegos, como me había quedado entre el periódico y el señor Pereda, por un trabajo que ni me gustaba, aunque me dejara mucho dinero. El dinero ya me permitía pasear, pero afuera del país. Adentro yo no podía hablar con nadie, mucho menos con gente que a mí me interesara conocer. Mis ex colegas eran ya unas estrellas del periodismo y no se habrían dignado a dirigirme la palabra como sí lo hicieron después, cuando mi buen prestigio corrió de boca en boca y ya Zarko oía hablar de mí en España, lo que es la vida... o el buen ojo de Pereda, que aceptó.

"Así que quien fuera que haya sido el señor Pereda no resultó nada tonto, porque captó la idea y entendió el potencial. Llegó a pensar incluso en lavar dinero con mis nuevas operaciones, pero después acordamos, a sugerencia mía, que yo no debía tener una oficina con teléfono y domicilio postal, pues eso lo convertía todo en un blanco muy localizable. 'Dejemos que el propio trabajo se recomiende solo, y que crezca la demanda por sugerencias de amigos, nada más', le comuniqué. También me hizo caso. Es más: yo creo que estaba encantado con mi asesoría porque me mandaba regalos a cada rato, cada semana. Sus tarjetas tenían faltas de ortografía. Si hubiera querido, por su caligrafía y los muchos datos con los que ya entonces contaba tampoco me habría costado trabajo dar con él. Pero eso implicaba perder mucho, en términos de seguridad y tranquilidad. Además, en esa época en que floreció el negocio estaba seducido por mi buen tino y empezaba a flirtear, así que con menos razón me acerqué a él. Yo con dinero ya no era la gorda incapaz de atraer nada mejor que a *Pepe*. Ya tenía lo suficiente como para tomarme unas vacaciones lujosas, sólo que afuera del país, y eso atraía pretendientes por más gorda que estuviera, y a veces hombres interesantes, a veces hombres de negocios, a veces divorciados, a veces aficionados también al cine francés y alemán, como yo. Yo les decía que era viuda y que todo ese dinero no me lo ganaba yo, sino que lo había heredado de mi marido. Si tú le decías a un hombre de negocios que trabajabas mucho, se relamía los bigotes pensando en lo mucho que podía ponerte a trabajar para él. En cambio si les decías que eras una holgazana y que no hacías gran cosa en todo el día más que hacerte el pedicure, ya sabía que contigo no se podía meter y que la empleada y la sirvienta se la tenía que conseguir en otro lado. Conmigo, nada de trabajo. Nada más paseos. Eran relaciones bastante deshonestas y por lo tanto bastante aburridas, pero tampoco como para tener que ir a responder a las flores del señor Pereda, a quien siempre me imaginé feo y gordo, igual que yo.

"A propósito de la leyenda mía, fue ahí cuando se armó. Curiosamente no fue antes, porque antes la gente no tenía por qué conocerme bien, y mientras menos supiera, mejor. Vagamente alguien les decía que yo me había dedicado a muchas cosas allá en Tepito antes, y con eso de 'muchas cosas', por el tono en que lo decían, daban a suponer que me había dedicado a la prostitución. Eso había sido idea del señor Pereda. Como también decir que tenía muy mal genio, para que ningún correo ni contacto directo ni cliente me hiciera mucha plática. Pero fue después, no antes, lo de la leyenda que tú querías que yo aquí hoy te contara y te aclarara, pero no hay tal. Lo único que te puedo decir es que, aunque hablaba de tiempos dizque muy remotos, se fabricó hasta ese momento. Porque entonces había ya un trato directo y muy íntimo con la gente, y había que explicar quién había sido yo. Lo mejor era que no lo dijera yo sino que llegara a oídos de la persona que estaba buscando mis servicios antes de conocerme, con la consabida recomendación de 'pero no le vaya usted a decir a nadie', que es comúnmente la mejor manera de lograr que se difunda el rumor más rápido de lo que uno lo dice. Ahí me inventé y le añadí, como a tantas otras historias que había armado, un montón de mentiras. Un día me llegó incluso una versión de que había estrangulado a mi marido. Con mis propias manos.

"Pero funcionó. Ahora lo único que tenía yo que falsificar era mi propia vida. Ya no más pasaportes. Claro que el éxito de un negocio no se da nunca sólo gracias a la habilidad del negociante. Eso es falso. Tú lo sabes. Tu propio negocio de efectos especiales no habría prosperado por ti solo. El señor Pereda no habría aceptado un cambio de producción y mercado así tan fácil, pero a veces la Historia con mayúsculas que parece siempre buscar la destrucción de quienes la hacen, se pone un poco a favor de ciertos casos, en ciertas circunstancias, y no las mejores, ni las más merecidas. Aquí todo coincidió con el auge de las computadoras personales, el Photoshop y la fotografía digital, que dieron al traste con el negocio artesanal y los linotipistas. De la noche a la mañana, la falsificación se convertía no sólo en un juego al que cualquier diseñador podía dedicarse, sino en un deporte mundial para niños y adultos, como lo es ahora. Mi propuesta de cambio de oficio no pudo haber caído en mejor momento y gracias a eso Pereda no opuso la menor objeción, siempre y cuando no echara yo mano de ningún dato que pudiera perjudicar a sus aliados.

"Así empezó todo. Por ese torcido camino fue como di con mi verdadera pasión y contigo, con Rosa, con Denisita; ya lo ves. Ahora, las identidades falsas y las credenciales, mucho más fáciles de conseguir con el oficio computarizado, eran para mí, no para los demás, y servían para que yo hiciera mi trabajo averiguando.

"Zarko me conoció casi diez años después, cuando mi carrera era todo un éxito y el prestigio ya había obrado milagros, cuando ya no importaba quién había sido sino quién era, y en qué podía servirte. Yo operaba con total independencia de decisión y ya no sólo seleccionaba, sino que también buscaba a mis propios clientes, o las áreas donde a mí me interesara trabajar, siempre y cuando enviara el porcentaje de 'comisión' mensual a Pereda e incluyera en mis tareas alguno que otro encargo suyo cuando lo pidiera. A Pereda le gustó siempre tenerme a la mano por cualquier cosa que se pudiera ofrecer, pero era ya casi una cortesía, como también de mi parte el enviarle un reporte puntual de mis contrataciones con lujo de detalles. Lo demás lo hizo la publicidad de boca en boca y las leyendas que se contaban de mí, primero, y después, la recomendación como una señora 'decentísima, discreta, muy confiable, siempre y cuando no uses su nombre ni le hagas preguntas', etcétera: todo lo que tú ya sabes, lo que a ustedes les habrán hecho saber cuando empezaron a buscarme. Te digo: era yo la que elegía, porque me buscaban hasta policías. Hasta abogados. Hasta periodistas. Como aquella vez que se me acercó hasta uno de los mismos periodistas a los que antes había conocido, para que le ayudara a investigar sobre una nota que estaba haciendo. Pereda estaba feliz.

"Pero Zarko sabía más que lo de la 'señora discretísima y muy eficaz' que se decía de mí. En la era de la comunicación ciberespacial, es más fácil saber estas cosas, dijo. A mí se me ocurre fanfarronear con eso de que 'nadie sabe todo de mí' y él contesta. Sabía de mis andanzas de periodista cuando fui joven y hasta de *Pepe el gordo* y de Rogelio el traidor. Sabía de Mara, supongo que también por los periodistas que algo le dijeron. De Pereda no sabía tanto pero se imaginaba que había yo andado en algunos negocios turbios, por mi amistad con Mara. Lo que no sabía era qué estaba buscando.

"No le creí, aunque sí se veía que se había dedicado a la publicidad, como él juraba, y su nombre aparecía varias veces en la internet, además de que los periodistas son el gremio más chismoso por profesión y a esas alturas ya era de lo más probable que fuera cierto lo que Zarko aseguraba que había sido la manera como supo de mí: que un ex colega mexicano, mandado como corresponsal a cualquier parte del mundo, o alguno de esos correos zapatistas que ya entonces había por toda España, o el propio Rogelio, en cualquiera de las farras de periodistas le hubiera contado que aquella famosa investigadora que ya era yo, había empezado como redactora en su periódico, o en el de un amigo, en fin: todo un tema de conversación, o presunción, en cualquier parranda. Pero lo que yo no podía creer era que por sí solo Zarko hubiera ido a buscarme. Tú tienes que imaginarte esta escena: ahí en el cafecito del Woolworth donde yo hice mi primera cita con tu novia y tu amiga, con

Rosa y Denise, bueno, ahí mismo, un día cualquiera, se aparece un yugoeslavo con acento de español, madrileño, y en todo caso un tipo que en la ciudad de México no pasa desapercibido ni medio segundo, de dos metros de alto, guapísimo, vestido, encima, como corresponsal de guerra, con su chalecote de manta lleno de bolsas y sus bototas, entre gente que, como yo, mide la mitad de alto, o el doble de ancho. Imagínate eso en el café del Woolworth, hablando como español, y diciéndote que sabe todo de ti.

"¿Sabe todo de mí? Pues a lo mejor, pero yo lo primero que me pregunto no es qué tanto sabe, sino qué hace ahí. Y lo que me imagino no es que viene a verme por lo que me está contando, sino que viene a verme porque alguien me está mandando un recado con el solo hecho de hacerlo aparecérseme. Con su sola presencia. Puede ser un enemigo de Pereda que está tratando de decirle algo. Puede ser Pereda mismo que me está mandando un recado extra especial. Yo todavía no sé qué hace ahí a las tres y pico de la tarde tomando café y fumando cigarros rusos, no sé por qué rusos, pero en fin, y además es probable que ni él sepa qué hace realmente ahí: que lo hayan mandado como recado pero sin decirle que lo es. Un tipo tan alto y rubio en plena calle Insurgentes no hay manera de que pase desapercibido. Puede ser un señuelo visible para que alguien más me identifique. Alguien más que mientras tanto está allá afuera en un coche metido, viéndome, tomando fotos, no sé. ¿Qué hago?

"Me levanto al baño, y él me dice que no, que no vaya al baño, que me espere. Que no haga ninguna llamada secreta por el celular. Caray. Me pone su mano enorme en un brazo y me pide que me siente. Y yo veo la manaza del Zarco y me vuelvo a sentar. Y me explica: sé lo que te imaginas. Y me lo explica: exactamente lo que te estoy diciendo es lo que me dice. No menciona a Pereda porque ni sabe de él, pero se imagina lo que yo me imagino: que es un recado o un señuelo, porque en mi trabajo puedo tener a gente muy contenta y a gente muy enojada con todo lo que investigo, y tal. Te digo: el tipo no es nada ingenuo. Y me jura y me perjura que me está diciendo la verdad. Viene por cuenta propia. Me saca todas sus credenciales. Yo, pues te imaginarás si no puedo identificar a esas alturas cuando me sacan una credencial falsa, por más que el *Photoshop* haga milagros. Parecen legítimas sus identificaciones oficiales y sus credenciales de publicista, y él dice que lo son. Y que no fue más que por iniciativa propia como se le ocurrió dar conmigo.

Porque necesita a un buen investigador en México. Y él con ese aspecto europeo tan diferente entre la gente no puede pasar por nada, más que por lo que es. Y eso sí se lo creo. Y lo que sigue también: que no entiende ni por qué me está buscando, ni por qué a mí, ni si encontrará lo que busca, pero que necesita ayuda. Entonces le creo totalmente. Por una razón: porque es exactamente lo que me dicen la primera vez que los veo todos mis clientes cuando sus intereses son de veras personales y espontáneos.

"El primer encuentro con un cliente, cuando el cliente es legítimo, yo creo que debe ser muy parecida a la primera cita con el psicoanalista: el doctor es el que está en pleno control de la situación, en su territorio, haciendo algo que ha hecho antes cientos o miles de veces, con una estudiadísima espontaneidad. El paciente es un venadillo bajo la mira del rifle que sabe que cada uno de sus movimientos, gestos, palabras, entonaciones y silencios están siendo registrados, pero que no entiende por qué consciente, voluntaria y desesperadamente se ha ido a poner él solo en una situación tan ridícula, tan desprotegida. Te sorprenderá saber que, de cada cinco de los clientes que me buscaban por cuenta e iniciativa propias, los espontáneos, pues, más o menos sólo uno llegaba con el proceso de la búsqueda plenamente asimilado y un objetivo claro: 'quiero saber si esta persona nació donde dice que nació; quiero saber cómo se murió mi primo; quiero saber de dónde es esta llave; quiero saber si estos sacos se fabrican en tal parte; quiero saber si esta medicina contiene tal químico', etcétera. La mayoría en cambio empezaba diciendo que había sido un error encontrarme, que los disculpara, pero que ya se iban, y yo tenía que detenerlos con alguna pregunta interesante para ellos.

"Zarko no dijo que había sido un error, pero sí dijo lo suficiente como para que yo me diera cuenta de que era un 'espontáneo' que llegaba ahí por iniciativa propia. La incoherencia, así, la desazón con las que se expresan cuando empiezan a hablar del asunto que los intranquiliza y los saca de onda es un estado que no pueden simular, fundamentalmente porque el timador, cuando lo es, no sabe que estas cosas pasan, que la gente normal así es: que puede buscar a un investigador privado y ponerse nerviosa, o no saber bien qué decir, o no saber ni siquiera cuál de todas las cosas que necesita saber es la que realmente busca. Por lo tanto no se le ocurre al embaucador incluir estas reacciones naturales en su representación teatral. 'Vengo a esto', te dicen muy claros, casi antes del saludo. 'Quiero saber dónde está este dinero de mi socio', o 'quiero saber de este tipo con el que anda mi esposa', y te miran fijamente y te suspiran como aliviados, aparentando que han pasado un sufrido proceso y ahora quieren 'saber', mientras tú lo que estás descubriendo es que quieren robarse el dinero de una oficina o cómo meterse a robar a una casa, porque no hay tal socio ni tal amante. Te quieren usar a ti para que les averigües si hay dinero en un lugar, o cómo meterse a otro.

"Y bueno: Zarko no era así, y lo que contaba era lo más inconcebible que yo había oído jamás, pero también lo más lógico: que las más espantosas tragedias o los actos humanos más crueles se reproducen unos cuantos años después en algún otro punto del planeta, pero en experiencias que parecen una broma pesada o un acto de indiferencia. Es muy difícil creer eso, pero al mismo tiempo, eso explica cantidad de atrocidades que de otro modo no se pueden creer. En fin. Lo demás ya lo sabes. El hecho de que esas jovencitas secuestradas y violadas, cuyos cadáveres mutilados aparecían en lotes baldíos en la ciudad Juárez del estado de Chihuahua hubieran sido llamadas vulgarmente Las Muertas de Juárez, y que fuera así como el pueblo las identificaba, no hacía más que confirmarte lo que Zarko te estaba diciendo sobre los crímenes de odio que se producían. ¿Por qué Las Muertas de Juárez? ¿Por qué no Las mártires de la frontera o yo qué sé? De estas cosas también habló Zarko Krilic, a quien le llamaba la atención que esas adolescentes, muchas vírgenes, llevadas con engaños a algún lugar donde quedaban cautivas para ser violadas, torturadas y mutiladas, fueran conocidas no por su nombre, sino por el casi despectivo término de Las Muertas de Juárez.

"Pero él había visto eso y más en su tierra natal, y el hecho de que los crímenes contra estas víctimas de la insolencia humana en la frontera norte de México fueran protegidos por la policía y el gobierno tampoco era novedad para él, que había visto a las llamadas Fuerzas de Paz de las Naciones Unidas permitir las matanzas en Sarajevo sin intervenir. Según Zarko, ésa era la historia contemporánea y si nos era posible contarla era gracias a la inteligencia artificial que permitía que la gente se comunicara y se informara sin necesidad de recurrir al filtro falseador de los periódicos.

"Un mal día había caído a manos del Zarko una súplica y una dirección electrónica que resultó ser la de un siniestro juego clandestino, con caricaturas estilizadas reflejando el tormento de unas mexicanas de

17 y 22 años de edad, cuyos órganos y partes aparecían entre bolsas de basura en cualquier lugar. El sitio desapareció de la red a las cuantas semanas, o se había trasladado a otro lugar que él ya no encontró. No sabía más. Pero fue la primera vez que tuvo noticia de lo que pasaba en ciudad Juárez. Tiempo después le llegó una carta de alguien que, como ahora sabemos, era Lorena, firmando con el seudónimo de *Sirenita*, relatándole historias sobre el particular. Zarko Krilic y su comunidad ciberespacial supieron de estas mujeres antes de que se convirtieran en noticia internacional. Por eso había ido a México y quería que yo le ayudara a encontrar más información que le permitiera relacionar una historia y otra. Era difícil darle crédito pero también era difícil no dárselo. Mi pago, dijo sin ni un cachito de burla en su voz ni en su mirada, sería la comprensión del mundo en que vivimos.

"Pero yo preferí abstenerme de 'comprender el mundo en que vivimos' en esa ocasión. No alcanzaba a tranquilizarme y no estaba segura de que Zarko entendiera cabalmente el peligro en el que quería meterse por nada, por comparar cualquier historia y 'conocer el mundo en que vivimos'. Yo ya lo conocía. Sobre los motivos de esos asesinatos se especulaban muchas posibilidades, desde el tráfico de órganos hasta el de la pornografía clandestina y los ritos satánicos. ¿Zarko Krilic entendía lo que significaba desencadenar una investigación a esa escala, en ese mundo, y tratar de quedar vivo? No, gracias.

"Él decía que sí, que sí sabía, que 'sus contactos' ya le habían informado. Que se estaba entrevistando precisamente con Araceli Ward, la videorrealizadora feminista que ese año estaba dirigiendo un documental sobre Las Muertas de Juárez, dijo muy orgulloso. Yo me reí a mandíbula batiente en su cara: ¡por favor! ¿Tú te entrevistas con una documentalera feminista y crees que ya sabes todo sobre México? No tienes la menor idea, y Araceli Ward tampoco. Es más: si la millonaria Araceli Ward hubiera descubierto quiénes y por qué están haciendo esto, ya sería ella otra muerta de Juárez, y ni con todo el dinero que tiene lo podría impedir.

"Pero Zarko ni se sonrió siquiera. Me dijo que no estaba buscando a Araceli Ward sino a mí, y que me había encontrado, lo cual quería decir que no estaba tan mal informado. Entonces, junto con el elogio que por supuesto me dejó callada y envuelta en vanidad, extendió su computadora portátil allí sobre la mesa y me la mostró. Yo todavía me tomé la libertad de decirle que cargar una computadora tan moderna en plena Avenida Insurgentes, cerca del Metro Insurgentes, era una invitación a que lo atacaran. '¿Dónde crees que estás?', le preguntaba, y me acordaba de esa frase que usábamos de jóvenes: 'Ni que estuvieras en Estocolmo, mi rey'. Pero él no hizo caso de mis bromas y me pidió que lo pensara.

"Por cortesía, dije que sí, pero no quise ni pensarlo. Lo consideraba demasiado descabellado, además de peligrosísimo, por las razones obvias que él no parecía entender, y me alivió que no hubiera vuelto a buscarme, ni hice yo ningún intento por ponerme en contacto con él, al teléfono del hotel Prim que me dejó.

"Para serte franca, no volví a ocuparme mucho del caso hasta el día impactante en que me encontré con una estética que se llamaba ESMA, hablando yo con sus jóvenes manicuristas y comprobando que no habría estado de sobra revisar esa computadora de Zarko, en lugar de preocuparme de que se la robaran en el Metro Insurgentes, como hice. Tal vez la historia de Laura Grossman ya estaba ahí, pensé, o alguna otra que sucedió en la ESMA. Pero eso fue lo que hice, o mejor dicho, lo que no hice, y ya no había manera de cambiarlo. Sin decirle de esto a la mamá de Rosa, después de que terminé mi trabajo para ella fue cuando me puse a averiguar qué había pasado exactamente con Zarko. El resto es historia. Desde aquí creo que ya tienes claro todo lo que pasó. Tal vez excepto por los comentarios de Bruno, a quien tú no conociste. Bruno fue mi guía, mi inspiración, mi fortaleza y mi cerebro en esa travesía tan brutal y agitada hasta el momento en que crucé la frontera con Estados Unidos y llegué a ese aeropuerto de Georgia a beberme el primer jugo de naranja transgénica, el día que había alerta color naranja de supuestos ataques terroristas y otra vez me acordé de Bruno. Porque yo no sé mucho de psicología, pero él sí. Me había explicado que los colores significan, ¿cómo no?, palabras. Y que esas palabras reflejan sensaciones. Y que el naranja era el color de la confianza. Entonces a mí me parecía de lo más curioso que hubiera en los aeropuertos ese código que se llamaba "alerta naranja" contra el terrorismo; que cuando les revisaban a los pasajeros hasta los calcetines y los zapatos y las hojas de afeitar y los frascos de los perfumes fuera, ni más ni menos, con el color de la confianza: error de los servicios de inteligencia o injusticia poética, o qué se yo. Pero bueno: hasta ese momento, te digo, me acompañó la voz de Bruno, siempre sabia, comentándome. No: hay muchas cosas que yo no habría entendido sin él. Años atrás, fue a Bruno al primero que se le ocurrió pensar que si Zarko Krilic llevaba varios días sin volver a comunicarse conmigo era porque estaba muerto. Me iluminaba el camino. No sabes cómo lo extraño. Bruno fue lo mejor que me pasó en mi vida."

Inés hizo a un lado la libreta de apuntes que había estado leyendo para hacer ese relato hablado, oprimió el botón de apagado de la cámara y desconectó la transmisión. No quería hablar de Bruno. Dolía demasiado.

Miró hacia la ventana. Había empezado a nevar. Pensó que su memoria, tan ligera e indefensa como cualquiera de esos puntos blancos a los que veía sostener un encendido debate en el aire, o contra el aire. Como siempre, se imaginó lo que habría hecho Bruno en ese momento si hubiera estado allí, viviendo con ella el proceso del tratamiento médico, y si hubiera estado ese día, ayudándola a contarle su vida a una computadora.

"Habría dicho que lo normal era que él se muriera antes que yo porque estaba mucho más viejo —se reprendió como solía reprenderla Bruno—, y que preguntarme por qué tuvo que morirse antes que yo es una cosa estúpida. Que ocupe mi tiempo en otra cosa: en salvarme, por ejemplo".

7

LA MALA SUERTE

A huevo que me acuerdo. Si nunca he visto nada igual. Bueno: asaltos y eso, pero no una balacera así. Hará unos ocho, diez años, que fue. Y casi acababa yo de entrar a ese trabajo: ésa suerte tengo, sí, yo siempre he tenido una puta suerte de mierda, y además me había costado un huevo porque no había chamba. *Memo*, el que trabaja ahí de mesero, es el primo de uno que era mi amigo, y fue el que me metió. Entonces trabajaba este *Memo* ahí limpiando también; todavía no era mesero, y me había recomendado ahí ya varias veces, pero estaba cabrón: no había huecos. Hasta que se nos hizo que entrara, como si fuera la gran cosa, imagínese. Puta madre: mejor me hubiera quedado desempleado. Dónde que después de la balacera en la que se murió ese tipo yo ya quería renunciar, y no: te tienes que quedar a huevo un rato, porque resulta que en esos pedos de narcos, si hay muertos y tú trabajas en ese lugar donde se los chingan, y renuncias luego luego, se te echa la tira encima. O lo que sea eso que dicen que es dizque la policía, porque ni que estén averiguando realmente, ¿verdad?, porque a veces en esas broncas está la tira metida, o es la misma tira a la que le encargan matar a unos, pero entonces es cuando andan buscando sospechosos y son ellos mismos los culpables, porque entonces al primer pendejo lo agarran para sembrarle pruebas de quesque mató a la gente o quesque estaba coludido. Entonces es peor cuando andan buscando nomás a quién echarle el muerto y si tú renuncias pareces sospechoso, aunque no lo seas, y te joden. Así que me chingué ahí trabajando todavía unos meses, muchos meses: como cuatro, hasta que ya dejaron de dizque investigarle y se dejó de hablar del asunto, que igual era puro cuento la investigación pero que igual te pueden joder. Yo ahí me estuve, pero, puta madre: ya me quería de ahí. Me moría de miedo, neta. Pues si yo estaba muy

108

chavo. Memo dijo que yo ya era mayorcito, aunque tenía catorce años, imagínese, y me contrataron. Y esa balacera fue como mi bienvenida, imagínese. Fue así de día, como dicen, a plena luz del sol. Serían como las tres de la tarde y estaba bien lleno el restaurante. Entraron unos tipos a chingarse a unos cabrones. Que era una venganza de narcos, es lo que dice todo el mundo. Y dicen que este señor muy buena onda, al que mataron, ni tenía nada qué ver; que fue pura mala suerte que lo mataran. Era un cliente ahí que estaba en otra mesa y que le tocó la de malas. De venganza de narcos, le digo, como en el norte. Bueno: hasta en Guadalajara. Yo no sé, no conozco, ¿no?, pero dicen que ahí la policía no anda en estos carritos de patrullas normales como acá en el D.F., sino en unos pinches camionetones con topaburros y todo. Pinches camionetas igualitas que las de los narcos. Y luego dicen que, si te paran, güey, así si te pasaste un alto o algo y te para la patrulla, se esperan adentro de la camioneta antes de bajarse, para que no te los vayas a chingar tú a balazos cuando se bajan; entonces primero se esperan a ver si no haces tú un movimiento raro así de que vayas a sacar la fusca, porque si te mueves, pos te chingan. Y entonces dicen que por eso se quedan metidos en su camioneta un ratote, y ya luego si no te mueves, se bajan a multarte o lo que sea. Pero aquí en el D.F. ya ve que no. Te paran y más bien ya te cayeron encima antes de pararte. No se esperan. Bueno. Pero esto esto fue así una cosa de narcos. Qué asalto ni qué la chingada.

Yo a ese restaurante entré lavando platos y limpiando. Ese día *Memo* no estuvo, porque era su día de descanso: le tocó la de buenas, porque ése sí tiene buena suerte; por eso yo creo que sigue trabajando ahí, pero yo sí quería renunciar luego luego. Estaba yo limpiando una mesa, que me acuerdo que era la mesa tres. Eran de las mesas que estaban cerca de la salida, y estos cabrones a los que entraron a balacear estaban sentados más adentro, en la ocho, que era una mesa a la derecha de este señor al que mataron. Unos cabrones de traje. Y este señor estaba dos mesas atrás de mí. Sí era muy alto, güero, tipo gringo, pero hablaba español. Bueno no güero güero así de pelo amarillo pero güero, blanco, y muy alto. Sí tenía un chaleco con muchas bolsas y una maletita. Luego luego se veía que era turista. Él había llegado antes que los de la mesa ocho. Yo me acuerdo más de ése que de los otros tipos a los que entraron a matar, porque llamaba mucho la atención. A todos esos restaurantes de por la avenida Reforma, cerca del Ángel, va mucho turista, y había varios ahí ese día, pero éste se notaba mucho más que los otros; luego luego se le notaba que no era de aquí, por eso me fijé, y además él era de las mesas que me tocaban. Venía solo y me había dicho que estaba esperando a una persona. Eso me lo dijo a mí porque cuando se sentó y ordenó, yo ya le iba a levantar los otros platos y me dijo que no, que no levantara un servicio. O sea que estaba esperando a alguien. Sí tenía acento gachupín. Y ya llevaba esperando ahí un buen rato. Entonces entraron unos cabrones con metralletas; según yo eran como cinco cabrones. Ya luego supe que eran menos; que eran tres, pero uno con el susto uno ve como a más gente. Según yo eran como diez cabrones armados. Yo creía que era un asalto porque acababa de pasar un robo ahí en un restaurante japonés, y habían entrado igual unos tipos armados apuntando así al techo. Entonces yo creí que iba a ser igual, así de que iban a cerrar las puertas y nos iban a tener horas ahí adentro quitándole a todo el mundo las bolsas y las carteras, pero éstos entraron a disparar directamente a la mesa ocho, sin decir nada, sin gritar de cosas, sin pegarle a la gente ni decir insultos, ni que esto es un asalto ni nada: ya ve que así es luego. Bueno, por ejemplo: los asaltos ahora en las peseras, entran gritando y que hijo de la chingada, puto, y que esto es un asalto y que al piso cabrones y todo eso, ¿no? A mí la vez que me asaltaron así en una camioneta ni iban armados. Nomás nos tiraban monedas a la cara y eran puros chingadazos, así, nos echaban al suelo a puro chingadazo. Pero gritaban cosas. Estos del restaurante, en cambio, no gritaron nada. No dijeron ni pío. A lo que te truje y vámonos. Entraron derechito a la mesa de estos señores de traje y dispararon. Pero no les dieron, quién sabe qué les falló, y luego echaron a correr por la misma puerta por la que los vi entrar. Se subieron a una Suburban y se fueron hechos la madre. Eso dicen los que vieron la Suburban afuera. Yo no vi eso. Yo nada más oí el ruidajo y por poco me orino ahí del susto, pero gracias a Dios no me pasó nada. ¿Yo qué hice? Pues nomás me agaché, y luego me traté de meter debajo de una mesa. Ya cuando se fueron los narcos, los clientes salieron todos hechos la chingada también, huyendo. Unos, todavía bien decentes, pagaron hechos la madre y se fueron. Ahí iban muchos turistas. Yo creo que ésos fueron los decentes que pagaron, por miedo a que se los chingaran después. Al final nada más se quedó el dueño y nosotros, y los curiosos que empezaban a llegar, pero que no habían estado ahí adentro, y unas chavas que luego resultó que se habían citado con el güero, y que traían guoquitoquis y todo, y que le hablaron a la policía. Un mesero al que llamaban *El Chino* le estaba ya hablando a la ambulancia cuando-yo vi al tipo ahí tirado, sangrando. Pero claro que nunca agarraron a los asesinos, pues aquí la policía sirve pa' bendita la cosa, y además cuando es lío de narcos ya ve que se manejan ahí a otro nivel. Hasta la policía está metida. Ya ve lo de Paco Stanley, el que salía en la tele. ¿Quién lo mató? Hasta la fecha no sabemos porque estaba metido en el narco. También fue así: balacera de corres, matas y te vas. También hubo una matazona así gruesísima antes de eso, en el Café La Habana, ¿se acuerda? ¿Y quién o qué hizo eso, o por qué? No se sabe. ¿O usté si sabe? Yo nunca supe. Me acuerdo también de otra en un restaurante de Tlalpan... También ya hace años. Aunque últimamente ha tupido más. Pero estas cosas antes también pasaban.

Sí, sí me tomaron declaraciones; a huevo que me tomaron declaraciones, pero pues ya sabe aquí para lo que sirven esas cosas de la policía y la chingada. Yo dije toda la verdad, que es que no vi casi nada, gracias a Dios, porque luego en esas venganzas de narcos dices y te chingan. No puedo decir cómo eran los tipos. Creo que había uno de bigotito, medio pelirrojo, y creo que joven, pero no lo reconocería y ni queriendo, porque luego en esas cosas si tú eres testigo, te matan. Al que sí vi, en el que sí me fijé muy bien, fue en el señor éste que mataron, de pura mala pata, mala suerte que tuvo. ¿Que luego resultó que era polaco, o de dónde? ¿Yugoslavo? Pero hablaba español, yo eso sí se lo puedo jurar. El güey ése al que llamaban *El Chino* sí se fijó mejor en los dos cabrones, ¿por qué no mejor busca al *Chino*? Ése sí vio a los que habían entrado a matar, porque esos dos también se fueron y ya no se supo nada de ellos. Creían que estaban también metidos en el narco porque no se quedaron a declarar... Usté no es tira, ¿verdad? Se le nota. Usté es de Tepito, ¿verdad? Eso me dijeron. Bueno, pues sobre todo, porque no andaría ahí preguntando después de tanto tiempo en La Lanterna y en el hotel Prim. A la policía, si no es por algo, una lana, qué le importa. Si no es por lana, ¿verdad? ¿Pero usté qué? Disculpe, ¿lo conocía? ¿Verdad que era así como le digo, altísimo, delgado? ¿Era su amigo? Qué: ¿vendía algo? Fíjese qué chistoso, porque me cae que yo también estuve pensando, o eso pensé, fíjese: que a lo mejor estos cabrones venían a matarlo a él, o sea, al turista. ¿Cómo se llamaba? Porque nosotros le dijimos *El Sarco*. No se vaya a ofender, ¿era muy su amigo? ¿No mucho? *El Sarco*

Acrílico, le decíamos. Pero no, ¿verdad? Se llamaba Sarco Crilic. Bueno. Es que era parecidón. Usté disculpe... No era muy su amigo, ¿verdad? Nomás hacían negocios. Bueno. Uta, pero sí se ve que era muy buena persona, ¿eh? Lo siento por el señor. No sé: es que ve que luego los turistas son bien buenas gentes, y yo a éste luego luego lo vi y me di cuenta de que era pues una buena persona. Aunque lo vi poco. Pero me fijé. Por eso no me extraña, o sea: que haya alguien, que usted por ejemplo, quiera saber algo de él, porque sí se ve que era buena gente y porque qué chistoso, porque es lo único, fíjese, lo único que yo también pensé. Digo, chale, si yo qué pedo: no es que tenga yo nada qué ver, pero pues estaba ahí. Y mucho tiempo pensé lo mismo: ¿qué onda? ¿Cómo que pura mala suerte que le tocó al *Sarco Acrílico*? Qué raro. ¿Cómo que no salió nadie herido y ni un muerto? ¿Nadie se lastimó? Excepto uno, pero que no era el de la mesa a la que estaban apuntando. O sea, *El Sarco*. ¿Qué tal si fue adrede? ¿Qué tal si era a este cabrón al que se querían chingar? Porque los otros salieron sin golpes, sin sangre, sin nada. Nada más el *Sarco Acrílico* se murió y a un señor le dio un ataque del susto, pero no se murió. Y no sólo eso, sino que los cabrones a los que se suponía que les tocaba la venganza, quedaron vivos y desaparecieron. ¿No sería que se querían echar al *Sarco Acrílico* y no a ésos?

¿Pero sabe qué? Que no. No, no y no. Sí lo pensé, pero después me arrepentí. Porque yo eso lo vi. Llegaron directamente a vaciarle la metralleta a la mesa ocho. No a la siete. Y es lo único que vi. Y dispararon. Dispararon directamente contra los güeyes que estaban en la ocho. Pero se les escaparon. Algo les falló. ¿Qué fue? No tengo ni puta idea. A lo mejor los otros también iban armados, pero también qué raro eso: porque si van armados y les disparan en defensa propia, pues lo lógico es que ahí también alguien caiga o que salga lastimado. Pero no: los matones salieron por la puerta como entraron. No había ni un herido y se fueron corriendo, muy ágiles. Y en cambio le dieron a su amigo, que en paz descanse. Pobre, oiga. Se ve que era bien buena gente. Pero si usté lo conoció y él vendía algo o hacía negocios, pues a lo mejor venían a chingárselo a él, si es que estaba metido en algún ajo. Pero eso se me hace muy raro, fíjese. Sí puede ser, pero lo que yo vi no es eso. Por eso le digo no, y no. A dos los vi disparando contra la ocho. El que le digo que era medio pelirrojo de bigotito, y otro que no sé cómo es. Pero yo no vi que le apuntaran al *Sarco*. Se ve que sí le tocó la de malas. No se ofenda. Usté no es tira, ¿verdad? Se le nota. Se ve que es buena persona. Siento mucho lo de su amigo, que también se ve que era buena persona. Pero con mala suerte, chingao.

8

LA BUENA SUERTE

La manera de vestir de Hernando podía detonar los análisis socio-lógicos de los escritores que derramaron sobre la segunda mitad del siglo XX innumerables estudios sobre el ser mexicano en Estados Unidos, sobre la identidad o la falta de identidad nacional y sobre el complejo de colonización incrustado en un ácido desoxirribonucleico compreso en otro acrónimo anglosajón –el DNA– con vestigios prehis-pánicos. Ninguno habría acertado respecto a lo más elemental porque Hernando no era mexicano, sino guatemalteco, por lo que tras sus pan-talones de anchuras abismales, sus aretes, su media nuca rapada y sus náuticos zapatos tenis marca Nike se rezagaba una historia todavía más desgarradora que la de la horrorosa travesía del campesino mexicano dis-puesto a jugarse la vida cruzando la frontera metido en contenedores de alimentos. Como todo centroamericano hambriento, Hernando había debido burlar no una sino dos fronteras para poder ir a encallar al centro de distribución en el que trabajaba en Georgia. Y, como muchas familias, la de Hernando había pasado años ahorrando dinero de la venta de fri-jol para poder pisar tierra mexicana. Tras lo cual, un trío de soldados mexicanos destacados como patrulla fronteriza México-Guatemala no sólo les había robado el dinero sino la ropa, y fue una familia campesina mexicana la que, al encontrarlos desnudos y golpeados en su maizal, les regaló ropa, comida y unos centavos para que pudieran transportarse de regreso a su casa. Pero Hernando se quedó en las tierras del sureste mexi-cano con la encomienda de atravesar todos los kilómetros de la sufrida República trabajando de lo que fuera para pagarse el pasaje y la comida hasta llegar a los Estados Unidos, cosa que le llevó cerca de un año lograr. Todo para terminar trabajando catorce horas diarias en la planta de uno de los estados más racistas del país.

Pero Hernando consideraba que había corrido con muy buena suerte porque había visto morir a otros y había conocido historias peores en su tenaz andar. A él y a sus familiares los habían desnudado los soldados, pero no los habían violado, como sí le ocurrió a la familia del salvadoreño que trabajaba en el Departamento de Empacado y Embarque, y su hermanita Isabel no había tenido que meterse de prostituta, como sí le pasó a la hermana de otro compañero del primer turno.

Sin embargo, su aparente cuota de buena suerte parecía tener fin. Él, que había comprado un número de seguro social falso para poder trabajar bajo un nombre de otro país, sorprendiéndose de lo fácil que había sido el trato y lo poco que le había costado –cuatrocientos dólares más gastos, en comparación con los mil quinientos o dos mil que por lo general costaban esas cédulas de identificación y permisos de trabajo–, ahora tenía que esconderse de la policía, dejar su casa y su empleo, volver a cambiar de nombre y huir sin descanso, acaso hasta que un rayo providencial lo partiera en dos antes de que la llamada justicia lo encontrara porque Benito Sosa –que era el nombre con el que había estado trabajando– resultó ser un asesino contra el que ya se habían girado órdenes de aprehensión desde hacía dos años, sin resultado alguno, hasta que la policía georgiana encontró a un tal Benito Sosa pagando la renta de una casa y trabajando para un centro de Wal-Mart.

–Mala suerte, compa. Con razón ese nombre estaba tan barato –fue lo que le dijo su vecino mexicano León, con lágrimas en los ojos, el día que lo fue a dejar a la parada del autobús rumbo a Cualquier Parte. Y no fue tanto el hecho de que su gran amigo le hubiera ayudado a empacar todas sus cosas desde las cinco de la mañana, ni que le hubiera regalado su adorado radio junto con trescientos dólares a la hora de despedirse, como oír esa palabra, "compa", lo que a Hernando le partió el corazón. Era una palabra que en Estados Unidos no se usaba.

–No dejes de comunicarte, compa. Me cae que algo se podrá hacer.

Fue por la muy mala suerte de Hernando como Bruno conoció precisamente a Inés Carrasco. Un día, el taciturno profesor de inglés de una escuela secundaria privada transgredió las fronteras de la legalidad a la que tanto creyó que debía ceñirse a toda costa hasta entonces y llamó al número telefónico donde le habían dicho que alguien podría ponerlo en contacto con una falsificadora magnífica. Desde que la pobre mujer que limpiaba su casa le había contado las penurias por las que pasaba Hernando en Estados Unidos, Bruno no había podido sacárselo de la cabeza. Aquella señora tal vez no lo supiera, pero Georgia era un estado donde se permitía la pena de muerte. Con un poco de mala suerte, Hernando podía acabar peor de como ella y León, su ahijado, temían.

La que sí se imaginó inmediatamente los destinos potenciales de Hernando fue Inés. No precisó ninguna explicación del profesor –tan dado y tan dispuesto naturalmente a ellas– para discurrir las mismas conclusiones que él se había planteado.

–Pero tendrá que ser pasaporte mexicano –dijo la falsificadora antes de que él especificara nada, ni ella le preguntara exactamente qué le estaba pidiendo–. Hacerle un pasaporte gringo en su caso es muy arriesgado. ¿Su mamá sabe que en Georgia es legal la pena de muerte? Si no sabe, no le vaya usted a decir.

–Bueno. No es su mamá. La señora que trabaja para mí tiene a un sobrino o a un ahijado que trabaja allá, es un amigo suyo con el que este muchacho se comunica de vez en cuando. Ahorita anda escondido.

–De todas formas no le vaya a decir.

–Usted tiene un acento... raro –dijo el profesor–. Y habla inglés, ¿verdad?

La sorprendida entonces fue Inés. ¿Cómo era posible que alguien adivinara algo así en tan poco tiempo y sin aclaración expresa de su parte?

–No es tan difícil –se adelantó Bruno otra vez sin que ella formulara la pregunta, apenas después de haberla pensado–. Le explicó qué pasó: usted iba a pronunciar la palabra Wal-Mart y, bueno, estuvo a punto de decirla con la pronunciación correcta, pero se arrepintió y la dijo en español para que yo no me diera cuenta de que hablaba inglés. Lo que tampoco es muy difícil inferir, créame, no sólo porque soy maestro de inglés. ¿Le gusta la psicología?

Inés sonrió fríamente ante ese hombre cojo que parecía llevarse tan bien consigo mismo, aún con su propia cojera, y que la desconcertaba.

–Yo creo que sí –añadió el profesor–. A todos nos gusta la psicología. Especialmente debe gustarle a una mujer inteligente como de inmediato se ve que es usted.

Bruno dejó su bastón y tomó asiento en la conversación y en el taller de Inés por igual, explicando que él estudiaba constantemente psicología, y que, según estimaba, en su otra vida habría sido psicólogo, no maestro.

—Fíjese: dicen los psicólogos que cuando usted mira hacia la izquierda es que está inventando, y cuando sus ojos miran hacia la derecha es que está recordando. Usted miró hacia la izquierda cuando se corrigió. Por eso pensé que hablaba inglés, porque tuvo que desandar el camino andado, como les digo a mis alumnos que hay que hacer para hablar un idioma, y recordar cómo lo haría en español. ¿Verdad que sí le gusta la psicología?

Con esas preguntas selló Bruno el principio de una amistad que después se transformaría en un largo romance, sin las decepciones del matrimonio a las que Inés se habría rehusado y que Bruno, conociéndola, nunca se atrevió a proponerle.

Lo que en cambio sí le propuso muchos años después de haberle salvado la vida a Hernando y a otros tantos trabajadores indocumentados fue la más increíble y a la vez plausible interpretación sobre lo que Zarko Krilic contaba. El individuo, decía Bruno, no es dueño de sus actos si no conoce los motores inconscientes que intervienen en sus decisiones. Conocerse a sí mismo, ya sea por la vía del psicoanálisis personal, como optan los que tienen dinero para tales menesteres —puntualizaba el profesor—, o por el estudio del psicoanálisis y la psiquiatría, como les está permitido a todos en una biblioteca, es la más altruista labor que puede emprender el hombre moderno, si no en beneficio de la humanidad, al menos para evitarle más daños, lo cual ya es suficiente contribución a su favor, comentaba. ¿Qué tal si así como existe el inconsciente individual, lo que Zarko Krilic descubrió es el inconsciente colectivo? —inquiría con esa voz de tenor que por teléfono hacía temblar de emoción a las mujeres ignorantes de su invalidez y de su edad—. La historia de la humanidad podía ser un ente tan contradictorio y poderosamente impulsivo como la de una sola persona. ¿Por qué no, si la historia del mundo estaba diseñada por billones de conciencias e inconciencias individuales? El mismo poder involuntario que tenía un sujeto para enfermarse o curarse, para creer en la superstición y convertirla en milagro, para sobrevivir años en las condiciones más adversas o para arruinarse una exitosa carrera en las condiciones más favorables, podía existir desde siempre colectivamente.

El hombre en colectivo que era capaz de crear pavorosos tormentos, epidemias y hambrunas, conscientemente empeñado en un mundo más justo y habitable para todos, o conscientemente interesado en el progreso científico y tecnológico, bla, bla, bla, inconscientemente no sólo no evita los genocidios o las torturas y no sólo crea nuevas epidemias sino que reproduce en centros turísticos, estéticas, bares, revistas, anuncios publicitarios, videos y películas una celebración jubilosa de estas atrocidades. Y así como el individuo que no se conoce a sí mismo, que no está dispuesto a lidiar con sus pesadillas y sueños de infancia, con sus vergüenzas eróticas de adolescencia, con sus pánicos descoyuntados de adulto y con sus deseos de apariencia esquiva a cualquier edad no está a salvo de crear de sí mismo ese monstruo perverso, ese depredador o ese asesino en el que se tornan tantos seres humanos para degradación de la propia especie, del mismo modo el hombre en colectivo no podrá suprimir estas historias del planeta hasta que no analice su inconsciencia colectiva. Según Bruno, Zarko Krilic había dado un paso enorme para el avance de la humanidad. ¿Por qué no? Si el psicoanálisis aceptaba la existencia del inconsciente colectivo, ¿qué impedía suponer que éste provocara fenómenos tan asombrosos como los causados por los de una sola persona? Ningún estudio científico negaba ya el poder de autosugestión de un hombre cuando se ha hecho quemar una parte de la piel o se ha inmovilizado la mitad de su rostro a raíz de lo que vulgarmente se consideraban "nervios". ¿Por qué no creer entonces que un "nervioso" inconsciente colectivo –tan enfermo como la humanidad, tan emocionalmente averiado como el pobre hijo de una familia rígida y conservadora, tan reprimido sexualmente como la hija de un par de fanáticos religiosos, o tan hondamente lastimado como los hijos de una familia hipercrítica y liberal– podía generar fenómenos indomables, masivos, irracionales y tan lamentables como los que un solo hombre genera?

Acostumbrada a la mente inquieta de su pareja, siempre haciendo llover hipótesis y preguntas, Inés escuchaba aquello igual que oía los aguaceros desplomándose sobre su ciudad: sí, claro que era posible todo lo que decía Bruno. En su trabajo ella observaba tantos fenómenos que le costaba negar los poderes casi mágicos de la mente inconsciente. Entre fanáticos religiosos y supersticiosos, la mente inconsciente parecía estar trabajando horas extra. No hacía mucho había brindado servicio a un cliente cuyo hermano se creía predestinado a cumplir una misión en el mundo y que, por tanto, había sobrevivido sin agua una semana y media perdido en altamar. Otro muchachito de la edad de Denise, también cliente suyo, creía comunicarse con una estrella de rock a la que adoraba, y lograba levitar: incluso Inés lo había visto haciéndolo.

Pero ella tenía una ligera discrepancia con su apasionado interlocutor: el inconsciente no sólo generaba naturalmente fenómenos sobrenaturales en fervientes idólatras. También era una herramienta prodigiosa para sobrevivir por amor o por piedad o por generosidad, entre otros motivos más nobles que el de la superstición desenfrenada. Entre muchos de los campesinos emigrantes a los que ella había llegado a conocer y a ayudar gracias a Bruno, había hombres y mujeres capaces de sobrevivir sin alimento ni agua en el Desierto de Arizona básicamente por amor a sus padres, o por un alto sentido de responsabilidad hacia su familia, o tan sólo por evitar el sufrimiento de quienes los querían. Sus cuerpos pequeños y desnutridos se convertían en motores indestructibles hasta llegar a los insaciables parques industriales y centros de distribución como aquél en el que Hernando había trabajado para poder mandar dinero a su familia en Guatemala. Ese inconsciente colectivo que Bruno retrataba de corazón tan innoble y cruel que necesitaría otro Dante para contarlo, Inés por experiencia sabía que, de ser cierto, entonces en algún otro lugar del mundo el hombre colectivo debía estar creando algo tan inconcebiblemente generoso que necesitaría otro Victor Hugo para contarlo. Por lo demás, estaba de acuerdo: había que aceptar la existencia del poder mental colectivo, si individualmente protegía cuerpos o los destruía o daba vida a otros de manera casi sobrenatural. Se habían hecho estudios sobre el imaginario colectivo, la mitología universal y los sueños prevalecientes en las culturas más diversas, pero no sobre sus efectos en el porvenir. Orientados constantemente hacia el pasado primitivo, desde Lacan hasta nuestros días, los varones que estudiaban poco habían examinado lo que las pulsiones reprimidas generaban en la historia contemporánea. Claro que Bruno podía tener razón al decir que esas historias colectadas por Krilic bien podían ser el reducto de ese inconsciente universal inaceptable y vergonzante: el que sueña con hacer del campo de concentración argentino una estética de pedicure. De todas formas ella tenía que conformarse con observar lo que estaba pasando.

Como esa última parecía ser la alternativa más segura, fue a la que Inés procuró apegarse hasta el día en que el joven reportero René

Domínguez dejó un mensaje en su servicio telefónico de recados; hasta que su propio destino la encontró en la voz de René Domínguez pidiéndole el encargo más extraño que alguien le hubiera hecho jamás. Entonces sí tuvo que reconocer que el inconsciente colectivo estaba desafiando las leyes del universo tangible: René Domínguez quería que ella, Inés, localizara "a la persona que había estado haciendo preguntas sobre Zarko Krilic en el bar del hotel donde se hospedó". Esto es: que se buscara y que se encontrara a sí misma.

—El orbe acaba de tener otro *lapsus* freudiano, como cuando el teléfono celular apareció en otra bolsa —comentó Bruno.

Pero Inés ya no tuvo humor ni tiempo de sonreír.

9

LA GOTA DE DESEO

René Domínguez tenía una forma graciosa de hablar. Evidentemente había visto demasiados programas televisivos traducidos y había quedado impresionado por la personalidad de los protagonistas, de modo que procuraba hablar al estilo de las traducciones. Terminaba las frases con la pregunta: "¿Sabes?", que en inglés norteamericano no es más que una muletilla pero que en español sí tiene sentido y se convierte en una pregunta —estúpida, además— al final de cada oración.

—Este lugar es tranquilo, ¿sabes?

—No, no sé. Nunca he estado aquí.

—Sí, sí lo es, ¿sabes?

—No, no lo sé —le repetía ella, pero él no reaccionaba.

Inés empezó entonces a preguntarse qué clase de jefe era capaz de soportar esa forma de hablar en René Domínguez, y qué otras habilidades podría tener como para que lo hubieran contratado en la Sección Ciudad de un diario, la cual estaba a cargo de Guillermo Centeno, hasta donde ella tenía entendido, quien permitía sobornos del gobierno y drogas de la mafia, pero no anglicismos, afortunadamente. ¿O habría ya cambiado mucho Guillermo Centeno?

Como fuera, mientras René Domínguez explicaba que los periodistas que frecuentaban el bar del hotel Prim se habían enterado de lo ocurrido, por encima de su cabeza Inés veía las patas de unas gigantescas tarántulas verdes paseándose apacible y rítmicamente. No había sabido cuánto odiaba al desconocido hasta que tuvo enfrente su cara gesticulando. Porque René Domínguez a sus 23 años —ese René Domínguez en particular y cualquier otro René Domínguez— tenía unos ojillos pequeños, hundidos en las redondeces de su frente y de sus cachetes, los cuales se movían de un lado del cuarto al otro a una velocidad promedio de cuarenta veces por minuto, e Inés sabía qué estaban buscando esos ojos lisonjeros; por eso despreciaba a René Domínguez y a cualquiera de su especie. Pero de lo que no se había dado cuenta era de que, además de despreciarlo, lo odiaba. Habían pasado ya más de veinte años desde la última vez que había tenido a un René Domínguez tan desnudo e indefenso frente a ella. Tan cerca, sí, con mucha frecuencia. Desde que era conocida en los sótanos del periodismo por sus investigaciones meticulosas y discretas, varios Renés Domínguez, diez o veinte años mayores que este René Domínguez, la contrataban de vez en cuando. Pero no se desplazaban a donde ella los citara. No salían de su territorio ni andaban solos. A veces, cómodamente le mandaban un encargo por correo, a su apartado postal, o a través de un propio.

Este René Domínguez era un pez nuevo en el río mediático, obviamente, sin mensajeros ni contactos para darse importancia. Y el hecho de tener por primera vez en años a un ejemplar de los miles execrables Renés Domínguez del país agitaba en Inés sentimientos de los que ni siquiera se había percatado. "Yo tengo corazón de asbesto —presumía—. Por eso no acabé jodida, como las mujeres, arrastrada y reclamando que por qué el mundo era tan injusto".

Pero eso por lo visto no era cierto. No tenía corazón de asbesto, sólo que nadie le había dado la oportunidad de probárselo. Pensar con desprecio en los Renés Domínguez del mundo no era lo mismo que sentarse delante de uno de ellos en el bar del Sanborns de la Avenida Barranca del Muerto a las tres de la tarde, cuando todavía no ha comenzado a caer la tormenta de la tarde y la poca luz eléctrica del recinto basta para distinguir los labios delgados y fruncidos de ese René Domínguez, sabiendo quiénes abren esos labios y quiénes los cierran con candado; sabiendo lo que han dicho esos labios para vergüenza suya y lo que se han callado, "¿sabes?". No, Inés, tú también, como las más resentidas amas de casa, podías odiar al enemigo con la intensidad que sólo habías visto sudar en las frentes de otras y que no creíste posible llegar a experimentar.

En verdad era asombroso lo desarmado que estaba este René Domínguez, hablando con locuacidad, como si Inés fuera parte de su familia, acaso porque ni siquiera sus pares le han informado de que el paraíso al que ha logrado llegar después de un largo camino desplazándose desde su oriunda pero también inmunda aldea provinciana está dividido en clanes. No: este René Domínguez es un recién nacido y ni siquiera hace averiguaciones previas para ponerse en contacto con una desconocida como Inés sin que nadie le diga si es amiga o enemiga de su padrino, el periodista Guillermo Centeno, o el jefe del mismo, lo que determina si tendría que despedazarla o glorificarla, o sólo contratarla.

El mozalbete ha optado por contratarla sin más, y por ese error de justicia poético-narcopolítica –o "*lapsus* freudiano del cosmos", como diría el profesor Bruno–, ahí estás Inés, observando por primera vez al enemigo sin artillería ni a través de heraldos o balas. Y quién habría podido suponer que la sola presencia del muchacho podía violentarte a ti, la que decía tener sangre de polvo instantáneo para cualquier ocasión, sin coagulosas convicciones que están destinadas más que nada a endurecerse y a atrofiar el sano proceso de adaptación. Ahora resulta que no es cierto: que los Renés Domínguez del planeta te molestan más de lo que tu resignación puede tolerar, y que el solo hecho de observar la bolsa de piel en la que guarda las libretas y la grabadora te enciende de rabia.

Y de gusto, al mismo tiempo, porque sus colegas borrachos parroquianos omnipresentes en todos los bares del mundo le informaron que la persona que había estado haciendo preguntas en el hotel Prim eres tú misma y él no se ha dado cuenta. Estás viendo al enemigo dar un traspié mayúsculo sin advertencia alguna del peligro que puede representar para el éxito de su carrera lo que está haciendo, que es contarte las preocupaciones de su clan, ¿sabes? René Domínguez no se tomó la molestia de prevenir lo que tú puedes hacer con esa información si no perteneces a su banda, ni a su raza ni a su especie, lo que en definitiva es verdad. No sólo eso: está tratando de quedar bien contigo, ¿sabes? Y tú ves las tarántulas paseándose por la nuca y el cuello de René Domínguez el día en que su jefe de información Guillermo Centeno se entere de lo que ha hecho y reaccione en su contra. Verás, René: esto no es muy distinto de la política. Esto es periodismo y es también política. Cada acción se interpreta de distintas formas según el balcón donde se mire y a nadie se le va a ocurrir que diste un mal paso. Lo que van a pensar es que perteneces al partido opositor. Cuando les cuentes con orgullo lo que hiciste, van a especular muchas posibilidades –todas malas–, excepto la verdad, que es que pecaste de ingenuo y de machito. Van a creer que los adversarios te infiltraron desde hace tiempo o te compraron.

Pero eso es lo de menos. El predecible final de René Domínguez no acongoja a Inés (ni debería preocuparle a nadie, piensa ella). Lo que realmente la alarma es que al ver los lentes redondos de René Domínguez apenas puede controlar el antojo de arrancárselos de la cara y aplastarlos en el suelo sin explicarle siquiera por qué. Y a medida que René habla, una vez pasado el deslumbramiento de tenerlo tan cerca y tan vulnerable, el odio no parece extinguirse. Por el contrario, crece y se convierte en esa mirada escrutadora con la que el resentimiento desgaja a un ser humano. Pero tienes suerte: qué bueno que este René Domínguez es un ejemplar tan poco observador como cualquiera de los varones de su ralea, pues de otro modo ya se habría dado cuenta de que el temblor en tus manos no es por nervios sino de ira. Afortunadamente cree que cualquier mujer de cualquier edad y condición física se pone nerviosa ante la presencia de un periodista e infiere que estás excitada de conocerlo.

En cierto modo Inés lo está, además. Cada gesto suyo le habla de un mundo que ella aún recuerda con olores, sonidos y vívidas imágenes: el mundo del jefe de René Domínguez en la interminable cadena de intercambios; el mundo de los exámenes de ingreso manipulados por el sindicato corrupto para vetar a los "infiltrados" del enemigo del director en el periódico; el mundo de los concilios secretos, de las comilonas familiares domingueras en las que se cotejan posiciones y se pactan ascensos con frases sin terminar: con esas expresiones a medias, sin comas ni puntos, de los iniciados. René Domínguez es eso y más: es, sobre todo, la peligrosa ilusión de ser premiado; esa esperanza por la que no sólo está dispuesto a hacer el ridículo sino a meter inocentes a la cárcel, a hundir a los críticos del jefe en calumnias y a inventar testigos de actos que ni él vio. E Inés, que creía disfrutar el circo desde las gradas sin siquiera levantar la ceja, con la dureza de quien lo padeció todo y lo superó, ahora descubre que ella también está herida; que llegó a tener ilusiones; que habría querido vivir en un mundo sin dobles entendidos, donde las palabras y las acciones no significaran exactamente lo contrario de lo que manifiestan, ¿sabes?, y donde alguien que dijera estar haciendo averiguaciones sobre la muerte de Zarko no pudiera ser al mismo tiempo sospechoso de haberlo asesinado con la complicidad del Departamento de Policía de la delegación donde cayó muerto. Y como ese mundo ideal no existía, y como René Domínguez trabajaba diariamente para que no existiera, Inés sentía ganas de aplastar las ambiciones torcidas contra las vidrieras del bar del Sanborns, ¿sabes?

Cuando René Domínguez extiende los dedos con la palma de la mano levantada para explicar lo que "la opinión pública" quisiera saber sobre la muerte de Zarko Krilic, tú no sólo quieres reclamarle su concepto de opinión pública –que no está conformada más que por su jefe y sus amigos–, sino que te regocija tenerlo ahí y ver cómo pone su cabeza en la guillotina mientras pide con un gesto rápido y desdeñoso otra cerveza. No, René: la señora todavía no se acaba su cerveza; cómo crees que voy a acabarme un tarro de cerveza teniéndote a ti como espectáculo; yo por nada del mundo me pierdo esto en mi sano juicio. Primera vez en mi vida que una persona me contrata para investigarme a mí misma. Si no fueras tan joven diría que eres un idiota redomado, pero te concedo cierta ingenuidad. Lo tonto no te lo quito porque la vanidad en exceso es tontería, y tú te quisiste pasar de listo contratando a un investigador por tu cuenta. ¿Para impresionar a tu jefe? No lo creo. Para saltarte trámites, más bien. Esto es, por la misma razón por la que tantos periodistas copian los boletines en lugar de ir a reportear la nota: por flojera, por la gremial tendencia a conseguir el boleto gratis, a saltarse los trámites y ponerse al principio de la cola. Pero lo que te saltaste aquí son escalones rumbo al precipicio, René, con todo y tus fanfarronadas de viernes en la noche para impresionar a la novia y a la familia de la novia, seguramente orgullosa de que su hija haya logrado encajarse en el mundo "de los influyentes". Hoy te volaste una barda prohibida, y yo eso no me lo pierdo ni aunque a cambio me pidieran repetir mi juventud, lo que –créeme– es demasiado pedir.

Apenas podías contener el sarcasmo –y el miedo, Inés: ¿por qué no aceptarlo?– cada vez que hacías alguna pregunta. Si lo lograbas era sólo gracias a que también la curiosidad era mucha y en ese sentido estabas deslumbrada. René Domínguez hablaba sin disimulos del procedimiento que tantos otros colegas en veinte años se habían cuidado religiosamente de describir de otra manera, o de callarse por completo, ¿sabes? Ahí estaban los pormenores que ella y cualquier otro simple ciudadano sin amparos ni "influencias" estaba forzado a adivinar o a interpretar con base en resultados para no volverse locos. René Domínguez descifraba cómo las ambiciosas Parcas con bigotes y chamarras de mezclilla tejían sus destinos: desde las constantes llamadas telefónicas del gurú cada mañana a las casas de los feligreses para obtener "reacciones de la gente" sobre cada cosa que habían publicado el día anterior, hasta los consejos de "pensar en su futuro" y conseguirse "otra entrada" financiera aparte del sueldo que recibían en el periódico como reporteros: con quién hablar a nombre de otros, a qué número de teléfono y "a qué horas, para no molestarlo, ¿sabes?". El *embute*, el *chayote*, desplegado por la boca de René en los cuartos y hasta en vestíbulos de los hoteles durante las campañas electorales. Al cabo de una hora, a Inés ya no le quedaba más duda de que alguien le había dado muy mal los datos y el chico pensaba que ella era "de los suyos".

Pero no sólo eso le habían informado mal. También le habían hecho creer que ella misma era hombre; un presunto sujeto que años atrás "había tratado de amedrentarlos con cartas anónimas y amenazas de muerte para que no publicaran nada sobre ese señor Krilic". Sólo René Domínguez y otros compañeros de culto podían creerse algo así, claro. Inés también reconocía la mirada ciega de arrobo y por eso también lo detestaba. Ese joven ya estaba en la hora feliz del reportero que es capaz de confiar en cualquier disparate que salga de la boca de su editor y mentor.

—En el caso de Las Muertas de Juárez están implicados por encubrimiento procuradores de justicia y gobernadores —mentía René Domínguez, aunque tampoco le faltaba razón—, y a pesar de que primero se especuló que tenía que ver con venta de órganos o rituales narcosatánicos, pero cada vez hay más indicios de que es básicamente la industria de la pornografía lo que está implicado ahí.

Una corriente de furia recorría otra vez la espina dorsal de Inés. No porque no pudiera ser cierto: de hecho, todo México sabía que, además de los crímenes de odio naturalmente cometidos en un país así, era cierto que esos homicidios eran un negocio, pero no que "hay cada vez más indicios" al respecto, porque como en cualquier otro caso, los "indicios" siempre habían estado ahí. Lo que no había era la orden de rastrearlos. Y, en el caso de René, "cada vez más indicios" significaba que "cada vez es más esto lo que los jefes de mis jefes han decidido que será el fallo final". No quería decir literalmente que hubiera más o menos huellas. ¿Por qué decidían abordar esa posibilidad?

—Hay también indicios de que Zarko Krilic estaba implicado, ¿sabes?

—¿Con qué? ¿Con el negocio de la pornografía en ciudad Juárez? —preguntó Inés de nuevo, tratando de no sonar ligeramente burlona.

—Vino a cobrar unas cuentas, ¿sabes? Hacía negocio con los traficantes desde Yugoeslavia, ¿sabes? Me temo que ese día se iba a reunir con ellos. No se sabe más. Otros dicen que venía a extorsionar a los traficantes.

—A ver si te entendí: no se sabe nada, pero se sabe que venía a cobrar cuentas, y que estaba vinculado con las muertes de las mujeres de Juárez, y que tal y que tal, ¿verdad? Nada más y nada menos. O sea: sí se sabe bastante como para no saber "nada", ¿verdad?

Error, Inés. Apenas escuchas tus palabras y te arrepientes de ellas. El sarcasmo lo va a hacer reaccionar, si no ahorita que está tan emocionado, cuando descubra qué tan grande es la equivocación que cometió y te odie más por ello. Su mente invadida de arrepentimiento repasará cada segundo que estuvo frente a ti, y este último comentario no te lo va a perdonar. Va a querer convertirte a ti en otra Muerta de Juárez. Error.

Pero, por lo pronto, René no se da cuenta y asegura que sí, en efecto: Zarko Krilic, pornógrafo profesional, vino a México a cobrar deudas pendientes con los carniceros de las mafias de Juárez, pero fue asesinado accidentalmente por otros en el restaurante La Lanterna. Ahora bien: ¿de qué deudas pendientes se trataba? Eso es lo que los heroicos periodistas jefes de René Domínguez se han propuesto averiguar, a pesar del peligro, y cada vez que lo intentan reciben llamadas anónimas a las oficinas. Últimamente, a decir de los periodistas y sus "fuentes anónimas" (localizadas en los bares), alguien ha andado haciendo preguntas otra vez sobre ese caso tan cerrado de Zarko Krilic en hoteles y restaurantes. Alguien ha ido incluso a visitar el hotel donde estuvo hospedado. Los jefes de René Domínguez temen que se trate nuevamente del autor de las llamadas anónimas anteriores y le piden a su pupilo que encuentre a esa persona "coludida con la mafia de Zarko Krilic". René obedece, pero comete el error de contratar a la misma persona a la que está buscando, caray, y quién es Inés para corregirlo.

A ella, en cambio, se le ilumina el alma al oír que "Zarko era el contacto" de esa supuesta banda de pornografía en Yugoeslavia porque entonces los jefes de René Domínguez todavía ni siquiera saben que Zarko vivía en España y no en Sarajevo. Ignoran lo que Zarko estaba haciendo en México y, aunque lo supieran, ni siquiera lo entenderían. Están más perdidos que ella y eso le da mucho tiempo de ventaja. Queda claro que están diciéndole mentiras a René Domínguez sobre unas supuestas llamadas anónimas y que éste trabaja para alguien a quien no le interesa saber nada de Zarko Krilic, sino de quien intente averiguar cómo murió.

Así lo hacían, Inés, antes y ahora, ¿te acuerdas? Las cosas no han cambiado mucho. Mandaban a un periodista novato, a veces a un estudiante, a buscar información sobre sus enemigos. Pero claro que al recién iniciado no le decían eso. Le hablaban de libertad de expresión, del derecho de la opinión pública a saber la verdad, y de las obscuras fuerzas que manipulaban la información. Después, las notas del reportero quedaban sepultadas o alteradas. El joven principiante concluía que su noticia tenía errores o que había sido censurada. Sólo años después empezaba a entender que no lo mandaban a descubrir para publicar, sino para ocultar.

¿Y por qué querían encontrar a Inés ahora? ¿Qué era lo que no querían que se supiera de la muerte de Zarko Krilic? Eso era lo que tenía que saber.

René se excusó para ir al baño. "Va a ir a darse un pase –pensó Inés–. Regresará limpiándose el polvo de las narices y con la artillería a punto para decirme exactamente cuánto me va a pagar y qué quiere. Después se imaginará a Guillermo Centeno felicitándolo e irá a otra cantina a celebrar. Hasta puede que así ocurra porque todavía no saben que soy la misma persona a la que andan buscando. Pero yo conozco a Guillermo Centeno desde antes que este muchachito saliera graduado de la escuela preparatoria y se trasladara a la capital de su aldea oriunda pero inmunda. Conozco a Guillermo Centeno desde que emergió de las huelgas estudiantiles con su morral sesentero hasta que se compró microcomputadora y terminó organizando campañas para meter a la cárcel a los huelguistas estudiantes de la siguiente generación. Lo conozco y sé que, cuando te descubra en el error, Guillermo Centeno te va a tratar igual que como lo ha hecho con cualquiera de sus objetos de desecho: como a un pinche huelguista de la universidad pública, ya lo verás".

–Bueno. Para concluir –dice René Domínguez de regreso del baño, con nuevos bríos y la nariz empolvada–: ¿en cuánto crees que pudiera salir?

–Mira, eso siempre depende de lo que requiere y por cuánto tiempo –replica Inés sin el menor cuidado por negociar nada, sabiendo que Guillermo Centeno de todas formas no va a pagar ni un quinto cuando descubra la sopa de equívocos en la que su aprendiz de reportero lo ha metido.

–Bueno, te voy a ser franco: esto es totalmente una idea mía.

–Sí, eso pensé: eres un reportero con iniciativa –se burla Inés.

–Bueno, digamos que sí.

—Digamos.

—Yo tendría que llevarle un cálculo aproximado de tu presupuesto.

—Y Guillermo Centeno tendría que aprobarlo.

—Bueno, no, porque esto no sería para él, ¿sabes? Es para Araceli Ward.

—¿Perdón?

Inés volvió a sentir esa punzada en el pecho que la había acompañado a la casa de Laura Grossman. Sí, explicaba René, animado, Guillermo Centeno era su jefe en el periódico, pero esto era un trabajo aparte, para complementar sus ingresos. ¿Era broma? No, Inés, claro que no es broma. René tiene todo menos sentido del humor y además, si te fijas —si le das un minuto de tregua a tu socarronería y prestas verdadera atención—, el muchacho está alardeando: "Yo trabajo para Centeno en el periódico, pero aparte me dedico a otras cosas, como dicen todos los que valen", parece insinuar: acabo de conseguir puesto en el equipo de reporteros de la famosa Araceli Ward, ¿la conoces? Claro que la conoces. Quién no la va a conocer después de su premio internacional por el video documental *Silencio en Juárez*, por si no lo sabes, versado en el tema que nos ocupa, aunque estoy seguro de que lo sabes y lo has visto, y yo, René Domínguez, soy parte de tan importante proyecto.

—Aquí te tengo una copia del video por si no lo has visto —añade el joven con iniciativa René Domínguez, aspirante a Premio Nacional de Periodismo, y sigue presumiendo de su importancia porque sabe que tú ya viste el video.

Pero Inés no piensa más en René ni en su insignificante importancia, y el odio que abrasaba su entendimiento se ha disipado. Ahora es interés lo que la domina. Los jefes de René, a quienes ella imaginaba en casas de seguridad escoltados por matones a sueldo, hablando por teléfono con periodistas corruptos, no son más que las feministas videoastas. Esto es: las únicas personas con quienes a ella le consta que se entrevistó Zarko Krilic en México. ¿Cómo pudo estar tan equivocada? Eso no es normal.

Minutos más tarde, hay algo que el muchacho nunca ha visto y es una expresión como la que descubre en el rostro de Inés, tan inquietante que a él se le ha olvidado lo que le está diciendo. ¿Qué es esa mirada? Hasta hacía unos instantes no le parecía más que distraída y un tanto soberbia aquella mujer cuarentona, tan corpulenta, tan sofisticada y extrañamente atractiva –René se diría después que era indebidamente atractiva, con su faz achatada y sus facciones olmecas, casi horribles pero, qué duda cabía, armónicas y sensuales–, y en cambio ahora que por fin le había quitado la arrogante vista de encima, ahora que los ojos del desdén dejaban de desnudarle hasta la tráquea, René podía jurar que lo estaba escuchando con la mayor atención, ¿sabes? Sí, tenía algo rarísimo, ¿sabes? Puta madre, esa señora me cogió. Así, güey: de silla a silla, sin tocarme, te puedo decir que llegó un momento en que la pinche vieja me tenía toditito en sus manos, ¿sabes?; de la cabeza a los pies. Claro: esto yo no se lo voy a decir a ningún cabrón, pero esa señora llegó un momento en que me empinó, y no es como si me hubiera cogido un hombre, un cerebrote acá, un Felipe Correa, ¿sabes?, sino como si me hubiera cogido una mujer. Yo ahí sí reaccioné y dije: ni madres. Si me van a coger, siquiera que sean hombres, no unas pinches viejas, y menos ésta que está re fea y ya ruca. Me empezó a hacer preguntas sobre Araceli, pero eso era lo de menos. Lo más grueso era la forma como me estaba viendo sin mirarme, poniéndome sus brazotes encima de mí sin tocarme, y no sé de qué otro modo explicarlo, cabrón. Pásame otra cerveza, me cae. Ya sé que se oye alucinadísimo esto, pero no le pude aguantar la mirada, mano. Y ni siquiera me veía. Chale. Casi se me para, no mames. Dije: no, esta vieja me va a llevar ahí a su cueva, a su cantón güey, y me va a pedir lo que quiera, y lo peor es que se las voy a dar, porque me tiene hipnotizado. Quién sabe qué me metí; quién sabe qué traía la coca que me regalaste, pero esto no es normal.

Que me levanto y me voy, güey; así nomás. Así de simple, dije: "Tengo una llamada", y me salí.

Inés se quedó contemplando los tarros de cerveza mucho tiempo. Sabía que Domínguez no se había ido al baño; que se había retirado de la mesa sin despedirse, con una excusa, debido al desconcertante mutismo en el que ella se había sumido, examinándolo y poniéndolo a prueba, mientras trataba de descubrir en qué se equivocó. Pero René la tenía sin cuidado, aunque no dejaba de agradecer su torpeza: a fin de cuentas, había sido gracias a él que ahora se encontraba ante un acertijo fuera de serie. Lo único que le constaba era que Zarko Krilic había venido a México a entrevistarse con ella y con Araceli Ward. Nada más y nada menos. Eso es lo que había que tomar en cuenta. Gracias a René Domínguez podía medir el tamaño de su error. Ella que creía que sólo la joven Inés era la que había podido equivocarse tanto. Ahora resultaba que la Inés de aquellos años novatos estaba dotada de algunas cualidades: su simpleza y su pragmatismo, por ejemplo. Porque cuando entró a trabajar al serpentario que resultó ser ese periódico nuevo no se preguntó cómo debían ser los reporteros, ni cómo debía ser una pareja como *Pepe*, sino cómo eran, o cuál era la debilidad de *Pepe* y por qué podía traicionarla de esa manera, y a ese tipo de preguntas es a lo que debió haberse limitado Inés en esta ocasión. No: no todo habían sido errores de la joven Inés. También había habido aciertos. Uno de ellos era que la Inés veinteañera no habría disparado su inventiva hasta el infinito con ese asunto, ni habría imaginado a Zarko Krilic en ciudad Juárez con grabadora en mano entrevistando matones y huyendo de los disparos, como sí lo hizo la Inés post-Pereda, la experta falsificadora. Nada de eso. Habría tardado menos en concluir que probablemente Zarko no había hecho nada más que verla a ella y a la documentalera Ward. Después de lo cual había resultado muerto y eso era lo único que había que analizar: cómo y por qué, si solamente había llegado a conocer a Inés y a Araceli.

El difunto había llegado a México cargado de historias que se entrelazaban. Ése era el equipaje con el que había viajado, y si alguna razón había para eliminarlo era más por lo que ya había leído antes de llegar a México que por lo que pudiera descubrir después, pensó Inés. Zarko Krilic no sabía nada sobre México excepto por lo que otros pudieran decirle, y se había ido a hospedar al hotel Prim. ¿Era eso una casualidad? De todos los hoteles que habría podido elegir, él había hecho reservaciones en ése donde, por lo visto, existía un eficaz servicio de vigilancia extraoficial, tan rápido y efectivo que ahora que ella había ido a hacer unas cuantas preguntas al recepcionista y a un camarero ya incluso Araceli Ward se enteraba y volvía a temer por su vida, ¿por qué? Es lo que la práctica Inés joven habría visto de inmediato: porque Zarko Krilic no había decidido ir a hospedarse a México a cualquier hotel para emprender sus pesquisas, sino al que tenía que ver con las historias que le habían contado; quizás al único que conocía de oídas, o tal vez a aquél en el que esperaba encontrar la respuesta a su pregunta, cualquiera que ésta fuera. Con un poco menos de pericia y más de espontaneidad, la Inés de veinticuatro años habría descubierto en que el hotel no era una casualidad ni una decisión de turista. Bastaba con averiguar qué cosa había leído Zarko Krilic antes de llegar a México para entender mejor por qué estaba muerto, si es que había un porqué; si su muerte no había sido una casualidad.

Sin embargo, respecto a eso último intervenía la Inés post-Pereda; la Inés que había visto con sus propios ojos a las pedicuristas de ESMA Fashion y a la madre de Rosa, para la cual las casualidades ya no existían. "Como para los psicoanalistas, las simples coincidencias tampoco existen", pensó recogiendo la cuenta de la mesa, con un gesto enérgico, como si hubiera concluido una negociación consigo misma, o entre ella y la Inés de su juventud, que esa tarde había resurgido peligrosamente apasionada, arrebatada por el odio, idealista, resentida e irracional, pero que al final de las cuentas había ganado la partida demostrando su eficacia. "Esa joven Inés habría tomado a Zarko Krilic como cliente inmediatamente sólo por su atractivo físico y porque los ex yugoeslavos son su debilidad y, a pesar de su imprudencia, habría hecho lo correcto –dedujo, maravillada–. En cambio ahora yo me hundo aquí lamentando lo que no supe ni quise oír; lamentando el tiempo que no fue; el día que no volví a verlo, la llamada que ya no hice, las historias que ya no me contó, las inquietudes que ya no compartió conmigo, los archivos que ya no me entregó, todo sólo por haber renunciado sesudamente al impulso más básico, que era el deseo carnal, la atracción por la belleza del Zarko. ¿Quién dice que las vísceras nunca tienen la razón?".

Así que las realizadoras del documental *Silencio en Juárez* andaban buscando a quienquiera que hiciera indagaciones sobre Zarko Krilic: ¿por qué? Era hora de revisar ese video con más atención. La primera vez que lo había visto se había aburrido, debido a que le pareció que no revelaba nada que la opinión pública no supiera ya. Menos mal que René Domínguez, en su brusca retirada, había olvidado recoger la copia que le llevó.

Ahora sólo una cosa quedaba clara, y era que el enigmático Zarko podía no haber muerto por accidente. Era excesiva la cantidad de ojos vigilando y buscando que fuera una bala perdida lo que lo había matado. ¿Sería posible que la televisión, la radio, la prensa escrita y las autoridades policíacas hubieran presentado una versión totalmente distorsionada de la balacera del restaurante La Lanterna? Desde luego, pero también había testigos y ella había hablado con uno de ellos. Pedrito, el humilde joven encargado de limpieza, no parecía ser un embustero, y no porque sus pupilas no giraran en las direcciones que Bruno le había enseñado a observar con sus conocimientos de psicología para aficionados, sino porque su descripción contenía los detalles que inopinadamente se graban cuando la experiencia es de primera mano, con todo y las lagunas que de manera natural aparecen en la memoria, pero que algún fabulador como René Domínguez habría intentado rellenar.

La única otra explicación posible la encontraba Inés en Juan, *El Flaco* Alatorre, y su taller de efectos especiales para cine: que aquellas balas que tronaban en la memoria de Pedrito hubieran sido de salva, con excepción de las que se destinaban a Zarko Krilic.

Lo que requería toda una producción cinematográfica, desde luego. En ese bar de un Sanborns recientemente construido en el Eje Barranca del Muerto, Inés podía imaginar la película que Pedrito había visto: entra Zarko Krilic por la acera de esa gran avenida que había arrastrado hasta los años 90 el aire rural de un nombre como "Barranca del Muerto". Se sienta, digamos, en una mesa cercana a la puerta, en espera de unas personas que nunca llegarán. Poco tiempo después, unos tipos también contratados para simular que escapan de la balacera, se sientan junto a él, en espera de otros actores disfrazados de pistoleros. Excepto uno, que será un homicida contratado a sueldo para acabar con la vida de Zarko Krilic. A Pedrito, como al resto de meseros y clientes, les corresponde el papel de espectadores de una costosa superproducción fílmica lo suficientemente coordinada como para pagar la negligencia policíaca respecto a los cartuchos de salva y la complicidad de los participantes. ¿Pero por qué?

—Señora: me está pagando de más —le señala el cajero, curioso, antes de que ella pueda abandonar el bar del Sanborns vehementemente, arrebatada por sus cálculos.

—¡Vaya! Por fin una persona honesta en este infierno. Quédese con el cambio. Se lo merece.

10

LOS EFECTOS ESPECIALES

L a respuesta se encontraba en el taller de Juan Alatorre, pero no donde ella buscaba ni por los motivos que se imaginó, sino precisamente entre los desechos que dejó mientras trataba de comprobar otro asunto.

Había ido a visitar a Juan para recibir una breve demostración de los efectos especiales en las escenas de balazos para las películas. Quería saber cómo se fabricaban, cuánto costaban y qué otros expertos había en el ramo, entre varios pormenores más. Al respecto, la información era desesperanzadora para un proyecto investigativo de corto plazo y mediano presupuesto como el de ella, ya que, si bien especialistas de prestigio había sólo unos cuantos en México –miembros de familias tradicionalmente dedicadas a ese oficio–, los aficionados y los principiantes existían por doquier. El costo de fabricación de la parafernalia era relativamente barato y el material se podía obtener en muchas partes. La escena de la trifulca entre narcos en un restaurante tal como la contó Inés, en la opinión especializada de Juan no suponía un conocimiento demasiado sofisticado ni grandes destrezas. De hecho, era más difícil reproducir su credibilidad en cine que en la realidad, excepto si la policía no estaba comprada y debía efectuar en el lugar de los hechos una verdadera investigación, lo cual en esas épocas era aún menos creíble. Por lo demás, no cualquier cliente ni cualquier mesero estaba acostumbrado a oír balazos y descargas de metralla de verdad, o a atestiguar ejecuciones malogradas entre narcotraficantes, como aquélla que habían visto cuando Zarko Krilic murió. Difícilmente podrían distinguir las peculiaridades de los sonidos y olores cuando la cosa va en serio. En cine, el trabajo era mucho más arduo y caro, manifestaba Juan, precisamente porque el olor y otros factores decisivos de la verosimilitud no se pueden reproducir. En cine, había que iluminar el set y disponer las mesas para el lugar en el que estuviera emplazada la cámara o el riel en el que se planeara desplazarla o los puntos por los que una handy-cam se transportaba. En la realidad siempre hay más extras de los que se necesitan, siempre reaccionan todos mejor que los contratados y no necesitan iluminación. ¿Sabe usted señora lo que eso quiere decir? No, ni se lo imagina: es un ahorro inmenso de energía, tiempo, dinero, personal e instrucciones. El cine está elaborado para hacer creer que algo que no es podría ser. La realidad, en cambio, es la productora de cine más barata que usted se pueda encontrar. Nadie la va a poner en duda, nadie va a decir que qué camarógrafo más marrano o que qué pistoleros más imbéciles. No es eso lo que se pone a pensar si se oye un disparo y usted está en medio.

Juan sabía eso porque a un amigo suyo lo habían secuestrado en un taxi hacía apenas un par de semanas, y no había sido un secuestro "normal", si cabe el apelativo —usted disculpe— en el sentido de que estos asaltantes no habían observado los patrones de conducta de cualquier ladrón de taxis que dejaba a los pasajeros temblando de miedo y despojados de todas sus pertenencias, pero que no aplicaba medidas adicionales de crueldad. No, mire usted: estos tipos que atracaron a mi amigo Luis se habían entrenado en la policía. Hasta se llamaban entre ellos "pareja", como los tiras. Y el caso es que le pusieron a mi amigo la pistola en la sien dos veces y le cortaron cartucho. ¿Usted cree que él se habría puesto a pensar que no estaba cargada el arma, o que las balas eran de salva? Claro que fue lo único que no se le ocurrió. En un momento así, tú no te pones a pensar eso. Tú les entregas todo lo que tienes y hasta lo que no tengas. Los secuestradores no necesitan efectos especiales para convencer a nadie. No sé cuánto paguen por un simulacro de matanza como el que usted dice, pero lo que sí le puedo asegurar es que sale mucho más barato que en una película. Ni siquiera los sobornos a la policía deben salir tan caros...

—¿Y eso cómo? —atajó Inés, por primera vez dudando de las enseñanzas de su conferencista personal.

—Por el precio de los permisos de filmación —dijo con aire entendido El Flaco Alatorre, acomodándose su abundante cabellera negra tras las orejas—. Si usted va a cometer un crimen sencillo, digamos, un asalto en un taxi pirata, se tiene que poner de acuerdo con algunos patrulleros, pero no con toda la policía. Usted no paga derecho de piso, no tiene que llenar formularios; no tiene que asegurarse de que todo el personal de seguridad de esa delegación sepa lo que usted va a hacer para que no le armen problemas a la hora del rodaje. Si usted es una delincuente, ni siquiera tiene que limpiar el tiradero que deja, y si hay sangre, usted como delincuente echa a correr: no tiene que contratar a un ejército de barrenderos para que trapeen y dejen el lugar tal como lo encontró y para que no la demanden. No hay segundas tomas: nada más imagínese qué alivio. No tiene usted que levantarlo todo y repetir el crimen hasta diez veces más. Le digo: una película le paga más a la policía que un crimen común, donde no hay tarifas fijas; muchos de los implicados se pueden ir a comisión, y se le paga a un grupito de ellos para que vayan y se hagan los desentendidos o como que investigan. Quizás el grupito le da una corta al jefe y éste otra cantidad a sus superiores, pero mientras menos sean los que participen, más dinero les toca a todos. No tiene que estar todo el Departamento de Policía enterado. Ni hablar: es más barato. Por eso el cine mexicano está en crisis y el crimen, no.

—Qué raro. Nunca se me habría ocurrido verlo desde esa perspectiva.

—Aunque hay películas que son un crimen. Ésas también son más baratas —comentó Juan, carcajeándose largamente: era claro que la broma contenía recuerdos personales y que lo divertía más a él que a nadie.

Inés miró entonces a su alrededor reposadamente, libre de la presión que, más por hábito que por dinero, le imponía su oficio. Miró con otros ojos, en cualquier dirección. El taller de Juan —concluyó— era un lugar decepcionante. En la cueva del ilusionista no había colores nunca antes vistos, ni jarrones humeantes, ni sombras mágicas y haces de luz con brillantina roja. Sólo trozos de madera, serruchos, clavos y cables. Los creadores de ilusiones en la vida real no eran más que carpinteros.

La charla se desvió hacia otros temas. Hablaron de Rosa y de su mamá, de Denisita y de su papá, y callaron elocuentemente respecto a Elena Sotelo. Juan le mostró cómo se hacían explotar aviones y helicópteros en miniatura; cómo se preparaban terremotos, olas, tormentas y remolinos. Al cabo de una hora, Inés tuvo que admitir que hacía mucho no se divertía tanto. El prestidigitador sí había obrado su magia, pero con ella, logrando que se relajara.

Sin embargo, debía tener un objetivo. Inés sospechaba que el joven no la iba a dejar salir hasta que no le contara de qué simulacro de crimen estaba ella hablando y qué era lo que buscaba. Sí: no se veía nada tonto ese *Flaco* Alatorre, y ya antes había demostrado poseer una curiosidad indomable ante la muerte de Elena Sotelo. ¿No era él finalmente quien la había puesto a ella en esta búsqueda? Por las preguntas de Juan habían terminado conociéndose Tatiana Carrión y Laura Grossman. Ese muchacho no permitiría que se fuera sin saber exactamente qué estaba haciendo ahí. Justo por tal motivo todavía no le había preguntado nada. Estaba al acecho, igual que hacía Inés con sus entrevistados. Juan se le parecía. Esperaba que se desentendiera un poco más para soltar algún anzuelo. Pero ella igual estaba dispuesta a dejarse consentir. Ya decidiría, llegado el momento, si Juan era digno de tanta confianza como para contarle.

Él terminó invitándola a comer y ella aceptó encantada. Del taller se trasladaron a la cocina de Juan, que era como hacer un largo viaje sin que mediara distancia alguna. En el departamento privaba su vida con Rosa.

Se sentaron en el mismo desayunador donde Rosa le había propuesto a Juan, como si de matrimonio se tratara, buscar a la investigadora privada Inés Carrasco de la que ella había oído hablar a través de unos amigos.

—Alguien me contó que existe un *Evangelio según Rosa* —dijo Inés—. ¿Es cierto?

—Te lo debe haber contado Denise —la tuteó Juan, ligeramente nervioso—, porque a Rosa no le gusta hablar de eso, pero fue a contárselo a una mujer para la cual hablar es todo un *modus operandi*, especialmente si se trata de las intimidades de los demás. ¿Tú entiendes eso?

—Yo entiendo, con ese papá...

—Me refiero a Rosa: si ya conoce a Denise ¿para qué carajos va y se lo cuenta a ese altavoz ambulante?

—¿Entonces es cierto?

—Era. Ya no.

—¡Cómo! ¿Se separaron tú y Rosa?

—No. Nos lo robaron.

—¡Válgame! ¿Cómo fue eso?

—No me digas que no sabes —contestó Juan.

—Pues no, no sé.

—No me digas que no te mandó Rosa para que lo encontraras.

–No me mandó Rosa.

–¿Puedo saber por qué estás aquí?

El muchacho le simpatizaba: había lanzado su mejor tiro directo al estómago, "o al inconsciente", como puntualizaría Bruno. Juan había tendido la red y, qué duda cabía, con tremenda destreza, volteando al reverso sus propias preguntas. Pero Inés todavía no estaba lista. Ultimadamente, apenas lo conocía.

–Bueno. Me mandó Rosa para saber qué fue de tu evangelio –reviró.

–Bueno. No es cierto.

–¿Cómo que no?

–No me habrías preguntado todo lo otro.

–Tienes razón.

–Estás sobre un crimen organizado. O sea: "organizado" como para que parezca crimen, que no fue.

–Pues ya lo sabes.

–Pero no me vas a contar qué es.

–No creo.

–Bueno. Está bien.

El horno de microondas empezó a silbar. Juan había puesto a recalentar chayotes al gratín. Inés se aprestó a sacarlos del horno mientras él preparaba agua de limón.

Se acordó de Bruno por estar admirando el cuerpo de Juan. Pensó en lo que le contaría y en lo que no. El novio de Rosa era vivaracho y moderno, de pensamiento descarnado, le diría. E irresistiblemente atractivo con su camiseta sin mangas. Eso ya no se lo contaría.

Tenía en sus manos el plato de chayotes al gratín y meditaba sobre los caminos del inconsciente que tanto fascinaban a Bruno. La mente humana no conoce coincidencias. Una ex periodista con tu pasado no puede tener entre las manos la palabra "chayote" (¡y al gratín!) sin tropezarse por un *lapsus* tarde o temprano. Hoy en la noche vas a soñar con esto y quizás mañana ya no te acuerdes, porque lo habrás reprimido en tu conciencia. Los laberintos del subconsciente, oyes que te repela Bruno con su risita.

–Primero hasta pensamos en hablarte, pero era una cosa tan tonta, que nos pareció... pues eso: tonto –dijo él, acomodándose sus mechones tras las orejas otra vez–. Además, está muy claro qué es lo que pasó.

—Bueno. Cuéntame. Te propongo el servicio a cambio de tus chayotes al gratín.

Estaban un poco agrios y eran recalentados de más de un día, pero la broma privada había ido demasiado lejos como para no comérselos. El arroz que los acompañaba sabía más fresco, y los bolillos estaban recién horneados. Tampoco podía quejarse.

Juan le sirvió un vaso con agua de limón, limpió parsimoniosamente las superficies del fregadero con un trapo, con movimientos casi dancísticos, y comenzó a explicar que, aunque nunca entraba nadie a su departamento excepto Rosa, la semana pasada habían decidido hacer una fiesta con motivo de su cumpleaños, a la cual se habían apuntado sin permiso amigos y extraños, y que había culminado con los comensales drogados y borrachos bailando a las seis de la mañana. Cualquier cantidad de objetos podía extraviarse en una circunstancia así.

Pero Inés no lo creía, porque dos jóvenes tan despiertos como Juan y Rosa no habrían considerado ni un segundo llamarle a ella por una nadería que además aceptaba una explicación tan sencilla. ¿Qué fue lo que en primera instancia los había hecho acordarse de ella?

—La cruda, yo creo —contestó Juan, riendo.

Después convino en que algo les había llamado la atención particularmente. Aunque *El Evangelio*, si bien no se guardaba bajo llave, por lo menos descansaba en un cajón del buró, y cualquier desesperado en busca de drogas podría haber registrado todos los cajones, el clóset y hasta debajo de los colchones. Sin embargo, por alguna razón que Rosa y él no entendían, en el lugar donde antes estaba su distintivo cuaderno se había quedado pegada, olvidada, tal vez traspapelada, una foto de unos desconocidos. Era una fotografía que ni Rosa ni Juan habían tomado y que él no recordaba haberla incluido nunca en las ilustraciones que confeccionaban su *Evangelio*. Por supuesto, habían preguntado a todos sus amigos —también a Denisita, o mejor dicho: sobre todo a ella— si en el orgiástico encuentro se habían llevado por accidente el cuaderno. Pero nadie lo encontró y tampoco había rastros de la destrucción del mismo. Sólo quedaba esa fotografía de personas cuyas caras a todos les resultaban familiares por haberlas visto en periódicos, pero a quienes nadie conocía personalmente. ¿La señora Inés tenía curiosidad de verla? La señora Inés no podía esperar más tiempo, por supuesto; necesitaba ver eso.

Juan la condujo entonces a la recámara y le mostró el cajón donde debió haberse encontrado *El Evangelio según Rosa*. Después buscó en una pila de carpetas verdes, tomó una, y extrajo cuidadosamente la fotografía tan ajena a su evangelio y a su vida. Inés observó que ya la había archivado y clasificado, tal vez para sus futuras investigaciones, pues ese joven no dejaba pregunta sin respuesta.

Pero también observó la fotografía. En primer plano, los inolvidables ojos azules sonreían a la cámara: era Zarko Krilic, posando, del brazo de Araceli Ward y de otras dos mujeres que, por su atuendo, parecían formar parte del equipo de videorrealizadoras.

Si la aparición de la fotografía de Zarko en la intimidad de Juan y Rosa no era uno de esos "derrapes del inconsciente colectivo" en los que creía Bruno, Inés debía aceptar que estaba lidiando con una mente atenta y penetrante: con alguien que no sólo poseía abundante información sobre la vida de Juan con Rosa y de su relación con Inés, sino que era capaz de adivinar sus reacciones y orientarlas, de modo que fuera Inés la destinataria de sus mensajes. Porque al reverso de la imagen con el noble rostro de Zarko se localizaba la dirección del estudio donde la fotografía supuestamente se había mandado revelar, pero en una etiqueta demasiado nueva; demasiado blanca como para no haber sido pegada años después, lo que a los ojos de una falsificadora de oficio como ella no podía pasar desapercibido. Podía ser una forma de comercializar el trabajo de revelado del estudio, pero podía ser también una cita con alguien que sabía más de Zarko Krilic que ella, y que había puesto el suficiente esmero en explicar qué clase de mensaje estaba transmitiendo: algo que se puede entender o no, aceptar o no, a elección del receptor; un correo con remitente anónimo, pero al parecer opcional, sin amenazas, localizado en territorio seguro (el cajón del buró de sus dos jóvenes amigos), sólo para decir: "Yo sé". Y, quizás: "Me gustaría que supieras", pero no "te ando buscando", o "ya supe que tú también ya sabes (y por lo tanto pagarás las consecuencias)". El hecho de que a cambio hubiese extirpado un objeto cuya desaparición daría mucho de qué hablar, pero que carecía de valor monetario, también hablaba de la precisión del misterioso heraldo.

Claro que existían infinidad de formas de averiguar quién había dejado esa fotografía ahí para Inés, y claro que la principal "sospechosa" del hurto, o por lo menos de su implicación con éste, era Denisita. Pero se le proponía un trueque y el autor de la invitación se estaba dando a entender: estaba diciendo que su recado no iba dirigido más que a quien quisiera hacerlo suyo y que prefería mantenerse anónimo. No totalmente. No en el anonimato blindado de quien envía amenazas de muerte, sobresaltos e insultos, sino el anónimo semiprotegido y provocador. Alguien que invita a seguir las reglas de su protocolo. "Si capta mis palabras, entonces pase usted a recoger su cuaderno perdido al estudio de revelado de la Avenida Álvaro Obregón, pero sólo usted, es decir, la persona que anda queriendo saber algo sobre la muerte de Zarko Krilic: no Juan ni Rosa, que nada saben a este respecto excepto por lo que hayan leído en los periódicos. Si en cambio quiere antes saber quién soy, pues adelante: le dejo a su disposición una fiesta con muchos invitados, pero no tantos como para que no pueda descubrirme, y los datos que la memoria de Juan y Rosa le puedan proporcionar, junto con una lista de las personas que sabíamos de la existencia del *Evangelio según Rosa* y de la investigación que usted hizo, quienes necesariamente somos amigos o conocidos de Denise Miranda, o la propia Denise Miranda. La decisión es suya. Sin embargo, yo preferiría esto. ¿Acepta?".

Inés aceptó el trato, si es que lo había. Era un pacto imaginado. Por tanto, en lugar de abrumar a Juan con preguntas sobre los nombres, teléfonos y direcciones de todas las personas que habían entrado a su casa antes, durante y después del suceso —más su relación con ellos y todo lo que habrían podido saber de ella, de Rosa y de Zarko—, resolvió irse a desentrañar el jeroglífico sola.

Tras despegar con su mano experta la etiqueta nueva de la fotografía, encontró más sorpresas. Una simple inscripción en letra impresa Courier:

Amo a Denise.

¿Así que eso era? ¿Alguien se había robado una declaración de amor para hacer otra?

Probablemente.

Aunque, claro, tenía que haber algo más, y estaba Zarko Krilic de por medio. ¿Habría valido la pena preguntarle a Juan con quién andaba Denise últimamente? Quizás. Pero, primero, tenía que seguir las reglas del suntuoso pretendiente de Denise Miranda, quien no por nada siempre le había simpatizado.

Estaba contenta. Pero también preocupada: ni Juan, ni Rosa ni Denisita sabían que ella había andado destilando las pocas huellas de Zarko Krilic en México. ¿Cómo pudo enterarse el enamorado de Denise?

Surgían varias posibilidades: la mejor, que el enamorado o enamorada de Denisita Miranda hubiera escuchado de sus propios labios la historia del papá de Rosa y el salón de belleza llamado ESMA. Si era una persona familiarizada con el fenómeno descubierto por Zarko Krilic, la historia no podía pasarle desapercibida. La peor: que no existiera tal enamorado, desde luego, y que todo eso fuera nada más una carnada para hacerla ir a una dirección donde alguien la esperaba para matarla o secuestrarla.

Aunque no era del todo entendible eso tampoco: implicaba tal trabajo de espionaje sobre sus pasos y los de sus amigos, tal despliegue de recursos, tanto personal actuando durante tanto tiempo y tan coordinadamente en torno a ella, Juan, Rosa y Denise, que tampoco necesitarían citarla en ningún lado para matarla, si ése era el objetivo. Por una vez, algo indicaba que podía apostar, si no a la mejor de las posibilidades, a alguna intermedia.

En la dirección de la Avenida Álvaro Obregón había efectivamente un estudio de revelado de fotografía que ella pasó treinta minutos vigilando desde su camioneta. Lo que no había eran señales de que, dentro del establecimiento, además del viejillo encorvado al que alcanzaba a ver desde la vidriera examinando unos cuadernos sobre el mostrador, un grupo de secuestradores la esperara tras las puertas, sin cita previa, además.

Inés lanzó una moneda al aire del azar: convino en que, si ésta caía del lado del águila, se abstendría de entrar y seguiría a la espera de que algo inusual ocurriera en la calle.

La moneda cayó en su mano izquierda mostrando al águila. "Perfecto —dijo—. Qué bueno que la suerte no existe". Se bajó del vehículo y echó a andar rumbo al estudio de fotografía.

Donde no se hallaba nadie más que el viejillo, ciertamente, quien resultó ser tan cojo o más que Bruno. Estaba haciendo cuentas en unos libros de ingresos y egresos. Inés lo saludó sacando de su bolso la fotografía de Zarko. Se la extendió sin saber qué más decir. El hombre no volteó a verla. Tomó la fotografía, se la acercó a sus anteojos, le echó un vistazo de unos cuantos segundos y se la devolvió a Inés con un gesto que no era despreciativo ni tampoco amable: simplemente, un movimiento rápido. En seguida, desapareció tras una puerta y regresó con un paquete de unos treinta por veinte centímetros, envuelto en papel color madera, con la foto encima, a manera de comprobante de pago. Lo dejó caer sobre el mostrador.

—Buenas tardes —se despidió, dispuesto a regresar a sus labores.

—Muchas gracias. ¿De parte de quién?

El viejo reflexionó antes de contestar:

—Pensé que usted sabía. ¿No le dijeron nada?

—Casi nada.

—Pues llámeles. Tiene su teléfono, ¿verdad?

Hizo una pausa y reaccionó, asombrado:

—¿No le dieron ni siquiera su teléfono? Oiga, ¿pues qué servicio le están dando?

—Sí, sí me lo dieron, gracias —rectificó ella, acordándose de que había decidido por lo pronto seguir el protocolo estipulado, o por lo menos intentarlo.

El paquete no era ligero y, por la forma como el viejo lo había dejado caer sobre su mostrador, debía entender que tampoco contenía nada frágil ni, menos aún, material explosivo. ¿Ese gesto del viejo formaba parte del mensaje? ¿Una forma de decir que no había peligro físico? No. Tal vez fuera sólo la forma particular del anciano cojo de entregar paquetes. A esa suposición llegó luego de subirse de vuelta a su carro, de esperar unos minutos simulando calentar el motor, y de arrancar, porque nunca vio al dependiente mirarla de reojo siquiera.

Cruzó por delante del establecimiento y echó un último vistazo por el espejo retrovisor. Él seguía sumido en sus cuentas. Probablemente nadie le dijo nunca que estaba entregando un paquete secreto.

¿Y ahora qué? No tenía idea. No le parecía prudente regresar a su recién comprado departamento de la colonia Santa María la Rivera con tan voluminoso y pesado mensaje anónimo en las manos, por más que no parecía haber sido identificado por quienquiera que la hubiere estado buscando en el hotel Prim, y aunque René Domínguez con toda seguridad no había hablado de ella después del momento ridículo que lo hizo sufrir. Pero Inés ya había aventurado ciertas contingencias fortuitas al ir a recoger ese paquete haciendo caso omiso de cualquier precaución, y si algo había aprendido trabajando para Pereda es que, cuando se toma un riesgo, no hay que tomar dos. En el Eje Cuauhtémoc, dobló a la derecha y se enfiló rumbo a la casa del profesor de inglés.

Fue en la soledad de la casa de Bruno, cuando éste todavía no regresaba de su trabajo, donde encontró por primera vez las respuestas a sus preguntas. Además de un cuaderno de apuntes y confesiones de amor, estaba, en papel continuo para impresoras de inyección de tinta, traducido al español y hasta subrayado en algunas partes, el libro de Zarko Krilic. Era un testimonio formado por muchos autores, y se hallaba en sus manos.

11

EMPEZÓ POR OTROS MOTIVOS

Por el diario de Zarko pudo enterarse de que empezó por otros motivos, como comienzan todos los actos que cobran relevancia histórica. Sí: ciertamente Zarko había conocido aquellas experiencias a raíz de la guerra en su país. Pero, además, las causas estaban enredadas en los hilos indestructibles de una pasión, como suele ocurrir. Zarko había acabado peregrinando virtual y físicamente por el mundo, escanciando de él sus historias, por una mujer.

Una belleza moscovita casada con un arquitecto madrileño había sido la musa de aquella hazaña. En sus encuentros secretos y derrotados, en cada renuncia y despedida, la hermosa Svietlana lo había iluminado trágicamente con sus negativas y sus certezas: "El mundo es una burla de sí mismo —la frase que Inés le oyera repetir a Zarko y que, ahora descubría, era de la mujer amada—; no sé cómo explicártelo —explicaba, pese a todo—, pero yo sé que nuestras vidas nunca son más que una metáfora de otra cosa que no llegamos a conocer, y nosotros, tú y yo aquí, somos el rastro de lo que nunca fue".

Inés no cabía en su asombro mientras leía el tormento diario de Zarko tratando de impresionar a Svietlana. ¿Había llegado ella a enterarse qué tanto fue él capaz de hacer para probarle sus propias hipótesis? Si así fue, no parecía haberle afectado, o no de la manera como Zarko buscó. Él esperaba conquistar su fidelidad demostrándole la profunda admiración que profesaba por su pensamiento lúcido, por su activa desesperanza y por el desencanto romántico con el que manejaba su ímpetu sexual, lo que hacía cada encuentro más placentero y más conflictivo para ambos. Pero lo cierto es que Zarko no terminó documentando ese

145

manuscrito para Svietlana, sino para la fantasía de lo que pudo haber sido su vida con ella: para lo que ella habría preferido saber si hubiera prestado oídos a sus hallazgos; para lo que a él le habría gustado que ella pensara y conociera.

La verdadera Svietlana, mientras tanto, hacía mucho que había cancelado la realidad de sus relaciones eróticas con un sello definitivo: *Embarazada, y no de ti, por cierto,* había impreso un día en el aviso en la puerta de clausura. La verdadera Svietlana, de la que Zarko no quiso saber si había estado profanando su confianza a punta de especulaciones semiplatónicas mientras revisaba su calendario de ovulación con un procaz y animoso marcador, era ahora una rolliza y ferviente madre de dos bebés. La verdadera Svietlana pasaba dos tardes a la semana con un grupo de terapia de apoyo y el resto en los parques infantiles, entre carriolas y columpios. Había dejado de dar clases de Filosofía. Llamaba en las noches a sus orientadores terapéuticos para hablar de sus problemas. Cocinaba blinis para Pascuas y se comía la mitad de la dotación en la cocina, antes de servirlos. De esa Svietlana poco hablaba Zarko. Ella no había dejado de invitarlo a sus banquetes sabiendo que Zarko tenía una única hermana viviendo en Londres y era huérfano ya de padre y madre, por lo que no tenía dónde pasar los días de fiesta familiar, aunque él siempre declinaba el ofrecimiento. Se hablaban por teléfono de vez en cuando. Pero Zarko no hablaba con esa Svietlana. Su verdadera interlocutora, la mujer a la que dedicaba su vida y a la que trataba de encontrar en todas las mujeres, era la Svietlana que pudo haber sido a cambio de la que lo invitaba a su casa por navidades.

Extrañas, pero a la vez perfectamente comprensibles, las motivaciones de Zarko. Raro habría sido que sólo la curiosidad de las historias descubiertas en su primera visita a su tierra natal después de la guerra lo hubiera llevado tan lejos, incluyendo la muerte. Raro habría sido que hubiera viajado a México impulsado sólo por las razones que le contó a Inés en aquella única cita. No es que le hubiera mentido a Inés: es que se había callado la mitad de la historia.

Y era normal, también, que su dolor hubiera cobrado tanta fuerza. ¿No se habían forjado tantas otras vidas de la misma manera, por un amor dando un portazo insoportable, indescifrable a los ojos del rechazado? ¿No había sido el destino de Elena Sotelo resultado de lo mismo, de ese momento en el que Felipe Correa —homosexual en aquel entonces tal vez confundido, tal vez no declarado–, la dejó sin aparentes justificaciones? ¿No era el destino de la propia Inés, toda su vida, un derivado del momento en que ese *Pepe el Pusilánime* le encajara una profunda desilusión con su vergonzosa debilidad?

Como tantos otros, Zarko había encontrado su fuente motora en el desamor, a partir de la época en que perdió a la verdadera Svietlana. Aquel documento era una continuación ficticia del romance interrumpido. No podía pasar desapercibido entonces que *El Evangelio según Rosa* fuera la pieza de intercambio por aquel libro. En el protocolo preestablecido por el misterioso informante de Inés, quizás el hecho mismo de que ella estuviera leyendo ahora esos manuscritos fuera también una confesión de amor. ¿Qué cuaderno se iba escribiendo en ese momento, titulado *Amo a Denise*?

Había una copia fotostática de la fotografía de quien alguna vez fue Svietlana cuando constituyó el sueño de Zarko Krilic, así como copias de cartas que Zarko Krilic nunca le mandó y de una especie de cuaderno de apuntes de cuando Zarko y Svietlana se conocieron. Pero la mayor parte del atado de hojas estaba conformada por los recuentos del sufrimiento de las personas en distintas partes y su desapegada, casi jocosa duplicación en otra.

Eran historias comentadas a través de una lista de correos moderada, en una época en que la proliferación de foros cibernéticos tal como se conoció después era poco concebible; cuando inscribirse en un grupo de discusión sobre cualquier tema era casi un atrevimiento. Sin embargo, en la soledad de las noches conectadas al ciberespacio, con la confianza que naturalmente infunde el hecho de dirigirse anónimamente a unos oídos sin rostro ni historia ni cercanía física, más la felicidad casi febril de quien se descubre acompañado en una experiencia hasta entonces incomprensible y por tanto casi inconfesable, aquellos agradecidos interlocutores de Zarko habían volcado su desasosiego en cartas llenas de cadáveres, fosas comunes, cuerpos mutilados, balas, bombazos, sobrevivientes inválidos, golpes, acuchillamientos, violaciones, persecuciones, incendios, arrestos, secuestros, traslados forzados, escapatorias y reclusiones, entre otros horrores, invariablemente asociados –mediante fechas exactas y palabras similares o idénticas, como la de ESMA–, con historias propias de notas de sociales o revistas de modas y folletos turísticos, aparentemente inconexas pero que, por su extraña conexión con

147

la experiencia personal o referida de los cronistas, les resultaban espantosamente ofensivas. "Es como si viera la tragedia de la muerte de mi hija convertida en un musical de Broadway al que la gente acude a divertirse", contaba una de las participantes, de sobrenombre DZ, quien trabajaba entonces como sirvienta en una residencia y había tenido la desgracia de enterarse de que el nombre de su hija era también el de una mascota que era llevada por sus amos a sesiones terapéuticas con un psiquiatra para perros. El dicho tratamiento canino-psicológico había dado inicio en la misma fecha en que su hija había sido asesinada. "Al igual que ustedes, primero me pregunté cómo podría ser algo tan absurdo –señalaba DZ en su desgarrada misiva–, pero las coincidencias siguieron apareciendo. A veces pensaba que la que necesitaba tratamiento era yo, no el perro. Ahora sé que esto es obra del Demonio porque sólo el Diablo puede haber planeado algo tan cruel". Era una explicación a la que otros se sumaban con particular despecho, o que ya habían encontrado en reflexiones previas. "Quién lo duda –confirmaba otro testigo de sobrenombre *Vamp*–, si no hay mayor Mal en este mundo que la indiferencia. El torturador es el Diablo, porque sabemos que puede prolongar y prolongar dolor sin sentir nada, nada, ni la menor compasión y sólo gusto de ver que está provocando sufrimiento. La frialdad o el placer con que actúa es lo que más destruye. Lo más cruel de estas coincidencias que estamos descubriendo es la frialdad o el placer con el que se hicieron, y la burla. ¿Quién sino el Mal, el Demonio mismo, va a fabricar algo tan monstruoso? Lo que pasa es que estamos malditos por algo", concluía.

Algunos trataban de buscar una aproximación "científica" en síntomas postraumáticos que quizás llevaran al delirio o a la paranoia y, para sorpresa de Inés, alguien había ya llegado antes a la misma observación que Bruno, planteando la existencia de un inconsciente colectivo que, en un mundo tan intercomunicado como displicente y desapegado, generaba los equivalentes típicos de su personalidad, también colectiva, también indiferente. "Los hijos no quieren cometer los errores de los padres cuando tienen hijos, pero eso es justo lo que inconscientemente terminan haciendo –recordaba S.V.–. Las poblaciones en colectivo cometen también muchos actos involuntarios. Éste es uno". La idea había encontrado ojos entre quienes habían visto demasiados horrores para conformarse con la existencia de Dios como explicación, y de su rival, el Demonio.

La reflexión conjunta se había interrumpido abruptamente cuando Zarko fue asesinado y el o la participante *Sirenita* desde México les envió la noticia a los cibercongregados, contando lo que había ocurrido y anunciando que, por motivos de seguridad, la ciberlista de correos, cualquier comunicación, y cualquier huella en la red ciberespacial de lo que habían estado contándose quedarían "totalmente canceladas, por favor, hasta nuevo aviso".

¿Canceladas? Sí. Eliminadas, punto. Canceladas. Adiós. Ni una palabra más. Esto no es una broma. Revisar noticias. Revisar obituarios por favor, por favor. El nombre completo de nuestro moderador *Zar* era Zarko Krilic, muerto en la ciudad de México Distrito Federal hace un par de horas; por favor confirmen, por favor, por favor, por favor. Lo mataron. Ustedes saben por qué. Fue por las cosas que yo le platiqué.

Ustedes conocen los virus en la red de redes. Algo así pasó. Aquí también hubo una interferencia. Como los errores técnicos: lo mismo ocurrió aquí.

Ustedes saben tanto como él: ése es el problema. Zarko vino por esas preguntas que yo hacía. Zarko vino a México. Pero sus acciones interfirieron con otras: las de los propios carniceros que asesinan mujeres en distintas partes del país. Las mafias no perdonan, ni siquiera preguntan, y menos entienden. Las mafias son transnacionales. No estoy bromeando. Cualquier persona que sepa lo que yo les conté a ustedes está en peligro de muerte. Hasta nuevo aviso, por favor, no vuelvan a comunicarse por internet si no quieren acabar como él. Perdónenme. Los puse en riesgo a todos al hablar con ustedes.

Parecía que la correspondencia de *Sirenita* con Zarko Krilic había sido eliminada. Los nombres de quienes no se comunicaban con sobrenombres estaban tachados con marcador negro. *Sirenita* había suprimido efectivamente toda posibilidad de identificarlos a simple vista. En algunas partes, la correspondencia se interrumpía

Pero alguien ahora quería que Inés lo supiera.

Y no de cualquier modo ni en cualquier momento o lugar, sino a su manera. En la última hoja de aquel atado continuo, sobre una etiqueta del tipo de la que había aparecido atrás de la fotografía del Zarko, se leía:

No hagas preguntas.

La sentencia había sido impresa con una letra *Ephesus* que Inés conocía en las computadoras PC. Aunque sus conocimientos sobre informática eran casi tan superficiales como los que tenía sobre psicoanálisis, en cuestión de letras era otra cosa. La falsificadora podía asegurar que la llamada *Ephesus* había sido creada después de que las impresoras de inyección de tinta fueran sustituidas por las de rayos láser. Era posible que el prehistórico papel continuo, la letra *Courier*, se hubieran prefabricado. Cualquier computadora moderna podía convertir y reproducir los textos hechos en programas antiguos. Tal vez existía una versión electrónica de aquella lista de correos.

También podía advertir Inés que su informante y *Sirenita* probablemente no fueran la misma persona. *Sirenita* tenía un estilo suplicante, desesperado y torpe en sus mensajes que no concordaba con la imagen del segundo sujeto, paciente y calculador, pegando etiquetas nuevas en fotografías anteriores y letras *Ephesus*.

Éste o ésta se había tomado la molestia de meterse a la casa de sus amigos e idear la más ingeniosa manera de atraer su atención: era obvio que necesitaba algo de ella.

Para empezar, su discreción: "No hagas preguntas". ¿Era ésa la manera de obtener las respuestas?

Por lo pronto, sí. Pero ella también necesitaba protegerse. Decidió llamar a Rosa al siguiente día. Por lo menos tenía que saber con quién andaba Denise últimamente, se concedió, o con quién había ido a la tal fiesta, si es que se había presentado acompañada.

La respuesta que obtuvo no podía ser más interesante: Denise se había presentado con un hombre diez años mayor que ella. Y no, Rosa no pensaba que fuera su amante, ni su *drug-dealer*, aunque Denisita se estaba metiendo mucha mota últimamente y a Rosa le parecía que ya también estaba probando los ácidos. ¿Entonces?

—Para mí que es algo más importante, porque ella se empeña en decir que Bernardo es su *drug-dealer* nada más, y ya ves cómo es Denise. Eso en el código Denise quiere decir otra cosa.

—Ilumíname, porque no sé qué cosa.

—Pues que está perdida por el tipo, ¿no? Y él también. Si vieras cómo la mira...

12

EL CENTINELA

Bernardo se había robado *El Evangelio según Rosa* pero no lo había leído. Sabía por Denise que consistía en una deseosa y ofrecida colección de recuerdos. Ahora lo tenía acomodado entre los poemarios de Ezra Pound y Xavier Villaurrutia, en la gaveta –heredada por alguno de los huéspedes indeseables que había tenido en el otro departamento–, siempre a la vista. Secretamente esperaba tener alguna vez la oportunidad de pedirle perdón a Juan por lo que había hecho y explicarle. Un pensamiento prepotente, por cierto. O iluso (que es casi lo mismo): se había metido a su casa sin invitación y a su alcoba sin permiso. Había extraído de su vida algo más íntimo que la ropa interior de su mujer, ¿y encima esperaba que lo disculpara? ¿Pero por qué? ¿Porque sí? ¿Porque eres amable? ¿Porque "ya tú le explicas después"? ¿Porque tu intención es hacerle a Inés Carrasco una propuesta ilegal y peligrosa, pero de buena intención, Bernardo?

Excusas para perdonarse no le faltaban, pero el hecho era que había cometido un atropello, aunque nunca llegara a abrir ese cuaderno. La vida de Rosa estaba expuesta en esas hojas, y lo que él se había robado era la seguridad de que nadie iba a leerla sin su autorización. Siempre iba a quedar la duda, por más que en un futuro se ganara su confianza. Sería una confianza a medias, como la que Lorena le tuvo cuando le pidió que borrara de la internet todo rastro de aquella lista de correos junto con los disquetes. Lorena nunca tendría manera de corroborar si él obedecería puntualmente las instrucciones que le dejó. Sólo podía desear que así lo hiciera.

La diferencia era que aquella primera vez Bernardo supo exactamente qué hacer con la correspondencia de Zarko Krilic, y ahora no tenía idea qué iba a pasar con ese álbum que nadie le había entregado de buena voluntad. Pasaba sofocantes horas observando el lomo del cuaderno como si éste lo mirara a él constantemente, preguntándole qué hago aquí, o cómo vine a parar aquí. Calma, le contestaba Bernardo cada vez más inquieto. Ya sabremos qué hacer contigo. ¿Pero quiénes, Bernardo? Tú y ya. Ahí no había nadie más con quién consultar, y el cuaderno seguía emitiendo señales ultrasónicas que sólo él escuchaba.

Así llevaba dos semanas. A esas alturas tenía que admitir que la imbécil de Lorena había llegado a su vida desde hacía tres años para quedarse, y que lo llevaría siempre más lejos de lo que en cualquier circunstancia podía estimar.

Reconoció desde el primer día esos signos de torpeza. Incluso la ropa que llevaba puesta, con los pantalones pescadores demasiado entallados y los tacones de plástico transparente, resbaladizo, era poco funcional y anunciaba accidentes. Pero no hizo nada. Necesitaba la renta. Necesitaba iniciar su negocio. En ningún otro lado iba a encontrar un departamento tan amplio ni tan bien situado y llevaba un mes retrasado con el pago. Necesitaba las computadoras para su empresa casera. Las había comprado a crédito y todavía debía una. En los comentarios de Lorena, apenas lo saludó, se trasminaban observaciones copiadas de algo más e irreflexivas, pero la joven de 27 años tenía un ingreso fijo, tenía dos empleos, tenía muchas ambiciones profesionales y, a diferencia de cualquiera de los pelafustanes inteligentes y mayores que se habían hospedado ahí sin pagar nada, se despertaría a cierta hora para irse a trabajar y dejarlo en paz. Su aspecto físico no era agradable sino amenazador. Que fuera fea ayudaba, pero que fuera estúpida, más: no había manera de arruinar con la tentación sexual lo que parecía una prometedora relación de arrendatarios.

Sus propósitos se cumplieron tal como supuso, pero todo lo que no planeó o que desestimó, también. Ahora consideraba que la estupidez era una atadura tan inquebrantable como el matrimonio o la paternidad, cuando se deja entrar a la propia vivienda como mero efecto colateral de cualquier otro suceso, sin entender que la falta de control y las bajas presiones de la tozudez pueden transformarla en un ciclón. La conexión que él había establecido con Lorena sin haberse acostado con ella, sin ser su amigo, sin sentir cariño, despreciándola, pero ni siquiera lo suficiente como para odiarla, era casi tan perdurable como si juntos hubieran procreado un hijo histérico.

Quedaba por analizar, como siempre, qué cosa era la idiotez, específicamente la de Lorena, dado que esas palabras –imbecilidad, bobería– en realidad carecían de significado y de ningún modo expresaban lo que había ocurrido ni lo que implicaba el ser Lorena. Además la utilización de tales términos terminaba haciendo muy poco favor a las personas que eran lentas de pensamiento, pero no obtusas ni mentalmente holgazanas ni, en fin, tantas otras cosas horribles que sí había sido Lorena. Pobre. Ahora estaba pagando su tontería.

Para colmo, él habría podido salvarla, sin tan sólo se hubiera dado cuenta de qué tan trascendental puede ser la parvedad de entendimiento y qué tan peligroso podía ser el silencio de quien no piensa pero tiene cerebro. Como no causaba ningún problema ahí donde cualquier otro inquilino había provocado calamidades, como pagaba a tiempo, limpiaba el baño cada vez que le correspondía, reponía los enseres de la casa y no se comía ni bebía lo que no compraba con su dinero, Bernardo se desentendió de su existencia casi por completo. Sabía que trabajaba como asistente de producción en una compañía de video, lo que a él le daba igual. Cuando se lo pidió, no encontró inconveniente en permitirle usar una de sus computadoras para navegar por la red electrónica, siempre y cuando él no estuviera ocupado. Dejó pasar los meses sin siquiera oír lo que Lorena le contaba. Ella siempre hablaba de sobra y lo aburría. Su cerebro operaba por asociación libre y estaba directamente conectado a su lengua, ¿para qué escucharla? Cuando en su conversación empezaron a aparecer reseñas de reuniones sociales junto con nombres de familias adineradas y gente famosa, le resultó todavía más monótona. Él, por su parte, había empezado a captar muchos más clientes, ya no se daba a basto solo, estaba planeando contratar diseñadores, y lo que menos le importaba eran los avances profesionales de Lorena. Ya ni siquiera le era necesaria su renta, pero como tampoco le estorbaba su presencia, la dejó seguir viviendo ahí. A él le convenía que las mujeres a las que invitaba a acostarse con él se desayunaran con la presencia de Lorena en la cocina –para no crear expectativas amorosas de largo aliento, pero tampoco absolutamente irrealizables–, y a Lorena le encantaba hacerles conversación. A veces era más a través de sus acompañantes de turno que de la propia Lorena como se enteraba de sus andanzas. Ellas buscaban interrogarla sobre Bernardo, pero Lorena siempre terminaba hablando de sí misma y de la gente importante a la que conocía. No es que no cometiera imprudencias en aquel entonces, o que nunca Bernardo hubiese notado señal alguna de lo que pasaría después con Zarko Krilic, sino que no importaba su falta de tacto. En realidad, ésta también se ajustaba a los propósitos de Bernardo. Lorena era indiscreta de la manera más escandalosa, que es esforzándose por no serlo, y eso le permitía a Bernardo mantener sus amoríos al deseable corto plazo, sin explicaciones ni promesas.

Cuando empezó Lorena a trabajar con las feministas, el panorama erótico para Bernardo no pudo ser mejor. Érase aquí un hombre divorciado, treintañero, atractivo, emprendedor, con un pequeño pero próspero negocio de computación, compartiendo departamento con una de las feministas del equipo de Araceli Ward. ¿Qué mejor prospecto de marido podía existir en el planeta que un hombre sensible a la problemática de las mujeres y heterosexual? De haber sabido antes cuál era el camino para tener la casa siempre ocupada por las mujeres más hermosas de México sonriéndole, dispuestas a desvestirse a toda hora, cocinándole y, sobre todo, consiguiéndole más clientela para su negocio, Bernardo habría puesto desde hacía muchos años en su anuncio en busca de inquilino el requisito obligatorio de que fuera mujer y feminista la persona que deseara alojarse ahí, en lugar de tener que padecer al sinnúmero de patanes amigos con los que antes debió convivir para llegar a eso.

Fueron los tiempos de gloria. Una tarde amarilla de octubre que ahora recordaba como presagio, iba manejando por la avenida Insurgentes, a la altura del Centro Cultural Universitario, cuando el paisaje y el momento le anegaron los ojos de felicidad. Decidió hacer una escala sin más finalidad que la de reparar en lo que estaba sintiendo. Se desvió del camino y se fue a meter al estacionamiento de la Sala Nezahualcóyotl, donde se bajó del auto para andar un rato las praderas de aquel complejo de edificios que le parecía tan bello, especialmente ese día. El clima estaba templado y, cosa rara, no parecía que fuera a llover. Entonces se dio cuenta de que no sólo la inminencia de un aguacero faltaba en ese espacio de tiempo. También la angustia, los apremios cotidianos, las preguntas simples y las dudas indescifrables. Faltaba la soledad, la pesadumbre de estar vivo. Se sintió pleno, amado, deseado, sin ataduras, sin preocupaciones financieras, ni laborales, ni amorosas. Se preguntó si su deber como ser humano, cualquiera que éste fuera, estaba cumplido, y para su mayor asombro sintió que sí, que no podía ni quería aspirar a nada más que vivir ese momento de alegría sin razones; sin pasado ni futuro.

De manera que Lorena no sólo no se fue, sino que empezó a formar verdaderamente parte de su vida. Una parte primero útil y después imprescindible. Era ya un ingrediente importante de sus aventuras sexuales: ni más ni menos que la carnada. Lorena con sus conversaciones matutinas adornaba el contexto de confiabilidad que a Bernardo le permitía prolongar los encuentros de conocimiento sexual y los orgasmos sin apresurar la etapa de averiguaciones previas, aclaraciones, declaraciones y promesas temibles. Era como si se hubiera puesto en el pecho un gafete membretado con la leyenda: *No soy un cabrón, hijo de la chingada que te va a golpear y a traicionar*, y eso, por alguna razón que no acertaba a entender, hacía que las mujeres se mostraran dispuestas a explorar sus sexualidades, a desplegar su imaginación erótica, sin compromisos. Él era un hombre que respetaba a las mujeres: con eso bastaba para atreverse a hacer lo que se les ocurriera.

Mientras más condimentado el panorama de seguridad y confianza, mejor. El trabajo de Lorena estaba adquiriendo tintes de película de acción, con tantos crímenes respecto a los que las feministas preparaban el documental sobre mujeres violadas y mutiladas. Lo que contaba en los desayunos ya no eran chismes de oficina ni de reuniones con celebridades, sino hazañas de activistas.

Seguía cometiendo impertinencias, desde luego. Cada vez mayores, a medida que aumentaba la relevancia de su trabajo. Pero Bernardo las tomaba a broma. De modo que en más de un sentido él contribuyó a la catástrofe.

Su compañera de departamento ya no sólo lucía faldas entalladas y tacones de plástico transparente. Ahora combinaba con atuendos de cazadora de película hollywoodense de paseo por el Congo. Durante una velada en la que estaba de excelente humor, Bernardo le preguntó a dónde se dirigía a las once de la noche vestida como personaje del programa televisivo Daktari. Lorena, en su infinita inconsciencia, contestó la verdad, que era por demás inquietante, pero Bernardo la dejó pasar: dijo que tenía que ir a ayudarle a Araceli Ward a destruir unos materiales.

—¿Y por eso te vistes así? —insistió Bernardo.

Ella le sonrió condescendientemente y le dijo que los hombres podían vestirse como se les diera su gana sin que nadie les dijera nada, mientras que el físico de las mujeres estaba siempre bajo la mira de un sistema patriarcal donde son tomadas como objetos sexuales.

–De todas formas, pareces Harrison Ford en *Los cazadores del arca perdida* –rebatió Bernardo.

Pero Lorena siguió sermoneándole, diciendo que ella, a esas horas de la noche, en un sistema patriarcal y en una ciudad tan peligrosa, lamentablemente ya no podía usar falda y tacones; que si él no se había enterado en qué mundo vivía no era su problema, pero que en el D.F. cada diez minutos una mujer era violada, y que el sistema penal imponía condenas más severas a los doctores que practicaban abortos a mujeres violadas que a los propios violadores. Todo lo cual era rigurosamente cierto, pero Bernardo la había visto salir de minifalda y tacones cuando iba a las discotecas con sus amigas de otros tiempos, y al vestirse de safari lo que estaba haciendo –arguyó– era mimetizarse con el jefe de la empresa –aunque fuera una empresa feminista–, como cualquier sumisa secretaria de un ejecutivo. Que él la había conocido antes de la Era Araceli Ward y sabía que ella no se vestía así.

No lo hubiera dicho, lamentó inmediatamente. Su venenosa observación se ganó una defensa prokovkiana de Araceli Ward y su valerosa labor en defensa de las mujeres más desprotegidas del país, de un trabajo que hasta ahora absolutamente nadie se había tomado la molestia de hacer y por el que, incluso, arriesgaba la vida obteniendo información que afectaba a terceros y comprometedores materiales de primera mano, precisamente como los que ahora tenía ella que ir a eliminar. ¿Bernardo oyó bien cuando Lorena lo dijo? ¿Escuchó la palabra "eliminar"? Lorena ya no tenía tiempo de responderle. Por su culpa, por sus tercas provocaciones machistas, se le había hecho tarde, anunció, y salió del departamento rumbo a su histórica labor dando un portazo.

Fue la primera vez que Bernardo oyó lo que realmente estaba haciendo Araceli Ward, pero creyó que Lorena era tan desaseada con las palabras que había querido decir otra cosa.

Tres años después, mientras esperaba que milagrosamente Inés Carrasco no lo tomara a loco y le ayudara a proteger a Denisita Miranda del peligro que sólo él sabía que corría, Bernardo recordaba aquella discusión sobre el atuendo de Lorena con horror. Contaba las fallas en las que entonces él había incurrido y no terminaba. No iba a ser ésa la última vez que Araceli Ward mandaría a Lorena a destruir las huellas de los muertos y si a alguien había que responsabilizar por no evitar el desastre era a él, no a Lorena. Las limitaciones de su inquilina para entender en qué podría estar trabajando Araceli Ward eran conocidas, pero él tampoco había usado la cabeza. Prefirió la comodidad de su amplio departamento con inquilina feminista integrada y novias a granel. Su vida marchaba demasiado bien como para objetar las prácticas cotidianas que había adquirido. Poner a Lorena en segundo plano sin prestarle demasiada atención era una de ellas, y no la cambió. Claro que desde ese momento habría podido preguntarse cómo era que Araceli Ward no trabajaba de la mano con otras organizaciones de derechos humanos y civiles; por qué no tenía nada qué ver con otras feministas y si era eso exclusivamente una cuestión de celo profesional. Tampoco quiso percatarse de que, sobre los panes tostados de trabajo social que se desayunaba con Lorena, tan cubiertos de mermelada de fama, aparecían los nombres de políticos, periodistas y estrellas de la televisión en bodas y reuniones, pero no se oía nunca mencionar a la asociación de padres de familia que asimismo exigía acabar con la impunidad y castigar a los autores de los homicidios seriados en Ciudad Juárez, ni a los grupos de abogados y activistas que clamaban justicia desde la galera. Lo único que se le ocurrió pensar fue que Araceli Ward, como correspondía a una joven rica con aspiraciones de dama de caridad postmoderna, prefería trabajar en su documental yendo a fiestas que realizando trabajo práctico, peor aún sobre el tema que había elegido. En cambio, Araceli Ward pasaba las tardes en el bar del hotel Prim, platicando con un "informante anónimo" (Lorena añadía cierta emoción en el tono de voz al decir esto) que tenía contacto con poderosos malhechores. "Típica periodista burguesita", pensaba Bernardo. ¿Pero no era así como conseguían la información tantos reporteros? ¿En bares, hoteles y burdeles? Probablemente Ward sí era una periodista en forma y el motivo por el que no se relacionaba con ningún otro equipo de investigación era para no adelantar la información que sería exclusiva de su documental.

Quizás entonces, si Bernardo hubiera empezado a arruinar la felicidad de Lorena y la suya con dudas, habría salvado la vida de su estúpida compañera de departamento y la del propio Zarko. ¿Era por eso que ahora estaba dispuesto a todo por salvar la de Denise Miranda? Seguramente. No podía ocultarse a sí mismo que su desesperación al ver el peligro que corría Denise no era sólo el deseo carnal que le despertaba la agilidad mental y la belleza de la muchacha. Sobre todo –o también– necesitaba expiar sus culpas por lo que le había pasado a Lorena delante suyo, en sus narices.

Encima de la computadora que él le había permitido utilizar, Lorena había colocado un hipopótamo de peluche. Cuando le avisaron que ya no regresaría de la clínica, antes de que su madre pasara al departamento a recoger sus pertenencias, Bernardo se guardó el muñeco de peluche en su vetusta gaveta. Pensó que tenía derecho a quedarse con algo de ella. Pero después tuvo que guardar el hipopótamo en una caja: no podía verlo sin llorar, lo que le indicaba que le tenía un profundo cariño a la idiota de Lorena; más del que se imaginó. Y le partía el alma ver su peluche abandonado.

También habían peleado por ese hipopótamo rosa mexicano. Era desagradable a la vista y demasiado grande para la superficie de la máquina. Estorbaba la vista de la pantalla. Se caía constantemente. Bernardo lo dejaba tumbado en algún sillón y al día siguiente se lo volvía a encontrar encima de la pantalla.

Aunque debía reconocer que, aparte del hipopótamo, no tenía quejas con respecto al uso que Lorena hacía de su computadora. A diferencia de otros novatos, no desastraba la configuración de la máquina cada vez que la tocaba, ni metía sus inexpertas manos en los paneles de control y las extensiones.

Demasiado tarde descubrió por qué: se estaba entrometiendo en otro lado. Exactamente en el único sitio de la red electrónica donde no debió haberse internado jamás. Entre las innumerables páginas pornográficas que ya por aquel entonces inundaban el ciberespacio, o las de las citas amorosas, o de juegos, o de compras de ropa y cosméticos, o de chismes de estrellas de cine, que eran las que generalmente frecuentaban las jóvenes de 27 años como ella, o entre los periódicos sensacionalistas, las páginas de investigación policíaca o centros de venta de supuestos artículos de espionaje –que una feminista con ambiciones de detective, como ella, buscaría–, Lorena fue a encontrar el único lugar donde podía cometer un grave error: la lista de correos de Zarko Krilic. Era como si hubiera tenido un radar integrado en el cerebro para detectar dónde podía ocasionar calamidades. Ninguna otra colega suya en el equipo de Araceli –a quienes Bernardo adivinaba también bastante tontas– habría podido llegar tan lejos en la equivocación. Bernardo imaginaba que habrían terminado comprando, además de cámaras digitales, grabadoras microscópicas y artefactos de esuchas en las tiendas ciberespaciales, o liadas con *hackers*, pero no en las investigaciones existenciales de Zarko Krilic.

Desde luego Lorena nunca pensó que estaba haciendo algo mal: ni cuando Araceli le asignó tareas que no ordenó al resto de su equipo, ni cuando contó todo lo que sabía al correo de Zarko. Lo primero era parte de su trabajo y lo segundo, una diversión privada en busca de compañía. Araceli Ward le había exigido discreción respecto a los materiales que le pedía destruir, pero sus paseos por la internet constituían su mundo secreto y, como muchos otros cibernavegantes, Lorena no esperaba que en otro continente y otro mundo alguien llegara a tener injerencia directa en su trabajo y en su vida. Extrañamente, aunque difundiera sus confidencias vía internet, ella siguió considerando que era una persona reservada. No lo era. Conociéndola como Bernardo la conocía, quizás habría bastado con preguntarle sobre el particular para que ella rompiera sus votos de silencio con Araceli y le contara todo. Pero Bernardo nunca le preguntó más. No le interesaba el tema. Las pocas veces en que la chica volvió a decirle que estaba borrando videos o destruyendo materiales, él supuso que le habían encargado deshacerse de la basura o reciclar cintas. Meses más tarde, Lorena llegó incluso a informar que su valiente directora corría grandes riesgos y que por tal motivo tenía que deshacerse de pruebas. Eso sí le llamó la atención a Bernardo, pero no desencadenó ninguna sospecha en él. Más bien se asumió como ignorante del oficio, simplemente. ¿No se suponía que el objetivo de los documentales era exhibir todo tipo de material, sin discriminación de datos? ¿No se hacían para eso los documentales? No, contestaba Lorena con aire de experta. ¿Cómo se te ocurre, Bernardo? Un video, independientemente de su tema y de sus intenciones, no es más que tiempo en pantalla. Cuando tú estás contando una historia tienes que seleccionar. Parecería que cuando no es ficticia la historia puede irse por cualquier lado, según corresponda a la realidad, pero no es así. Es hasta más difícil –apuntaba, ya con el tono de Araceli Ward, evidentemente repitiendo lo que ésta le había enseñado–, porque un documental se te puede convertir en un reguero de datos sin línea de investigación ni argumento, mientras que en una historia imaginaria tienes personajes y tienes un final a dónde ir. Aquí, si no le das una estructura y no estableces un compromiso con tu público, estás gastando tiempo y dine-

159

ro a lo bestia. El documental es una pirámide de silogismos: si A es B y B es C, A es igual a C.

Una vez más, Bernardo quedaba harto. Ya ni siquiera se animaba a bromear. El discurso de Lorena se estaba convirtiendo en un ladrillo demasiado compacto y solemne. Más aun: empezaba a extrañar sus épocas de chismógrafa.

Pero Araceli Ward no estaba construyendo silogismos, sino cortinas de humo para unos amigos suyos más listos que ella. Tanto, que para cubrir su complicidad con los secuestros de mujeres ahora tenían la cobertura ideal: un equipo de videoastas feministas bastante tontas, dispuestas a repetir como loras lo que sus soplones les dijeran, sin tomarse la molestia de hacer un trabajo periodístico. ¿Para qué? Los datos que les proporcionaban estaban documentados y eran ciertos. Las descripciones eran tan detalladas, tan lógicas en ocasiones y tan verazmente absurdas en otras, que no había manera de creer que el tipo con quien Araceli se citaba en el bar del hotel Prim le estuviera mintiendo. Y no mentía, en efecto. Lo único que hacía era colocar los reflectores sobre los hechos que al informante y a sus socios les convenían, omitiendo otros. Quizás con las mejores intenciones de luchar contra la explotación sexual, pero sin cerebro, las feministas se habían metido en un pleito entre dos jerarcas del comercio ilegal y estaban dejándose usar suavemente por uno. Lo único que éste hacía era dirigir su documental. Nada más, pero nada menos. Las "sospechas" del video de Araceli, lo que "la opinión pública" supuestamente "se preguntaba" en el video de la realizadora, no afectaba los intereses de unos, sino de otros.

Tal vez Araceli Ward al principio no tuvo vocación de delincuente y sólo fue tan estúpida como Lorena, o más. ¿Cómo saberlo? Nadie más que Lorena —quien tampoco entendía nada— había atestiguado el proceso de descomposición de la decencia de Araceli Ward, si es que alguna vez la había tenido. Nadie podía identificar la diferencia entre la reportera profesional y la encubridora. Instantes después del asesinato, Araceli Ward con su equipo de asistentes se había presentado en el restaurante, para asistir a la supuesta cita con Zarko Krilic. Ahí, como si estuviera dirigiendo una producción fílmica, la videorrealizadora le había ordenado a Lorena ir al hotel a recoger todas las pertenencias del Zarko Krilic antes de que le hablara ella misma a la policía. ¿La realizadora tenía conciencia plena de que estaba tratando de encubrir un crimen, o quería confiscar ilegalmente aquellos objetos sólo por satisfacer su curiosidad, o para utilizarlos en su próximo documental? Lorena no podía responderle eso a Bernardo. No lo sabía. No alcanzaba a entender tanto, pero ella "ya no confiaba cien por ciento en su jefa y directora", dijo, por lo que prefería que Bernardo se deshiciera de los objetos y que borrara toda clase de información sobre el particular en la internet.

Lo único cierto para Bernardo era que había alguien ahí que sí estaba pensando, y esos cerebros no eran los de las feministas. El plan, por lo demás, parecía brillante. Pasara lo que pasara y cayera quien cayera, la opinión pública nunca se iba a enterar de lo que había detrás de ese video. Por el tema y por las denuncias documentadas que sí hacía de otros casos, quienquiera que cuestionara sus fuentes, su financiamiento o sus omisiones quedaba atrapado en la ratonera del ser políticamente incorrecto, misógino y desalmado. ¿Podía existir mejor paraíso de evasión? El título *Silencio en Juárez* no podía ser más polisémico y apropiado, casi poético, pero por motivos distintos de los que la autora habría alegado.

Después, Bernardo identificaría a ese cerebro estratégico, instalado detrás del asesinato de Krilic, tan atentamente formulado como mensaje para Lorena y para quien quisiera entenderlo. Esa escena orquestada con un grupo de actores en un restaurante simulando una balacera entre narcos era un crimen sofisticado. "¿Te gustan las historias duplicadas? —parecía burlarse—, ¿te interesan las versiones diferentes de un mismo tema? Pues a nosotros también, y podemos utilizarlas a nuestro antojo mejor que tú". A Bernardo le produjo pavor y a Lorena, una crisis nerviosa de la que, según el doctor Fleischman, ya nunca se repuso.

Una de las omisiones relevantes que cometió Araceli Ward por órdenes de sus "informantes" se llamaba Marta Sánchez Rojo, secuestrada y muerta a los diecisiete años. Su cadáver con los ojos arrancados había aparecido con señales de tormentos indecibles, al estilo de las torturas aplicadas en Chile y Uruguay en los años setenta. Como quiera que fuera, resultó que su caso no encajaba en "la estructura" de silogismos del video de Araceli. Los asesores le recomendaron sacarlo debido a que podía "distraer" la atención de la "opinión pública". Más valía hacer su historia borrosa, le decían, alegar problemas de tiempo de edición y responderle a la madre de Marta con alguna justificación mareadora.

Lorena era la encargada de borrar los testimonios que presuntamente no servían. Lo hacía por las noches, cuando se quedaba sola en la sala de edición. Desde luego, ella creía que lo único que estaba haciendo era consolidar la estructura de la historia y reciclar cintas inservibles.

Nada más habría pasado si el martirio de Marta Sánchez Rojo no hubiera sido tan comentado por internet por culpa de la propia Lorena. En la lista de "historias duplicadas" moderada por Zarko Krilic le pareció interesante practicar su inglés contando lo que casi sólo ella y la mamá de Marta Sánchez Rojo sabían. La historia impactó a sus ciberlectores de todo el mundo. No, no conocía un duplicado del tormento de Marta, por cierto. Ése se lo inventó Lorena. Sí, señor: así como así, se lo sacó de la manga. ¿Por qué no? De todas formas no creía que los demás participantes estuvieran diciendo la verdad. El problema era que sí la estaban diciendo. Sólo la *Sirenita* se lo tomó como un juego. Creía en parte que era cierto y, al mismo tiempo, que se trataba sólo de un taller de inventiva. Aquella gente había vertido sus congojas en la tribuna electrónica, pero Lorena, para no perder la costumbre, no sabía dónde estaba parada. Sobre las cartas perplejas de los ciberamigos de Zarko ella plantó el peligro.

Fue así como, paradójicamente, la tragedia de la joven torturada y asesinada a la que le sacaron los ojos, que hasta entonces no tenía un duplicado conocido en otro lugar del mundo, terminó también reproduciéndose: su versión insustancial eran las propias cartas de Lorena y el documental *Silencio en Juárez*, donde únicamente se le menciona como un número en una estadística, y que sólo sirvió para cubrir a Araceli Ward de galardones.

Muchas noches de insomnio después, Bernardo se preguntaba si Araceli Ward creía realmente que Zarko Krilic había muerto por accidente tan pronto había llegado a México a preguntarle a ella por Marta Sánchez. O si de verdad pensaba que la crisis mental que hundió a Lorena en el limbo del que ya no regresó no había sido instigada por el propio doctor Fleischman. ¿Qué tan delincuente era la delincuente Araceli Ward? ¿Qué tanta conciencia tenía? Durante varios meses, Bernardo observó metódicamente las apariciones en televisión y las entrevistas en la prensa, tratando de desentrañar la verdad en los ojos vacunos de Araceli Ward, en sus amplios ademanes, en sus labios nerviosos, en la coquetería con la que se acomodaba su cabellera apelmazada mientras repetía lugares comunes en los programas de las feministas. Bernardo esperaba que en algún momento se transminara en la imagen, o en sus palabras, la

Araceli Ward que había ordenado a Lorena recoger las pertenencias de un hombre recién asesinado. Pero estaba muy bien asesorada para contestar preguntas frente a las cámaras. Ésa era la única respuesta que Bernardo encontraba. Y que sus entrevistadores jamás le planteaban preguntas incómodas. Que, de hecho, no hacían más que lisonjearla hasta el ridículo: lo cual desde luego también podía constituir otra respuesta. Como fuera, Araceli Ward ya no hablaba por sí misma, y tratar de comprender dónde empezaba su propia perversidad y dónde terminaba la de los demás podía ser un ejercicio tan ocioso como enfermo.

La respuesta era más simple, concluyó después: se lo había creído todo, como se creen las cosas los adolescentes que no usan preservativos pensando que lo que ocurre en un noventa por ciento de los casos no será su caso, debido a su buena voluntad. Por un lado estaban los hechos y por otro, la buena fe de Araceli Ward. Esa buena intención era la que hacía que Lorena hubiera enloquecido sin motivo aparente y que Zarko hubiera muerto por casualidad. Ahora estaba preparando otro trabajo y, quienquiera que tuviera algo qué objetar –él, por ejemplo–, ya había recibido claramente el mensaje de la bala perdida que ultimó a Zarko Krilic.

A Bernardo no le quedaba más remedio que olvidar. Y eso era lo que creyó que había estado haciendo. Pero ahora caía en la cuenta de que sólo había estado esperando una mejor oportunidad. Por eso, aunque periódicamente se encargaba de limpiar de la red ciberespacial cualquier rastro o comunicación aparente con o sobre Zarko Krilic y temas relacionados, él no había destruido totalmente los archivos de la computadora que Lorena, la última vez que le habló estando en sus cinco sentidos, le pidió eliminar.

Una de las empresas más difíciles en la vida presente de Bernardo consistía en ocultarle a Denise todo esto. Para empezar, la desaparición de un año y medio de su vida presentaba problemas prácticos: él tenía treinta y tres años. A los veintiocho había renunciado a Internet de México S.A. A los veintinueve había iniciado su propio negocio en el departamento que rentaba en la colonia Doctores, pero las referencias a esos años tenían que ser escuetas y ambiguas. Cuando estaba por cumplir los treinta y uno, justo en el momento en que ganaba más dinero, Bernardo había metido a vivir a su departamento a tres de los amigos borrachos que antes se hospedaban con él y que no le llevaban más que problemas a la casa, cuando no gastos injustificados e invitadas que eran menores de dieciocho años. ¿Por qué? Para ahorrarse dinero en lo que se encontraba una oficina más amplia, decía.

Pero esa versión no tenía sentido: en cuanto había hallado un lugar más grande, se había mudado con otros dos amigos tan borrachos como los anteriores, y cuando esos dos se fueron, siempre hubo quien los reemplazara. Su casa fue el hostal más barato de México para hombres solteros. ¿Por qué, si ganaba tan bien, Bernardo se empeñaba en vivir como estudiante? Sólo esperaba que Denise, a sus escasos diecisiete años, no encontrara el desajuste financiero de tan impráctico estilo de vida.

No porque no pudiera ella soportar la verdad. Al contrario: Denise era la otra cara de la moneda respecto a Lorena. Si algo sabía hacer la pícara y malhablada Denise era aceptar la realidad tal cual era. Pero contarle la verdad implicaba hacer una confesión que por el momento Bernardo no se sentía preparado a acometer. Denise creía que ambos se habían conocido por casualidad en su vivienda, donde siempre había fiestas, y no que Bernardo había puesto especial empeño en que sus amigas la invitaran esa noche, ni que él casi nunca participaba en los bacanales organizados por el centro de promoción de adicciones y alcoholismo en el que se había convertido su casa. Sabía que algún día tendría que explicarle también eso, y que aunque Denise entendería sus razones, en el fondo iba a quedar decepcionada de él. La realidad era que a él al principio la hija de Raúl Miranda —y esto no sabía cómo decírselo— no representaba más que un objeto de estudio. Sólo estaba pensando en las cosas que habían contado sus amigas en las borracheras. No le interesaba nada más que su inexplicable aventura relacionada con una estética en Estados Unidos que llevaba el mismo nombre de un campo de tortura en Argentina. Porque si todo ello era cierto, las historias de Zarko Krilic por primera vez dejarían de ser sólo archivos. Tendría oportunidad de presenciar uno de esos fenómenos por los que él, como experto en informática que había presenciado demasiados prodigios aparentemente disparatados en la llamada realidad virtual, siempre había apostado. Lo que menos le importaba era Denise Miranda.

Ciertamente le había conmovido un poco saber que Denise había sido forzada por su papá a hacer algo tan humillante como pedir disculpas a su amante Tatiana Carrión y explicarle por qué se había robado un teléfono que no se había robado. Las amigas de Denisita referían ejemplos pavorosos del trato al que la joven era sometida y al mismo tiempo ignorada por su familia. Pero a Bernardo no le interesaba encontrarse con la descerebrada niña rica del espantoso escritor Raúl Miranda, cuyas novelas lo asqueaban y cuyas apariciones en televisión como comentarista no le causaban menos repugnancia que las de Araceli Ward. Se imaginaba que la hija no sería muy distinta. Todo lo que quería era sortear el desbordante engreimiento que supuso que se encontraría para charlar con ella sobre Rosa Grossman y Tatiana Carrión.

Se equivocó escandalosamente. Denise le iba a interesar mucho más. Tanto, que al final lo menos interesante para él iba a ser la historia de Rosa Grossman.

La primera noche de lo que iba a ser su nueva vida, Denise se apareció en su casa con un ruidoso grupo de amigos y amigas de varias edades que acababan de ir a un concierto y se proponían seguir la fiesta. Todos se veían sudorosos, bastante drogados y ebrios. Como siempre le ocurriría a partir de ese momento con Denisita, Bernardo la tomó por otra. Había varias muchachas ahí a las que él no conocía, algunas muy bonitas, blancas y rubias, con camisetas entalladas y pantalones vaqueros. Bernardo eligió, optó por la más delgada y alta, de facciones anguladas y quijada pronunciada, que miraba hacia todas partes con rapidez, la cual llevaba puesto un vestido azul neón demasiado escotado y espacioso para su escuálida figura. A Bernardo le pareció que así eran los libros de Raúl Miranda. Además, a pesar de su estatura calzaba unos tacones altísimos, y eso le pareció señal de rebeldía o jactancia, así que se acercó a ella primero. Perdió un buen tiempo haciéndole conversación para preguntarle su nombre. Se equivocó, pero no tanto, pues Amanda era la hija de un famoso fotógrafo, pero no la hija del novelista.

Decidió entonces aproximarse a alguna de las rubias angelicales a quienes sus amigos habían elegido primero. En ese momento alguien puso a todo volumen la canción *Pretty Vacant*. La musicalizadora se acercó brincando y aplaudiendo con los brazos levantados.

—¿Tú eres el dueño de esta casasaza? Amanda dice que organizaste todo este desmadrote por mí, sólo por mí. Bueno, te lo advierto: yo vendo comidas en casa de mi papá a cambio de mota, coca y taches. Las comidas no incluyen sobremesa para que lo entrevistes ni tiempo a solas con él para que le lamas los zapatos y le pidas trabajo. La sobremesa a solas con él te cuesta una cogida, y de las buenas, más las drogas. ¿Cómo ves? Vamos a drogarnos en lo que la piensas, ¿no? Y no me salgas con que me buscas por mí y no por mi papá. Eso te cuesta un madrazo.

Bernardo apenas tuvo tiempo de reaccionar a la altura de las circunstancias. Se había artillado para obtener lo que necesitaba de una adolescente pedante, no de una joven aterradoramente sarcástica.

—¿Qué es una cogida de las buenas? —dijo después de una pausa.

—La de la sobremesa —enlazó Denise sin pausas.

—¿No te da vergüenza andar ofreciendo algo tan valioso a cambio de una pinche comida con el mequetrefe de tu papá?

—Eso te cuesta que me quede aquí a vivir para siempre en tu casononona y que me case contigo. Pero no me chorees. Dime qué chingados quieres.

Bernardo ya no lo recordaba. La mirada verde gris de Denise era lo único que existía en el mundo. Un mechón bugambilia de su cabello azabache, lacio y corto, enmarcaba su frente sin tiempo. Denise con las uñas cortas pintadas de negro y el tatuaje que decía *Dragona*, en el cuello, mal pintado: todo era una escenificación para asustar a quien no se diera cuenta de que la blusa semitransparente, la falda deshilachada y los zapatos de charol constituían un sarcasmo, más que una declaración de rebeldía. Denise se burlaba hasta de los rebeldes. Pero la broma apenas lograba cubrir la seriedad de su belleza, las perplejidades que causaba su pequeña boca en forma de corazón o su torso de águila levantando el vuelo.

—¿Pregunté algo? ¿Me oíste, o sacas y mochas lo que sea que te metiste? —insistió ella.

Bernardo se repuso. Aunque pareciera increíble, dijo, no la buscaba por su papá, sino por esa anécdota que la obligaron a repetir delante de la amante, sobre el teléfono celular que se encontró en su bolsa, junto con el nombre de un salón de belleza: ESMA. ¿Era verdad? Sí, sí lo era, pero en ese caso no la buscaba a ella, informó Denise, sino a su amiga Rosa Grossman, hija del periodista argentino desaparecido.

Bernardo no lo creía. A esas alturas de la incipiente pero alentadora conversación, ya no estaba seguro de haber buscado a nadie más en la vida que no fuera a Denise, y ella en cambio lo miraba como si fuera todo él una nota de pie de página. Sí, le decía, tienes que hablar con Rosa, con su mamá y con la investigadora a la que contrataron para que averiguara. Te doy su teléfono. Si quieres le hablamos ahorita. Ella y Juan siempre están despiertos a esta hora.

166

Denise no sólo era bastante comunicativa, sino servicial, y estaba ya a punto de marcar el teléfono. Bernardo la detuvo tomándola de la mano. Era una mano tibia de diecisiete años. Reparó en la diferencia de edades entre ella y él.

—Eso yo creo que es muy mala idea —dijo, y se llevó su mano a los labios.

Entonces fue Denise la que lo miró con curiosidad. Ya no estaba bromeando cuando le confió que no entendía qué quería de ella, ni él cuando le contestó que no lo sabía. Él se apartó un poco y ella también. Ahora se contemplaban ambos con un encanto temeroso. ¿De verdad había algún hombre que le hubiera tomado la oferta del favor sexual a cambio de la comida en casa del papá?, inquirió él. Más de los que te imaginas, aseguró ella, y se acomodó en el asiento con renovado entusiasmo para darse a lo que por lo visto era su tarea favorita, que consistía, más que en contar, en denunciar su vida.

Nunca terminó de hacerlo. Ni aquella noche, ni en las siguientes, ni en los paseos por los bosques del Ajusco, cuando Bernardo pasaba a recogerla al colegio, ni en los deliciosos desayunos que Bernardo no había vuelto a preparar desde la tragedia de Lorena, ni en el fin de semana que le invitó a que las tranquilas aguas de la bahía de Zihuatanejo la curaran.

Lo que no consiguió, por supuesto. Las acusaciones de Denise contra su familia no tenían fin. Así había pasado ya meses.

Absurdamente, el tatuaje de la dragona era lo que ahora más le preocupaba a Bernardo en el imposible supuesto de que pudiera llevar a cabo su plan, ¿cómo iba a deshacerse de semejante identificación, tan inocultable? Denise le había dicho que era indeleble. Pero él había visto gente que se los borraba o cambiaba. Además de pintarle el pelo y comprarle unos lentes de contacto que ocultaran sus hermosos ojos grisáceos, tendría que eliminar de algún modo el inequívoco dibujo en la piel.

Bernardo estaba mirando la noche por la ventana. Había apagado la computadora que usaba en su recámara y tenía puestos los pies sobre el escritorio, encima de una correspondencia que hacía días no abría. De vez en cuando miraba de reojo el lomo del *Evangelio según Rosa* para cerciorarse de que su vigilancia continuaba. Afuera, en la sala de la casa, sus amigos músicos Pancho y Ernesto, junto con algunos invitados que a Bernardo no le interesaba saber ni quiénes eran, se entregaban a la charla propia de la media botella, sobre la función del arte en la sociedad, cuando los efectos del alcohol todavía se mantenían en marea baja sin oleaje y no hay por qué repetir siete veces la misma palabra creyendo que nadie la oye.

Respecto a la función del artista en la sociedad, Denisita se la había explicado. Por lo menos, la del escritor: ella decía que tener una biblioteca desbordante y digna de colección con más de las dos terceras partes de los títulos leídas, en este país no servía más que para convertirse en un político buhonero como su papá. Decía que el creador no servía más que para organizarles recepciones a los políticos en sus casas y dar entrevistas. Bernardo le sugería tímidamente que lo mismo ocurría a gran escala con cualquier materia prima y hasta filosófica, empezando por el petróleo y terminando con el cerebro de un individuo capaz de traficar publicaciones con versos de Valéry, pero que eso no quería decir que la solución era eliminar de la faz del planeta los suelos petroleros ni los *Petits poèmes abstraits*. A lo que Denise respondía que a ella no le hablaran de lo que debe o no ser la solución a nada, porque si algo sabía era que la gente que trata de solucionar los grandes problemas de la humanidad era la más perjudicial para la gente, ya que la humanidad era una abstracción y mientras tanto esas personas en sus vidas privadas se convertían en unos espantajos vivientes como su padre. Por eso, sostenía Denise, su único objetivo en la vida era ser analfabeta y cuidarse bien de no incurrir nunca en ninguna de las prácticas del patán de su papá ni de la cretina de su madre.

En esos escarpados resolutivos del debate Bernardo siempre la vencía, no sólo porque casi le doblaba la edad, sino porque tenía la razón al decirle que el camino más corto para acabar reproduciendo el vivo retrato de los padres era tratar de conjurarlos con semejantes promesas, y que millones de personas tomaban ese sendero cuando cumplían diecisiete años vociferando que "nunca" se parecerían a sus progenitores. Denisita le concedía cierta credibilidad al respecto, pero no toda, e imploraba su comprensión:

—Aunque el mundo entero diga lo mismo desde Edipo hasta la fecha, yo no puedo demostrarte cómo pero me cae que mi caso es distinto.

Bernardo se dolía de que el zafio Raúl Miranda hubiera tenido en sus manos tantos libros qué triturar y almacenar en citas sin leerlos realmente, inculcando en su hija tal encono contra las bibliotecas. Eso no podía provenir sólo de su conocido repudio a las mujeres y a su hija como parte de ese género humano aborrecido. Podía ser también expresión de un desprecio privado a los libros que decía amar en público; un despecho que, a fin de cuentas, no consiguió ocultar cuando de educar a su descendencia se trató. Ése, el de su íntima indiferencia por la literatura, parecía ser, a los ojos de Bernardo, el secreto más interesante de Raúl Miranda, de entre todos los que su hija le contó, que eran muchos y extremadamente escabrosos.

Bernardo trataba de encauzar su ardiente fascinación por la muchacha rumbo al balcón del paternalismo, donde la vista panorámica era confortable y sin penumbras insidiosas, pero el encanto y la vivacidad de Denise a menudo lo devolvían a su realidad, espinosa e indefinible. Quería pensar que era cierto lo que le decía a Denise sobre sí misma: que, si seguía así, al final de la larga lucha acabaría convertida en sus papás; que no había por qué hacerse ilusiones; que las niñas de familias tan monstruosas como la suya no tienen remedio, porque en algún momento tuercen sus mejores intenciones y acaban casadas con políticos para complacer al papá, idénticos a éste además, en lo fundamental. Quería visualizar a Denisita a los treinta y tantos años, de traje sastre, medias, tacones y uñas largas, preparando recepciones para los amigos del esposo, igual que su madre.

Pero no podía. Nunca terminaba de pintar ese cuadro en su imaginación. Algo en su corazón le decía que sí era distinta, tal como ella misma advertía, y que cuando le pedía su confianza a ese respecto debía dársela aunque –como ella misma indicara– "no podía explicar ni el porqué". Tal vez era demasiado optimista y guardaba esperanzas, pero la propia Denise en el tiempo presente le impedía completar esa imagen que quería llamar "realista". Peor aún: le era más fácil imaginar a Denise muerta que transfigurada en lo que a los diecisiete años no había querido ser. No concebía cómo ella, al paso de los años, con enemigos tan poderosos como su propia familia, podría sobrevivir. Y, sin embargo, tampoco la veía sometida. Empezaba a preocuparle rigurosamente qué sería de su vida.

No sólo Bernardo pensaba en el destino. También Denise. Una noche en la que le pidió refugio en su casa porque su papá regresaba procedente de la Feria del Libro de Guadalajara y ella quería evitarse la reseña del viaje, llegó planteando una idea que súbitamente había capturado su atención: la popularidad del mito de Edipo a lo largo de los siglos, decía, no había perdurado entre la mitad de la humanidad si expresara sólo lo que Freud planteó. ¿A las mujeres comunes y corrientes, simples espectadoras de la obra de teatro, qué podía importarles la historia de un tipo que se cogió a su mamá?, cuestionaba. "Suena como a nota roja y se te olvida al día siguiente", añadía. En cambio, la razón por la que Edipo se había convertido en referente universal para hombres y mujeres, presumía, era porque la historia medular no versaba sobre un rey que cometía incesto con la madre, sino sobre un hombre tratando de escapar del destino al que está condenado, haga lo que haga. Ahí estaba el "atractivo", decía Denise. ¿Y a que no sabía Bernardo por qué? Porque si de algo sabían las mujeres era de destinos y de condenas.

—¿O tú cómo la ves? —le preguntaba, encogiéndose de hombros.

Bernardo estaba totalmente de acuerdo y le recomendaba que, aunque odiara los libros, leyera los interesantísimos estudios que se han elaborado sobre el destino trágico en Sófocles, pero también quería saber a causa de qué Denise venía ahora con esta nueva inquietud.

Denise protestaba: no era ninguna "inquietud" y mucho menos "nueva", y si Bernardo creía que ella no había leído nada sobre las interpretaciones tradicionales de la hamartia o el error trágico o el héroe trágico, o a Mijail Bajtin, o a Antonin Artaud, eso era problema exclusivo de Bernardo.

De acuerdo, concedía él: ¿pero a qué vino todo eso a esas horas, ese día, de cualquier modo? Denise volvía a encogerse de hombros: no lo sabía, respondió. Simplemente, se le ocurrió.

O bueno: no tan "simplemente", reconsideró. La verdad era que había pensado en el destino por culpa de Bernardo, desde que estuvieron hablando, específicamente preguntándose si ella terminaría convertida en la misma "jerga podrida" que era su mamá. ¿Y directamente de la idea de la "jerga podrida" la mente de Denisita había zarpado rumbo al *Edipo Rey* de Sófocles?, preguntaba Bernardo. No, no de modo tan inmediato. En el camino su cabeza se había paseado por algunos otros senderos; el "camión" había hecho varias "paradas". "¿Como cuáles?", indagaba Bernardo.

—Bueno. No sé. Ahora que me van a poner en tratamiento con un psicoanalista, yo quiero estar preparada.

Bernardo no se inmutó al oír aquello. No parpadeó, y ni siquiera hizo una pausa: alguna utilidad debía tener ser tantos y tantos años mayor que ella. Le preguntó en cambio si ya había cenado, o si ya se había drogado, como solía preguntarle. A esas alturas la conocía lo suficiente como para saber que Denise consumía menos marihuana y cocaína de lo que alardeaba —sólo para asustar a sus padres, claro—, y que casi siempre terminaba optando por la sabrosa cena que él le guisaba. Esta vez ocurrió lo mismo, así que se la llevó de la mano a la cocina para prepararle algo.

—¿Sándwich de salami o berenjenas con champiñones? —ofreció.

—Las berenjenas tienen un nombre bien pinche —dijo la chiquilla que aseguraba no tener el menor interés por la palabra escrita ni los libros—. Si te fijas, ¿qué poema hay con la palabra berenjena? Ninguno. Eso es por algo. Mejor el sándwich. Y no me digas que no hay nada con esas palabras, porque con "salami" sí hay. Mi amigo Julio ya compuso una rola.

—No quisiera oírla.

—Yo tampoco —confesó Denise.

—¿Por qué te van a llevar al psicoanalista, Denise? —soltó de pronto.

—Porque es uno muy bueno.

—¿Y así nomás?

—Recomendado por una de las viejas de mi jefe. Bueno, ya sabes, él las llama "amigas", "amigas inteligentísimas", "colegas". Etcétera. La del teléfono, precisamente. Tú dirás. Esa vieja me trae ojeriza desde lo del teléfono. Cree que se lo escondí adrede y que la hice ir a huevo a la casa de la mamá de Rosa para humillarla. Porque si tú vieras a la mamá de Rosa, cámara. Está buenísima y es inteligentísima. A ésa nunca se la va a coger mi papá.

—¿Pero así nomás, Denise? ¿Por eso te mandan a psicoanálisis?

—Así nomás. Bueno. Desde lo de la mamá de Rosa. Es que me hicieron contarles todo. O casi todo. Yo no les he contado de Juan. O sea: que era el vecino de una de las viejas de mi jefe, ¿verdad?

—¿Y por eso creen que necesitas psicoanálisis?

—¿Tú crees que hay manera de razonar con esa gente? Puedes decirles misa. Trata: ellos te seguirán diciendo que es que es un doctor muy bueno, que porque Tatiana dijo. Y sí es muy conocido. El doctor Fleischman. Todas las "amigas" de mi papá van con ese güey.

171

–Sí. Es muy conocido –comentó Bernardo, y de la manera más psicoanalizable posible, al instante se cortó el dedo con el cuchillo con el que estaba partiendo el salami.

Así había iniciado la confección del plan. No necesitó saber más. No le importaba qué tan ridículo se vislumbraba ni si en el camino los amigos podían terminar tratando de meterlo a él a un manicomio. La reivindicación se la debía a Lorena, a quien no podía ni ir a visitar al hospital psiquiátrico por temor; en quien tenía que pensar como se recuerda a un amigo que acabó "metido en el narcotráfico" y a quien no se le puede ni llamar para no meterse en problemas.

Se la debía a sí mismo: a la falta de carácter que sintió haber mostrado. Ya había visto demasiado de lo mismo. Sobre todo, ya había visto lo que pasaba en su propia casa si no hacía nada, si dejaba pasar las señales de alerta sin intervenir.

Ciertamente, la inteligencia de Denise a tan corta edad era extraordinaria y podía salir mejor librada que Lorena, pero lo que estaba en juego valía demasiado como para esperarse a hacer la prueba. Tenía que actuar, y con quien menos podía contar era con la propia Denise. Entre sus notables virtudes no estaba la de la discreción. En desafío al padre, ella solía contar toda la verdad respecto a casi cualquier tema apenas la provocaban. Exigirle silencio era pedirle que se asemejara a su familia, y cualquier cambio en su conducta podía poner en estado de alerta al irrefrenable señor Miranda, por más que ignorara tantos aspectos fundamentales sobre la personalidad de su hija. Ser perezoso, optimista o negligente respecto a cualquiera de estos detalles podía resultar desastroso.

Bernardo enfocó entonces su atención sobre esos dos inteligentes amigos mayores de los que Denise se expresaba con cariño y respeto. Sin embargo, Rosa y Juan habían resultado ser realmente amigos de Denise. Esto es que, como tales, miraban con desconfianza la llegada a su vida de un hombre de treinta y tres años que, además, le suministraba drogas. Por lo mismo, inicialmente no se habían portado muy solícitos ni comunicativos con él. A Bernardo en cambio le alegraba saber que Denise tenía amistades protectoras y pensantes, pero no podía contar con ellos para hacerles semejante confidencia y esperar que, al menos Rosa, no se la comunicara a Denise. Además, ¿qué clase de información iba a confesarles y para qué? ¿Cuál era su plan?

Consideró por tanto más seriamente la opción de la investigadora que había descubierto el recorrido exacto de la rosa de cobre desde Buenos Aires hasta Nueva York, a través de los años, desde los tormentos de unos torturadores hasta las patrañas de una lectora del Tarot. Alguien así podría ayudarle, supuso: ella ya sabría de qué le hablaba cuando le contara que, creyéralo o no, el mundo se estaba duplicando en una versión de sí mismo, en una versión inconsciente del dolor, y que, por una lamentable confusión de una antigua inquilina suya, quien supiera tal cosa en México corría peligro de muerte.

La fiesta de cumpleaños de Rosa se le presentó como una señal celestial y el resto de la estrategia fue improvisándolo con base en los peligros que la patética experiencia con Lorena le había enseñado a concebir. Si la investigadora era tan eficaz como la describían, entendería que estaba tratando de proteger a sus jóvenes amigos y que había razones para obrar así.

Pero ahora había llegado muy lejos robándose el álbum de Juan y de todas formas estaba demasiado cerca del principio. Ciertamente, parecía que Inés Carrasco había captado el mensaje al no aplicar interrogatorios sobre su persona a sus amigos ni, menos, a Denise. Pero eso también podía significar muchas otras posibilidades y una de ellas era que hubiera ido corriendo a denunciarlo con los protectores de Araceli Ward.

En cuanto a los suyos, a sus propios amigos, éstos por lo pronto habían pasado de la fase de la media botella a las dos botellas completas y roncaban en la sala. Él también estaba cansado. Aunque no sólo físicamente. ¿Qué sería de él en el muy improbable caso de lograr lo que se proponía? ¿Escaparía con Denise? ¿Terminaría refugiado con alguno de los amigos a los que alguna vez les regaló alojamiento? ¿Y por cuánto tiempo tendrían ambos que vivir así? No tenía idea. Lo único que daba por hecho era que no iba a cargar otros tres años la pesada responsabilidad de saber que no había hecho nada por impedir la muerte física o mental de Denise Miranda.

Eran las dos de la mañana cuando por fin dejó de analizar sus difusas perspectivas. Había terminado acordándose de unos amigos que ahora vivían en Chile. Había pensado en escapar a Chile mañana mismo con Denise. Había querido llamarla a esa hora. Por último, había decidido irse a dormir. Pero se acostó sin saber que sus plegarias y sus misteriosos recados habían sido escuchados, pues sobre su escritorio, entre las cartas sin abrir sobre las que había puesto los zapatos y los vasos de ron, lo esperaba un mensaje sin remitente, con la misma fotografía de Zarko Krilic que él había dejado, y una etiqueta distinta al reverso, donde se indicaba el lugar, la fecha y la hora de lo que podía ser una cita.

El sobre llevaba un matasellos en otro idioma. Las estampillas eran timbres fabricados. Al día siguiente, cuando Bernardo salió de bañarse, cuando pasó frente a su escritorio y reparó por fin en las singularidades de su correspondencia, comprendió que Inés Carrasco rebasaba sus expectativas. No sólo había averiguado su domicilio por otro medio que no fue a través de Juan ni de Denise, sino que había ido ella en persona quizás a colocar esa carta en su buzón. Observando más detenidamente el sobre, descubrió que las imágenes de las estampillas falsas reproducían una escena de *Silencio en Juárez*. El matasellos contenía una inscripción en serbocroata, lo que a Bernardo le causó un enorme consuelo: estaba lidiando con una mente más rápida y refinada de lo que pensó.

Por fin relajado, aquel día Bernardo terminó de elaborar en su imaginación el plan para desviar unos cuantos grados el destino trágico de la hija de Raúl Miranda.

13

UN VIENTO HELADO

En la sala de espera del Centro de Defensa contra el Terrorismo Bacteriológico donde el doctor Rosenthal la ha mandado hacerse nuevos análisis para estudiar el extraño rumbo que los síntomas de la ROAP han tomado últimamente en su organismo, algunos pacientes se apartan de ella al ver el avanzado estado de su enfermedad, a pesar de que lo único que ha quedado comprobado es que la ROAP no se contagia por contacto sino por ingestión de ciertos alimentos. De todas formas ella sabe que su aspecto físico da asco y toma el asiento más aislado. Comienza a especular por enésima ocasión en cuál de los viajes que hizo a Estados Unidos en la última década pudo haber contraído el mal. Descarta, por improbable, el que realizó a Nueva York para visitar el salón ESMA y a *La Misteriosa* que había fabricado el cuento de la Rosa del Deshielo, porque todo aquello había sucedido antes de los primeros bombardeos en territorio estadounidense y la subsiguiente escalada del terrorismo mundial. Su idea es que fue después, probablemente cuando voló a Atlanta y se hospedó en la casa de la familia de Leo, en mayo de 2002, cuando ya existían en los aeropuertos las medidas de seguridad extrema contra los ataques y las alertas de colores, en aquel día inolvidable que la "alerta" era "naranja", lo que significaba "del más alto riesgo" y ella se preguntaba cómo el nuevo Ministerio de Seguridad de la Patria podía haber cometido el tan visible error de asignar el color de la confianza a la señal de mayor peligro.

Esa mañana en la que en Atlanta se celebraban dos funerales históricos –el de un célebre político segregacionista y el de un famoso alcalde liberal, que no sólo fueron adversarios sino que murieron el mismo día–, en ese oceánico aeropuerto, junto a un establecimiento de jugos de naranja artificiales y café, había un puesto de comida mexicana donde se ofrecía una variedad de platillos que ningún mexicano había visto en México. En seguida estaba un restaurante de comida china que –Inés podía asumir– tampoco era lo que comía ningún chino. Y mientras saboreaba su jugo de naranja que no era tal, Inés discurrió que, así como con la historia del padre de Rosa Grossman y la charlatana que inventaba la leyenda de una Rosa del Deshielo, aquella comida pseudomexicana o pseudochina y ese jugo sintético que se bebía eran también una expresión de un mundo que se falsificaba a sí mismo constantemente, donde el algodón se transformaba en terlenka, la leche en agua blanca, o el periódico donde ella trabajó, en agencia repartidora de noticias, o el arroz en grumos sintéticos precocinados para el horno de microondas. Tal vez el universo humano actual estaba hecho para reproducirse infinitamente en una forma adulterada de sí mismo, como los periódicos, la televisión y las películas. De pronto, en ese aeropuerto en el que la experiencia del traslado por aire de suyo resultaba tan ajena al acto de volar, la inseguridad se anunciaba con el color de la confianza, las naranjas eran transgénicas, el jugo era glucosa, la comida mexicana era algo nunca visto en México y ella misma burlaba las medidas extremas de seguridad con un pasaporte falso, todo cobraba sentido desde el sinsentido: "Todos somos personajes de una superproducción humana que se propone a toda costa el artificio en cualquiera de sus dimensiones", caviló.

Pero ahora la paradoja redobla su apuesta si cuando contrajo la ROAP fue precisamente esa mañana en ese escenario de ciencia ficción vuelta realidad, ahí en Atlanta, entre largas filas de hombres trajeados quitándose los botines y de ancianas descalzas levantando los brazos en forma de cruz para ser revisadas por el detector de armas. ¿Dónde quedaba la representación y la ironía consoladora, si en el momento en que la concibió se enfermó de muerte? ¿Qué es y qué fue esa persona llamada Inés Carrasco si el día en que su entendimiento hizo las paces con el mundo de las tragedias saboteadas, como castigo contrajo una condena a sus pensamientos?

"Nada. No significa nada –se reprende–. La vida no necesita explicaciones, no lo olvides. Está ahí, como la muerte, y es lo que es, sin preguntarle a nadie cómo se ve. Ojalá y así fuéramos todas las mujeres existiendo aquí o allá, sin dar ni necesitar explicaciones".

Aunque tiene que conceder que la vida también se ve en instantáneas, a veces, cuando una circunstancia extrema obliga a apartarse y tomarle una fotografía. A observar el revelado. A analizarlo: "Esto es mi vida, desde este año hasta ahora hice esto, y éste fue mi camino". Le guste o no, en el aeropuerto de Atlanta no sólo contrajo una enfermedad: contrajo un destino. Inés se jacta de haber sobrevivido a su juventud gracias a que, en un mundo descoyuntado, aprendió a no hacer preguntas y a reaccionar sin formular teorías. Pero eso en sí implicó optar por cierta dirección. A esa trayectoria, de vez en cuando, se vio en la obligación de tomarle una fotografía y de revelarla: cuando se independizó de su familia, por ejemplo, cuando se independizó de Pereda, y hace apenas muy pocos días, cuando relató su vida a Juan para el video, o cuando le diagnosticaron la ROAP, desde luego. Pero, sobre todo, cuando conoció a Bernardo, porque fue él más que nadie quien la enfrentó con su pasado. O con su porvenir, porque ésa era la contradicción que existía a la par de la naranja artificial –o del color de la confianza para anunciar terrorismo–: el destino no se ve y quizás no exista sino hasta cuando se transforma en pasado. Hoy, parte de su futuro –de su pasado– se trazó al haber citado a Bernardo en un hospital.

¿Por qué lo hizo? No lo sabe. ¿Vislumbro inconscientemente cuánto tiempo de su vida estaría después destinado a transcurrir en un hospital, con una enfermedad incurable? Por supuesto que no. Todo lo que juzgó fue que ya no podía repetirse la inolvidable gesta de René Domínguez. Si se iba a citar con un desconocido que cargaba por la vida información explosiva, no iba a cometer el mismo error del hotel Prim, donde por lo visto los periodistas tenían apostados servicios de vigilancia en el bar. Esta vez no podía dejar desparramados tantos rastros a su paso, y por lo que temía, su interlocutor tampoco. Sabía que no podía citarlo ni en el bar más oscuro –porque en cualquiera de los bares de la gran ciudad podría haber siempre un periodista–, ni en restaurantes, cines, cafeterías o parques, no pocas veces visitados por amigos de Araceli Ward o de Raúl Miranda. Entonces le vino a la cabeza un hospital. Era una excelente idea. El mismo Bernardo la alabó después. ¿Pero por qué exactamente un hospital? Inés vacila. Le parece al menos asombroso que en aquella cita en la que debió responderse a sí misma por su pasado, haya pensado en una clínica. A veces cree que es como si algo dentro de ella misma hubiera presentido en otra dimensión lo que le esperaba al final del viaje por la vida, así como Elena Sotelo se había trazado el suyo inspirada por un beso de la muerte.

"No, claro que no es eso", refunfuña nuevamente. Es una coincidencia. Es, sobre todo, un acierto: nadie se enteró nunca de que habían hecho contacto, ni los sicarios de la mafia que había comprado a Araceli Ward, ni los espontáneos con iniciativa como René Domínguez.

Bernardo e Inés empezaron a conversar en las salas de espera del hospital más caro de México, cuyo nombre expresaba exactamente lo opuesto, pues se llamaba Hospital Humana. A Inés se le ocurrió que no podía ser más apropiado para un caso como ése en el que estaba metida ahora, que era —ya no lo dudaba— el de su vida misma, contratada por ella misma, con los gastos corriendo por su cuenta. Luego de tantos casos en su existencia en los que las palabras habían sido defraudadas por su contenido en la práctica empírica, nada más adecuado que catalogar de "humano" un lugar donde el saldo bancario contaba tanto.

El primer encuentro fue naturalmente torpe. Inés había ya investigado al ingeniero graduado en informática, divorciado, originario de Toluca, estado de México, llamado Bernardo Hernández Mora, de treinta y tres años. Pero la única fotografía que había visto de él era de un anuario escolar, y no reflejaba ni una sombra del individuo que había sido capaz de cazarla tendiéndole inquietudes, y en cuya apariencia física debía existir alguna muestra de tan calculada avidez. Bernardo, por su parte, podía haberla tomado por cualquiera de los visitantes agrupados en los corredores.

Así que no se identificaron sino pasados cerca de quince minutos, y al hacerlo no sabían si la ocasión ameritaba una sonrisa, una mirada amenazadora, un apretón de manos, un beso o un balazo.

—Inés Carrasco —dijo él.

Su voz era acariciante, como las carnadas que le había colocado. Inés supuso instantáneamente que Bernardo cantaba muy bien, que en la adolescencia debió haber quedado marcado por ese don que divide al universo en desafinados y afinados. No era tan alto como ella esperó, pero se encorvaba como los altos. Su cara, morenísima y alargada, parecía una pincelada vertical con bigotes y ojos rasgados, pequeños, en el aire. Unos ojos que sonrieron de simpatía.

Ella sabía por qué: él había ya visto sus zapatos y se había preguntado lo que toda la gente trataba de inquirir al conocerla, que era por qué una señora tan activa usaba un calzado tan incómodo, puntiagudo y estrecho para sus redondos pies.

Para Inés, esos zapatos en principio habían sido su bandera de batalla, la forma más rápida que encontraba de decir: "No soy periodista porque no ando en choclos, ni ama de casa porque no ando en chanclas". Ahora, en cambio, los incomodísimos taconcitos en forma de alfiler y las correas aprisionando su acolchonado empeine le servían para darse una primera impresión del cliente o del contacto: si el recién llegado tenía tiempo de advertir la ridiculez de sus zapatillas, estaba relajado. Si ni siquiera las notaba, estaba a la defensiva. Si las notaba pero no parecía inmutarse, estaba a la ofensiva, como René Domínguez. Bernardo no podía quitarles la vista de encima ni disimular la extrañeza que le provocaban, lo que para Inés quiso decir que se desenvolvía naturalmente en su presencia. De todas formas no sabía si dirigirse a él como a un cliente que requería sus servicios o como a un informante al que ella iba a pedirle los suyos. ¿Quién era el solicitante y quién el proveedor en ese primer momento? No lo sabía.

Bernardo tampoco acertaba a decir nada. Había estado esperando a una mujer corpulenta y blanca; a una vikinga vestida de exploradora, a la manera de Lorena cuando se disfrazaba de Araceli Ward; a la manera como aparecían ambas al lado de Zarko Krilic en la fotografía que se habían tomado con él. Esa mujer redonda que tenía enfrente, en cambio, no parecía una luchadora. Podía pasar por revendedora de boletos en el cine o contrabandista de baratijas de Tepito: todo menos alguien que podía entender el valor de Denise Miranda y el lío en que estaba metida.

—¿Alguna vez te han operado, Bernardo? —preguntó Inés.

—De las anginas, nada más, cuando era niño.

—Bruno, mi novio, ha pasado mucho tiempo en hospitales. Él está cojo. Yo no. Digo: yo no he pasado la vida en lugares como éste.

¿Por qué le hablaba de Bruno a un desconocido? No lo sabía. Inés procuraba hablar muy poco de sí misma con sus clientes, y nunca de Bruno. Otra vez quedaba por resolverse en calidad de qué debería dirigirse a él.

Mientras tanto, a Bernardo le había caído en gracia, con un poco de ternura, que una mujer entrada en los cuarenta hablara de un "novio", el cual evidentemente le importaba lo suficiente como para hacerla pensar en su cojera.

179

—¿Y cuántos años tiene su novio, señora? —se atrevió a preguntar.

—Cuarenta y cinco en su sano juicio, diez conmigo —informó.

Ambos se sonrieron. Bernardo inexplicablemente se acordó de Lorena, pensando que ella le habría preguntado a Inés dónde conoció al novio y cómo fue que habían empezado a salir juntos, porque Lorena era una impertinente y una estúpida.

—La diferencia de edades es un problema —dijo Bernardo, de pronto, lo cual era aún más impertinente que cualquiera de las tonterías que habría dicho Lorena.

Se arrepintió hasta la médula de sus huesos. Inés le clavó la vista con una intensa curiosidad. No se ofendió porque sabía que Bernardo no estaba pensando en ella, sino en él: en su propio miedo a estar cometiendo algo muy cerca del estupro.

—Si te estás acostando con Denisita Miranda, la diferencia de edades es mucho más que un problema, y no el más grave.

Bernardo se miró la punta de sus zapatos.

—Quién sabe si yo tenga un problema, pero eso no importa.

En la modulada voz de Bernardo había cruzado un tono que ella reconocía en sí misma, como un trueno contenido. Era la voz del que nunca cuenta casi nada porque ha atestiguado cosas inconcebibles; las pausas del que instantáneamente se arrepiente de lo que va a decir porque sabe que sólo se ganará el descrédito de la gente si describe lo que vio. Pausas que no son descansos en el fraseo, sino navajazos y trozos de cintas aislantes.

Sin embargo, durante una semana, de una manera que siempre fue atropellada e impredecible, Bernardo empezó a detallar lo que había detrás de sus oraciones parchadas. Al escucharlo, la que empezó a cortar las suyas fue Inés. No quería confiar tanto en un hombre al que acababa de conocer, pero por más esfuerzos que desplegaba, le resultaba inevitable. No sólo porque Bernardo había logrado lo que se propuso sembrándole un camino de acertijos antes de darse a conocer y preparar el encuentro, sino sobre todo porque compartía con Bernardo algo más que información.

Compartía una herida, se dijo. Eso era. Junto con Bernardo tenía la experiencia de haber conocido a alguien que necesitó su ayuda y a quien se la negaron ambos. Tanto ella como Bernardo se habían encogido de hombros cuando pudieron haber sido útiles, y esa certeza los acercaba.

Bernardo cargaba con el recuerdo de Lorena e Inés con el de Zarko. A Bernardo, Lorena le había parecido una imbécil, y a Inés Zarko le pareció un loco. Los dos juzgaron en un momento crucial, sólo para que la realidad tuviera que confirmarles que los juicios de valor no siempre son tan importantes. Ambos habrían preferido hacer algo por preservar la integridad física o mental de Lorena y Zarko. Ambos se arrepentían de haber emitido un fallo para encogerse de hombros. Además, los dos habían estado dispuestos a vivir con esa información sobre sí mismos por el resto de sus días, como si nada hubiera pasado.

Pero pasó: se mandaron señales y las leyeron. Cada uno había presenciado la parte de una misma historia que el otro no conocía. Bernardo había guardado todas las pertenencias de Zarko y había leído todos sus apuntes, pero hasta entonces había ignorado que Krilic no era tanto el aventurero disparatado capaz de cometer cualquier locura por la rusa a la que buscaba impresionar. No se había creído ciegamente lo que le dijera Lorena, y no se había apresurado a ir a México en pos de cualquier crónica. De hecho, además de Lorena y Araceli Ward, además de la foto con Araceli Ward y sus asistentes, Zarko Krilic se había puesto en contacto con Inés, sólo que ella no lo quiso ayudar.

—Pensé que el tipo necesitaba a la Interpol o a la Comisión de Derechos Humanos de la ONU; no a mí. Yo no soy procuradora de justicia; no hago más que conseguir datos para otros, y aún así me la pensaría para algo tan protegido por el gobierno, los narcos, y los periodistas, como son esos crímenes en Juárez. Yo le dije que trabajar en eso para mí era muerte segura.

Como cualquier otro arrepentido, Inés hablaba mientras respiraba y sentía todo lo contrario de lo que decía: que debía haberse quedado un tiempo más esa tarde con Zarko Krilic; que si hubiera leído sus archivos en ese entonces, habría entendido mejor; que por lo menos habría podido quitarlo de la vigilancia de los periodistas y, por supuesto, sacarlo inmediatamente de ese hotel que era territorio de contactos y vigilancia. Bernardo, mientras tanto, asentía con la cabeza. Ella creía que le estaba dando por su lado.

Después descubrió que no. Que había otros motivos por los que Bernardo estaba tan de acuerdo en su recitación contrita, o al menos respecto a una parte de la misma. Estaba convencido de que en esos enrarecidos años de la ciudad de México no había nada más ineficaz que

181

tratar de convertirse en un procurador de justicia y en un valiente denunciante. Alguien así, en el submundo de los informantes, a la manera de Araceli Ward terminaba trabajando para alguna mafia. No había justicia, y el que la buscaba a conciencia se moría, o acababa siendo utilizado, con o sin su propio consentimiento.

Además, ¿qué cosa es la justicia entre pandillas? ¿Eliminar a unos? ¿Castigar a otros? ¿Meter a la cárcel a Araceli Ward y matar a los asesinos de las mujeres?, preguntaba Bernardo. ¿Qué cosa hacía que la justicia estuviera siempre basada en la eliminación del contrincante? Para Bernardo eso no tenía sentido. Después de Araceli Ward vendría una Nayeli Rottman idéntica, y después de los asesinos de Chihuahua aparecería una pandilla en Sinaloa o en Tabasco o en Baja California o en el D.F. traficando con niños o asaltando viejitos o vendiendo bebés. Inés no podía contradecirlo. Ella recordaba los tiempos en que unos ex agentes antinarcóticos secuestraban en la ciudad de México a jóvenes parejas en autos último modelo. Eran los "secuestra–novios" que forzaban al conductor a meterse a la cajuela mientras violaban a su novia. ¿Quién recordaba ya a esos criminales? Después de ellos habían aparecido los asaltantes de taxis y Las Muertas de Juárez, los defraudadores de tarjetas de crédito o los interceptores de teléfonos celulares, amparados por alguna instancia gubernamental o judicial, o con ambas, mientras las autoridades seguían culpando a los que menos tuvieran que ver. En opinión de Bernardo, hacer justicia no era eliminar a los causantes y cómplices, ni castigar a las Aracelis Ward y a los doctores Fleischman, sino preservar a las Denise Miranda.

—Esto es: apostar por la vida de alguien y no por la muerte o el encarcelamiento de los que no tienen remedio. Alguien que no se ajusta, que no garantiza que se clonará en la señora de Miranda o en su padre. Denise es mi elección y mi venganza contra lo que he visto —confesó Bernardo.

Inés comenzó a entender, no sin un espanto inevitable, que Bernardo no estaba viviendo con Denise la crisis de los treinta años y su conjuro con menores de edad. Bernardo era más ambicioso. No quería ser su amante, sino su parca. Estaba decidido a cambiar su destino.

Pero su plan era un desastre, aunque había muchos puntos en los que no le faltaba razón. El principal era que Denise Miranda había sido detectada como una parte ajena a su familia, perfectamente cómoda con la idea de no representar los intereses de sus progenitores y, de hecho, muy afecta a denunciarlos. Eso la convertía en el principal blanco de la hostilidad familiar, y con peligro de terminar desastrada a los veintitantos años, tanto si caía en las fauces de las pseudofeministas como si no, tanto si Fleischman la decretaba loca por tener información inconveniente o no, tanto si los asesinos de Zarko le echaban el guante encima o no. Eso, por no imaginar lo que pasaría si la confundían con alguien que pudiera tener señas sobre los crímenes, como le había sucedido a Zarko Krilic. La mejor arma de Denise, que era hablar sin freno ni escrúpulos delante de quien fuera, se había vuelto en su contra. Ahora seguían sus palabras, o mejor dicho, su coprolalia.

Desde luego, Inés y Bernardo podían esperar a que pasara el tiempo y nada grave ocurriera, como habían hecho antes, y asumir que Denisita sabía defenderse. Ella misma sabía que no estaba en buenas manos y que la habían reclutado en las filas del psicoanalista a raíz de un vindicatorio dictamen de la amante del papá, por algo que ni siquiera había hecho ella, sino el propio Raúl Miranda, y que era esconder el teléfono de Tatiana Carrión en su mochila.

¿Pero cuánto tiempo más iba a resistir la activa mente de la joven Denise el bisturí verbal de un psicoanalista amafiado con Araceli Ward, con unos padres que para el caso se comportaban como menores de edad? Tampoco era descabellado imaginarla convertida en una víctima más de los feminicidios mexicanos. Si su muerte iba a estar en manos de unos sicarios o de ella misma, eso nada más dependería de qué tanta fortaleza emocional podía Denise oponer a los intentos familiares de que se autoeliminara de alguna forma. Si nadie intervenía para ayudarla, su historia bien podía terminar en una versión "sin violencia ni sangre" —sólo virulencia— contra otra mujer más.

—Y yo no quiero salvar a todas las mujeres del mundo. Eso no se puede. Nada más a una —alegaba Bernardo en la defensa de su desenfrenada propuesta, consistente en fingir la muerte de Denisita Miranda, a la manera de los asesinos de Zarko Krilic, con los efectos especiales que Juan sabía preparar.

—Con Juan nunca vas a contar para eso, además de que no te va a perdonar lo que le robaste, si es que tratas de justificarte con él, y es el menor de tus problemas —observó Inés.

No obstante, Inés miraba a su alrededor y tampoco encontraba muchos argumentos para desmentirlo, por más que su solución resultara tan inoperante como peligrosa. Veía en ese hospital a los enfermos, a sus familiares rondándolos, luchando por prolongar sus vidas. Se preguntaba qué clase de licencia se le daba a un enfermo que no pudiera tener un sano para pelear por su vida.

—Tú no tienes por qué saberlo, pero en la gramática gangsteril tu plan no es más que un mensaje de represalia y un modo de empezar a formar una nueva mafia, tanto si te creen que se murió Denise como si no —le seguía diciendo—. ¿Y ya pensaste todo lo que eso implica? Como Juan me dijo a mí: "Se necesita un cadáver, se necesita mucha gente implicada. Sale caro". Por no hablar de que necesitas la complicidad de Denise, a quien me imagino que no le has contado nada de esto, porque si así fuera ya lo sabríamos todos: ella es bastante comunicativa.

Bernardo estaba loco, insistía Inés, su idea era desquiciada, y no sólo por el problema del tatuaje de la dragona que a él tanto le preocupaba. No iba a funcionar, reiteraba, pero mientras enumeraba las implicaciones imprácticas del caso, ella terminaba siempre hablando para sí misma, más que para él, como cuando recordaba los motivos por los que no ayudó a Zarko Krilic, y que Inés misma no se creía. Estaba loco, pero lo asistía la razón, y ella no podía quitarse eso de la cabeza.

El que se dio cuenta fue Bruno. Desde que había abierto y leído los archivos de Zarko, Inés ya no era la misma. Además de frecuentar a Bernardo cada vez más, trabajaba febrilmente en varios casos a la vez, pero no porque le interesaran, sino para juntar más dinero. En realidad, estaba trabajando para un solo caso: el suyo. Contra sus principios de juventud, Inés había decidido darle un sentido al periplo en que se había convertido su supervivencia.

—Yo creo que usted va a hacer exactamente lo que le propuso el chiflado, maestra Inés —le comentó Bruno, finalmente, un día—. Y, mi amor: no sé si cabe recordarte que el individuo está lo suficientemente desequilibrado como para acostarse con una chiquita de diecisiete años, oficialmente menor de edad. ¿Y cuántos años tiene él? ¿Treinta? ¿No suena ninguna alarma en tu cabeza ahí?

—Sí. Bernardo está loco. Se necesita un cuerpo, se necesita un funeral, se necesita que Raúl Miranda esté más borracho que nunca para poder engañarlo de que su hija se murió.

—O sea que lo has estado pensando.

—No pienso en otra cosa, pero porque no sirve.

—Entonces déjalo.

—Eso voy a hacer.

Pero Inés no lo dejó: lo modificó. Había algo qué elaborar con los restos del plan inservible de Bernardo, y con Bernardo mismo, que como aliado era impetuoso pero inteligente. La mejor parte eran los argumentos: salvar una vida, en lugar de tratar de eliminar las de quienes se convertirían en sus perseguidores, lo que en resumidas cuentas los habría transformado a ellos en otros dos mafiosos, que era lo que el mundo menos necesitaba.

Fue así como un día le pidió a Bernardo todos los documentos originales de Zarko Krilic "para entregárselos a alguien a quien le pertenecen y que va a tomar muy buen cuidado de ellos", comunicó, y se fue a España a buscar a la musa de Zarko Krilic, esperando que, tras la madre rolliza y la cocinera compulsiva, en Svietlana todavía quedara alguna brizna de la iluminada a la que Zarko idolatró, dispuesta a prestar oídos a la crónica del asesinato de su ex amante en México y ayudarla en su nuevo proyecto de vida

Apenas un par de semanas después, Inés regresó con algo que Bernardo no le había visto: prisa y determinación.

—Voy a necesitar fotografías tamaño pasaporte de la niña —anunció—. Su acta de nacimiento y cualquier documento de lo que haya hecho. Todos los certificados escolares y médicos de Denise que puedan encontrar. Y lo peor: vas a tener que hablar con ella. ¿En tu plan tenías contemplado eso? ¿Se te ocurrió cómo convencerla de que no abra su boquita y de que entienda en qué lío está metida, sin salir corriendo a contárselo a su nuevo psicoanalista, ni a sus amigos, ni a las amiguitas que van a tu casa, y sin mentarles la madre a sus papás?

—Claro que sí.

—¿Y cómo?

—Tú se lo vas a decir. Para eso te busqué.

Era la primera vez que la tuteaba.

—¿Para qué crees que me tomé todo este trabajo contigo? Siempre me imaginé que tú eras la persona ideal para encargarte de esa parte, y no me equivoqué.

—¿Y cómo?

185

—No sé. Eso es cosa tuya.

—Voy a desaparecer a Denise. Para siempre.

—Eso es lo que yo pensé. Que me ibas a ayudar.

—No. Esto es distinto. No va a haber funeral. No va a haber cadáveres. Y te tengo una mala noticia: tu historia de Romeo y Julieta no va a ser posible. Tú no vas a volver a ver a Denise. Así: nunca. A lo mejor después de esto puedes recobrar tu vida, pero va a ser una vida sin Denise. ¿Vas a estar conforme con eso? No ahorita, siempre. ¿Estarás dispuesto un año después? ¿Dos años? ¿Siempre?

—Siempre.

Inés lo miró con severidad.

—O no me estás oyendo, o no sabes lo que quiere decir la palabra "siempre".

—Yo no sé. Los poetas saben qué es "siempre". No soy poeta.

Inés se irritó: no la estaba tomando en serio. Quizás Bruno tenía razón y no debía confiar totalmente en él.

—Pero tengo una corrección qué hacer, si me permites, literaria: sí es exactamente como Romeo y Julieta. Porque no volvieron a verse —dijo Bernardo, para contentarla.

—Pues qué bueno que lo tomes así. Ahora lo que tienes que preguntarte es si en dos años te estarás arrepintiendo de esta respuesta. Porque no vas a poder hacer nada. Mucho menos pensar que ya creció, que debe ser una mujer maravillosa y que ahora sí puedes iniciar una relación con ella.

—¿Y Denise?

—No vas a saber dónde está. Ni cómo se llama. Y lo más importante: no vas a tratar de buscarla. No va a haber rastros.

Entonces Inés agregó algo que Bernardo no entendió:

—Denise va a ser la obra de arte de mi vida.

También notó que los ojos de aquella mujer extraña se humedecían y formaban lágrimas; que le costaba trabajo respirar.

Inés interrumpe sus recuerdos un momento. ¿Estaba ya infectada de la ROAP en ese entonces? Eso es lo que ahora supuestamente importa, al menos para el doctor Rosenthal. Fue la primera vez que sintió que le faltaba el aire. Fue la primera vez que las manos y los pies se le entumieron. La primera vez que la sangre se apresuró de su cabeza a su estómago, en un intento por intervenir de urgencia los estragos causados por aquel virus que más tarde haría nacer forúnculos en el estómago y en el esófago. ¿Fue por nervios, por temor a ser tocada y exterminada por la historia de México, o fue porque había sido ya tocada y exterminada por la historia de Estados Unidos?

El doctor Rosenthal necesita saberlo. No lo pregunta así, pues por supuesto no conoce los pormenores de la vida de Inés, pero en el Centro de Defensa contra el Terrorismo Bacteriológico el cálculo de fechas es de crucial importancia. Cuando la enfermedad de un ser humano está determinada por las decisiones presidenciales y decretos militares, las fechas son más que un cuaderno de viaje rumbo a la muerte individual. ¿El virus estaba ya presente en el organismo de Inés antes o después de la escalada de bombas humanas sembradas por el planeta? ¿Antes de los ataques a las Torres Gemelas de Nueva York, o después de los experimentos científicos realizados con los presos de guerra en Guantánamo? El contraste de fechas puede marcar algo tan fundamental como las especulaciones respecto al autor del virus que ha inoculado eso en su cuerpo. Tanto más ahora que un reducidísimo grupo de prueba de pacientes afectados por la ROAP, entre los cuales se encuentra Inés, se observan imposibles signos de mejoría, como la desaparición de los abscesos en la boca y el esófago, y lo único que tienen esos enfermos en común es haber ingerido carne radioactiva hace más de diez años en algún restaurante de Nueva York, lo que les ocasionó tal malestar estomacal que todavía lo recuerdan. De hecho, algunos de ellos habían terminado en el hospital.

Ciertamente, en aquel viaje en el que Inés fue a entrevistarse con la hija del general McGill y de la cartomanciana de Tatiana Carrión, en los años en los que el síndrome de las vacas locas todavía no llegaba a Estados Unidos, Inés se había envenenado con carne durante un día entero, después de comer en algún sitio. La carne olía mal y sabía peor, pero los meseros, en lugar de pedirle disculpas por darle un plato de carne podrida y ofrecerle de manera gratuita otro plato fresco del menú, empezaron a culparla a ella de no entender que esa carne estaba fresca, primero, y después entre ellos mismos. Inés había salido de ahí en medio de una querella entre meseros y gerentes, acusándose los unos a los otros. Nunca le ofrecieron una disculpa porque a nadie se le ocurrió que el caso ameritara pedir perdón. Todo lo que querían era que Inés pagara a cualquier costa su plato de carne envenenada.

Paradójicamente, ahora, de acuerdo con el escaso conocimiento científico –casi exclusivamente empírico– sobre la ROAP, podía ser que alguna substancia radioactiva en esa carne emponzoñada, operando durante años en sus células, le hubiera hecho algún bien. Por lo menos, a diferencia de otros pacientes, lleva más de un mes sin fiebre y ha empezado a recuperar el sentido del olfato. Ningún doctor en el mundo podrá decirle si su inconcebible recuperación se extenderá semanas, meses, años, o sólo unos cuantos días, y aunque piensa que en cuestión de percepción sensorial el enfermo tiene que saber más que el médico respecto a algunos detalles, por más que indaga en su recuerdo Inés no acierta a dirimir cuándo se contagió: si en el viaje a Nueva York o en el que se vio forzada a hacer después a Atlanta, a raíz de la fuga de su protegida.

Respecto de la cual no se sabe nada desde hace mucho tiempo.

Denise Miranda desapareció del mundo el 10 de octubre de 1999, siete meses después de que Bernardo e Inés llegaran a un acuerdo en las largas sesiones confabuladoras que llevaron a cabo paseando por las antesalas de un hospital, entre millonarios enfermos y sus familiares, donde la presencia casi permanente de dos personas de clase media esperando algo no era digna de llamar la atención de la vigilancia. En aquel entonces, el padre de Denise se encontraba preparando el guión de una película policíaca que iba a ser dirigida por Araceli Ward, para una coproducción México-Estados Unidos, sobre el narcotráfico en México, con una heroína como protagonista de la historia de ficción. Su proyecto se vio temporalmente interrumpido por los acontecimientos domésticos.

Aunque se trataba de una huída confesa que Raúl Miranda no podía dar a conocer públicamente, él echó mano de todos sus recursos para encontrar a su hija en cualquier parte del mundo, a través del famoso Rogelio Sánchez (que en sus mocedades había arruinado la carrera periodística de Inés, quizás para bien de ambos), así como de otros amigos embajadores, agregados culturales, agentes de seguridad y periodistas. Con todo, no prolongó su búsqueda intensa más un año y medio, que fue el tiempo que aproximadamente tardó su ira en encontrar los mejores alivios. Nunca informó en público que su hija le había dejado una carta de despedida, aclarándole que los medicamentos recetados por el doctor Fleischman habían terminado en el excusado y no en sus venas, y que no se proponía ser internada en un hospital psiquiátrico, como su familia estaba planeando. En el fondo, la escapatoria de la hija descarriada les quitaba un peso de encima, y ésa era una realidad con la que Inés y Bernardo contaron todo el tiempo desde que tomaron su temeraria decisión.

Una decisión que a Bernardo lo hizo cortar con Denise siete meses antes sin que la muchacha llegara a adivinar los verdaderos motivos. Él adujo, como siempre, la diferencia de edades y la necesidad de que Denise conociera a amantes de su misma edad. Pero Denise lo quería a él y estaba dispuesta a negociar cualquier alternativa, incluyendo la posibilidad de acostarse con cuantos hombres de su edad Bernardo dispusiera, si ése era su gran problema, siempre y cuando pudiera seguirlo viendo a él.

No pudo convencerlo. El amor de Bernardo hasta ese momento quería cumplir sus promesas, y en su pacto con Inés estaba incluido hacer cuanto estuviera en sus manos por romperle el corazón a Denise. En los cálculos de Inés Carrasco, sólo de esa manera Denise iba a estar dispuesta a colaborar con ellos en su propia desaparición.

Pasado un tiempo de duelo sexual y amoroso, una vez que Inés se hubiera puesto en contacto con ella, Denise iba a empezar a recibir mensajes cifrados a la manera como sólo Bernardo sabía enviarlos, dosificadamente, explicándole una y otra vez las verdaderas causas de su alejamiento, hasta que entendiera por qué le estaba pidiendo que hiciera caso a las instrucciones de Inés. Tenía prohibido hacerle promesas de volverla a ver, pero en la imaginación de Denise Bernardo se convirtió entonces en un ave fantástica, gigantesca y protectora, siempre llena de sorpresas, en cuyas alas volaría y la que se reencontraría al final del camino.

En una de las reuniones preparatorias, Inés vio llegar a Denise con una luz inequívoca en sus ojos y supo que los mensajes de Bernardo habían empezado a surtir efecto.

—Quiero que me traigas todos los poemas y las cartas de amor que le has estado escribiendo a Bernardo en estos últimos días —le dijo entonces.

—¿Se los vas a entregar? —preguntó Denise, ilusionada.

—No. Yo no tengo idea dónde está Bernardo. Ya te lo dije. Pero necesito que me traigas las cartas a mi casa, porque las vamos a romper juntas.

—¿Qué?

—Cartas y poemas de amor es justamente lo que no debes dejar por ningún lado, si no quieres que tu papá fulmine a Bernardo.

Denise sonrió. Entonces Inés echó mano de su mejor herramienta, la que había preparado desde que había empezado a fraguar aquella escapatoria perfecta: no era una cuestión "de risa", le comentó. ¿Denise se acordaba de la forma como su papá había tratado a Juan cuando se murió Elena Sotelo? Ojalá que lo recordara. ¿Denise vio alguna vez lo que hizo Juan a la salida de los actos públicos de su papá poco después de que muriera Elena? ¿Presenció las escapatorias del padre a las preguntas de Juan? Ojalá, decía Inés, porque Denise no era tonta y ahora debía usar su cabecita para algo más que quejarse y bramar reniegos. Denise debía deducir que las escenas callejeras protagonizadas por Juan y su papá eran apenas un escueto adelanto fílmico de lo que podría sucederle a Bernardo si su padre alguna vez llegaba a enterarse de que un hombre dieciséis años mayor que ella no sólo había estado realizando con su hija en la cama algunas de las escenas que Raúl Miranda describía en sus novelas con otras mujeres, sino que le había ayudado a escaparse de ese laberinto de artificios que era su vida familiar.

Denise lo recordaba, y además conocía partes que Inés no había visto y que eran las conversaciones privadas de su padre con su mamá sobre Juan, después del incendio, cuando la familia se mudó a un hotel; cuando Raúl Miranda literalmente quería golpear a Juan. No volvió a costarle trabajo figurarse qué podrían hacerle a Bernardo si su papá encontraba imágenes, cartas, o prácticamente cualquier trozo de vida pasada en compañía de él.

En cambio, aprendió disciplinadamente a guardar en su recámara cartas y fotografías de otros novios y amigas que sabían menos de ella, junto con boletos de transporte, volantes de conciertos, cuentas de bares y restos de su paso por lugares a los que nunca fue con Bernardo. Su padre había resultado ser su mejor maestro en el arte de crear visitas a lugares en los que nunca estuvo y conferencias que nunca impartió. Lo que a la madre le había estado vedado presenciar, Denise lo había visto hacer cuando era una niñita, en todos los años en que Raúl Miranda asumió que las chiquillas no ven nada; que es posible escapar por las ventanas de sus cuartos o introducir los teléfonos celulares de las amantes en sus bolsas sin que ellas aprendan los mismos trucos. Denise entendió que su alcoba era el verdadero campo de batalla en el que se iba a librar una guerra contra su decisión de irse: todo lo que dejara sería diseccionado, analizado y perseguido. Las pistas debían enviar rumbo a sitios donde

Bernardo nunca hubiera estado, con los amigos postizos de su preferencia.

La única elección que le permitió Inés fue respecto a su amistad con Rosa y Juan. Si optaba por involucrarlos, tendría que explicarles ella misma lo que había decidido y los riesgos que podían correr. Pero la joven recordó la forma como los había conocido y temió que volviera a repetirse la intervención de Tatiana Carrión en esa empresa. Resolvió que los iba a mantener al margen. "Rosa me va a entender siempre, y lo que no sepa se lo va a imaginar", adelantó.

Ya no dejaba detalles sin atender, ni poemas de amor olvidados en el canasto de la ropa sucia, ni amistades bajo la mira del papá. La chica precoz que hablaba cuatro idiomas, tocaba el piano y sacaba excelentes notas en Matemáticas y Química se aplicaba ahora a la tarea de superar a sus dos maestros. Después, fue ella quien empezó a dirigir la operación con sus minuciosas aportaciones. Con la misma rapidez con la que había saltado a los brazos de Bernardo, ahora tomaba las riendas de su propia escapatoria. Su mentora a veces no daba crédito a lo que observaba.

—Es que no sabes lo que está pasando en mi casa —se justificó un día, para atenuar el asombro con el que Inés contemplaba sus obsesivos cuidados—. Pero no te voy a contar para que no te pongas nerviosa.

Inés no pudo contener una carcajada: ¿nerviosa ella? ¿Ella, la tránsfuga formada en las mazmorras del periodismo? Sí, decía Denise. A Inés a veces se le cortaba la respiración y le temblaban las manos. Otras veces empalidecía. La joven "ya lo había notado".

—Y yo necesito que te concentres —suplicó, para su mayor sorpresa—. Esto no puede salir mal.

—No te preocupes. Estás en buenas manos. Lo he hecho muchas veces.

—¿De veras?

—Muchas. Yo me ganaba la vida haciendo esto —reviró la maestra.

Fue la primera ocasión en la que le habló más ampliamente sobre sí misma. Denise le mostró al oírla una sonrisa deslumbrada de agradecimiento e Inés le tomó al instante una fotografía imaginaria. Esa cara de Denise revisando complacida sus credenciales de falsificadora es lo que se guardaría entre sus pertenencias como un amuleto por el resto de sus días, pasara lo que pasara. Lo supo entonces y lo corroboraba ahora.

Inés ha tomado en su vida muchas fotografías ficticias. Después de recomponer tantas imágenes mientras desbarataba las letras de los nombres de las personas a las que les preparaba otra documentación, en los rostros jóvenes aprendió a adivinar qué partes serán las que quedarán surcadas por la edad más profundamente, y en los de los ancianos, a ver cómo fueron sus caras de niños. Pero de esa instantánea que le tomó a Denise para siempre ese día, piensa ahora, lo que más le gusta es que fue la última vez que la vio en su rostro todavía el remanente de esa etapa que estaba dejando atrás. Tal como la recuerda, en esa sonrisa de Denise, pueril y entusiasta, está marcada su verdadera virginidad. Cuya pérdida, como bien sabe ella, para las mujeres en muy pocas ocasiones es un acto voluntario de iniciación sexual. Según su experiencia, hay mujeres que pierden su verdadera virginidad hasta los cuarenta años y muy poco tiene que ver con la cantidad de veces que hubieran fornicado en sus vidas. Hubo amas de casa a las que conoció que no dejaban de ser vírgenes sino hasta que se veían divorciadas y obligadas a trabajar. Y ella misma no había sido desflorada sino hasta los veintidós años, una vez arrojada al océano del periodismo y la delincuencia organizada, por más que antes hubiera creído que el hecho de vivir sola y ser independiente, como estudiante primero y como profesionista después, la libraría para siempre del himen en que veía envueltas a las recién casadas. Pero eso no había sido cierto sino hasta cuando *Pepe el Gordo* la guió con su comportamiento por las profundidades de la conveniencia económica y la delación. De todas maneras seguía confiando en que desvirgarse no siempre significara desengañarse; que no tenía por qué ser así en todos los casos. Debía haber algunas mujeres en las que el proceso de crecer no supusiera una estafa o una emboscada inicial, con la subsiguiente etapa de decepción dolorosa, y la toma de conciencia. A la manera como los viejos comparan las ventajas tecnológicas del mundo en el que crecen sus nietos, Inés había tenido esperanza en que las mujeres jóvenes pudieran abrirse paso más fácilmente de lo que le tocó a ella, y su apuesta se había cumplido al conocer a Rosa, quien visiblemente había sido dotada por la señora Grossman de más herramientas para atravesar por ese proceso sin asaltos y sobresaltos, y cuyo mundo estaba en la medida de lo posible ajustado a una percepción juiciosa de la realidad.

Pero la admiración que Rosa le causó, o mejor dicho, el respeto que le infundió la señora Laura Grossman al ver lo que había logrado con

192

una hija capaz de conocer el mundo en el que vivía a tan corta edad y de, incluso, asegurarse a un compañero de viaje como lo era Juan, fue poca en comparación con las sorpresas que Denise le deparaba a partir de ese día.

Según supo después, "las cosas que estaban pasando en su casa" eran dignas de su mayor consideración y, sí, también de su intranquilidad. El despertar de Denise había ocurrido una tarde en la que Raúl Miranda recibió una llamada telefónica de Araceli Ward. Por lo que su hija le oyó decir, entendió que estaban hablando de un proyecto de trabajo. Como la madre no estaba presente, supo que no era una mentira: Raúl Miranda no tenía por qué simular citas de trabajo cuando la señora de Miranda no lo escuchaba. La Denise todavía púber se vio invadida por la abulia, pero la Denise que estaba empezando a crecer, la atenta testigo que conocía ya lo que Araceli Ward había hecho con el documental *Silencio en Juárez*, escuchó la última alarma y perdió la calma.

Al día siguiente, el tema familiar a la hora de la comida fue precisamente ése. Raúl Miranda notificó oficialmente en la casa que había empezado a trabajar con la famosa feminista y realizadora Araceli Ward, para escribir el guión de una película. Tatiana Carrión los habría presentado, le dijo a la señora de Miranda.

En las estimaciones de Denise, pronto habría cambios considerables en el rígido sistema de concubinato de su hogar. Y el afectado hecho de que su papá fuera a acostarse con una renombrada feminista, aunque fuera una falsa renombrada feminista, significó para ella el aviso final de que algún reloj de arena en su vida agotaba sus granos de ignorancia. Si no podía decir lo que sabía, por lo menos no se iba a encargar de voltear el reloj para que empezara a vaciarse de nuevo.

Mejor que Inés, Denise empezaba a estructurar el mundo de distorsiones en el que se veía atrapada. Aquella nueva asociación de Raúl Miranda le hacía empezar a entender cabalmente por qué "la salida del evangelio según su papá no estaba a la vuelta de la esquina", como le explicara Bernardo, ni tampoco en la casa del propio Bernardo como escondite, ni en las parrandas playeras de fin de semana a las que se escapaba, ni en los veranos en París con sus amigos, ni en las drogas, ni en sus quejas, ni en sus desplantes. La salida no estaba en un modo de ser que incomodara a Raúl Miranda, ni en las mentiras que le inventaba al doctor Fleischman para molestarlos a todos, ni en la desconfianza que le inspiraba cualquier cosa. Si no encontraba alguna otra solución, cargaría por el resto de sus días el poder omnipresente del prestigio de Raúl Miranda, ahora con la venia de las feministas.

–Yo creo que la que se está poniendo nerviosa eres tú –la tranquilizó Inés–. De todas formas no te preocupes. Has hecho las cosas muy bien.

Pero Denise ya no tenía paciencia, así que empezó a fraguar la más descabellada de sus ideas, que fue la de seducir al reportero René Domínguez.

Ni la intrépida Inés podía ya seguirle el paso. Ella explicaba que en esas circunstancias René Domínguez, como empleado de Araceli Ward, no podía ser mejor cobertura. No le estaba pidiendo permiso a su maestra: le estaba anunciando lo que se proponía poner en práctica.

Por si fuera poco, con los hechos Denise demostró que tenía razón. Resultó una táctica de lo más eficaz. Después de haber caído en desgracia con su malograda investigación, ávido de fama, René Domínguez se había considerado el hombre más afortunado de la tierra el día en que Denise se le acercó brutalmente para invitarlo a salir. A él nada le había parecido mejor que empezar a ser visto con la hija de Raúl Miranda. "Pobre René Domínguez: está en su destino ser un imbécil", calculaba Inés, pues después de la desaparición de Denise no sólo tendría que responder preguntas a sus propios colegas y a los policías movilizados por quien alguna vez soñó que sería su suegro, sino hacer alarde de sus dotes de sabueso reporteril, que, como a Inés Carrasco le constaba, eran ineficaces. Ya no lo odiaba. Le iba a ir demasiado mal como para seguir considerándolo un adversario.

Denise se anticipaba a eso y se carcajeaba. El doctor Fleischman aprobaba el romance con René Domínguez, le platicaba. Si Denise Miranda sentaba cabeza con alguien del clan, quizás no habría necesidad de recetarle pastillas o encerrarla en un hospital psiquiátrico.

Fue la pieza magna de Inés; la esfinge de granito que parecía de arena hasta que alguien se acercara a tocarla. En su acabado podía distinguirse la firma de quien ha vivido un infierno a conciencia. La alumna superó a su guía, y prueba de ello fue que, tiempo antes de la fecha en que Inés desde México, Svietlana desde España y Bernardo desde Chile tenían contemplado ayudarle a escapar, Denise desapareció.

Lo hizo por su propia cuenta, sin notificarlo ni a su aliada, durante un viaje que hizo con el papá a Frankfurt, Alemania. Con su documentación falsa, se marchó en el momento en que Raúl Miranda cenaba con unos amigos. Desde el cuarto del hotel, en una llamada que corrió a cargo de la cuenta de la editorial que financiaba el viaje, Denise le habló a su mamá para decirle que ya estaba en México, pero que se iba a quedar a dormir en la casa del reportero René Domínguez. Después, dejó un recado para su papá en la recepción del hotel –ni siquiera en su habitación– donde decía que había decidido regresarse antes a México.

A ambos padres les tomó un tiempo valioso en términos prácticos darse cuenta de que no se trataba de algún "berrinche de la niña", y que no se había quedado a vacacionar en ninguno de los puestos de guardia que tenían distribuidos por Europa con sus amigos escritores y corresponsales. No fue sino hasta diez días después cuando dispusieron un verdadero cateo de su recámara. Fue ahí donde descubrieron la carta de despedida que ella había dejado aun antes de tomar el avión con su papá y Araceli Ward, además de un comprobante de retiro bancario que había efectuado para emprender la fuga, y que dejó en un lugar despechadamente visible para que lo encontraran: pegado sobre el espejo del tocador.

Raúl Miranda primero decidió darle un giro literario a la experiencia y convertir la decisión de su hija en una sentida carta a los periódicos, alabando su licenciosa valentía, sesgadamente para apuntar que todas las virtudes de Denise las había heredado de él. Pero pasado el momento bucólico, estalló, se sintió burlado, y fue a hablar con el secretario de Gobernación, que fue lo primero que su hija anticipó.

Juan y Rosa fueron constantemente interrogados por la policía y los periodistas, pero muy poco podían decir de la desaparecida, a quien ya casi no veían, ni de sus costumbres, ni de sus novios en turno, porque no sabían casi nada. También de eso se había encargado Denise, dejando rastros de compañías que tenían mal las noticias. Lo último que sabían de ella era que estaba saliendo con el reportero René Domínguez.

Raúl Miranda era el único que no le creía a Juan. Sin embargo, la insistencia del novelista en inculpar al *Flaco* Alatorre no pudo prosperar tanto como éste hubiera deseado, debido a la no menos incómoda y sospechosa muerte de Elena Sotelo. Miranda sabía que Juan también podía hablar si se lo preguntaban.

Ahora, ni la propia Inés sabe dónde está Denise Miranda. De ella sólo conoce su obra, que contempla con su memoria en tiempos difíciles, como cuando Bruno murió, o como cuando se recrudecieron los síntomas de su enfermedad. La portentosa creación de Denise Miranda consistió en taladrar un hoyo en la realidad; un silencio de la composición musical que no debía estar ahí, y que se notaba.

"O, mejor dicho, todo resultó demasiado bien al principio como para que no se notara", recuerda Inés en el hospital. Porque, ciertamente, luego de tratar de convertir a su hija en carta, Miranda intentó hacerla película. Al libreto para el filme dirigido por Araceli Ward se añadió después la historia del rapto de una chica de diecisiete años rescatada por una heroína narcotraficante. Pero pasada la celebración del estreno, el balance final era que la hija de Raúl Miranda efectivamente se había convertido en película y que, por motivos inexplicables, el célebre intelectual no era capaz de encontrar al original por ninguna parte.

Los tornillos sueltos del mecanismo social que tan prontamente había cubierto la muerte de Zarko Krilic y atacado la salud mental de Lorena empezaron a resentir el peso del engranaje. Uno de esos tornillos sueltos era Tatiana Carrión, quien había sido reemplazada por la directora de películas feministas, y que en algún momento de su supersticiosa existencia debió haberse dado cuenta de que las pócimas de *La Misteriosa* no servían. Por lo menos, no resolvían lo inocultable: a Raúl Miranda le había proporcionado ella misma una nueva amante y, con esto, un trabajo como guionista y un psiquiatra para su hija loca.

Cuando ya no tuvo nada qué perder, la pieza desengranada que ahora representaba Tatiana Carrión empezó a hablar de Raúl Miranda, de su vida familiar, del doctor Fleischman, de Araceli Ward y hasta de Elena Sotelo. Su carrera como actriz estaba en declive desde que su energía se dedicaba a pensar en Raúl Miranda, pero como figura más o menos pública, todavía tenía una buena excusa para dar entrevistas a la prensa. A partir de eso corrieron rumores en cantidades fabulosas. Gente que nunca conoció a Denisita decía haberla visto en distintas partes del país. Además, a cambio de la jugosa recompensa que su familia había ofrecido, la gente empezó a fabricar testigos y pruebas. Hubo, incluso, quienes inventaron la verdad: que Denise había huido por su propia voluntad, y que con papeles falsos se hallaba en el extranjero viviendo bajo otro nombre. Para fortuna de sus artífices, se habían dicho tantos embustes que ni siquiera la verdad era cierta.

Inés considera que la maquinaria del clan que asesinó físicamente a Zarko y mentalmente a Lorena se habría desgajado sola de no ser por la capitulación de Bernardo. Según sus cálculos, Tatiana Carrión habría seguido vociferando, el novelista y la video-cineasta se habrían hallado bajo una intensa presión, y la madre de Denise, que estaba perfectamente entrenada para no reaccionar ni siquiera cuando su propia casa se incendiaba a causa de las amantes de su marido, por tratarse de una hija habría despertado un poco.

Pero son sólo especulaciones, concluye también Inés, mientras observa a la enfermera que le está sacando sangre. Sólo los resultados valen. Si en sus análisis se muestra que la presencia de la ROAP en sus glóbulos ha disminuido, deberá llamarle a Juan a México e invitar a sus muchos amigos jóvenes a una celebración, pero entre festejar y creer que de seguro se alivió gracias a la carne podrida que comió en un restaurante, hay de por medio una demostración científica que por el momento ningún doctor puede ofrecerle. Si nadie sabe nada de esa enfermedad, tiene que hacerse a la idea de que su mejoría puede durar entre diez años y cinco minutos, aproximadamente.

Lo único cierto es que Bernardo, que al principio había mostrado una determinación indestructible, no pudo siempre cumplir su promesa. Fue más débil de lo que pensó, empezó a extrañar a Denise más de lo que creyó que la echaría de menos, y no supo aceptar la separación tal como se había dado. A su regreso de Chile sin ninguna novedad, él había empezado a imaginar que algo malo le había pasado a la hija de Miranda. El tiempo y el deseo cultivado con los monólogos de la ausencia lo vencieron. Denise se convirtió en una obsesión, y con la obsesión vino el arrepentimiento. ¿Para qué la había dejado partir? ¿Por qué no se había escapado con ella, aunque Inés le hubiera subrayado más de una vez que eso iba a ser imposible, que a donde quiera que huyeran juntos él sería siempre la flecha directa para que Raúl Miranda encontrara a su hija y se vengara de ella? Finalmente, siempre existió un reducido margen de posibilidades de que eso no ocurriera, y si él realmente amaba a Denise, debió haber apostado por ese mínimo imposible, se reprendía.

Pasado casi un año, Bernardo optó por lo que Inés le había prohibido: hacer alteraciones en su hasta entonces inadvertida rutina y, peor aún, comunicarse. No sólo con ella, sino también con Juan, a quien le envió por correo *El Evangelio según Rosa* con una nutrida explicación, y con la propia Rosa, a quien le llamó por teléfono.

¿Cómo le constaba a Inés que Denise estaba viva, si no había huido de la manera planeada y nunca más le había vuelto a enviar señal de su existencia?, le preguntaba Bernardo en los mensajes electrónicos –y casi histéricos– que Inés casi ya no le respondía en su correo cifrado. "Cargarás en tu conciencia si un día aparece su cuerpo por ahí, como las Muertas de Juárez", le aseguró por último. Inés previó entonces las más graves consecuencias para ella y advirtió que se tenía que ir del país por un tiempo. A diferencia de Bernardo, debido a sus experiencias de juventud, ella no subestimaba el poder de los asesinos de Zarko, ni de cualquier periodista, videorrealizador o novelista amafiado con ellos.

Fue ése, desde luego, el tantas veces recordado viaje a Atlanta que hizo, en el cual Inés presume haberse infectado, aunque el doctor Rosenthal considere que sus síntomas indican que el mal en su organismo llevaba más años incubándose. Pero a Inés le parece que el contagio ocurrió durante esa segunda incursión a los Estados Unidos porque fue cuando las cosas empezaron a salir mal. En principio de cuentas, odiaba tener que volver a usar otra identidad y no sabía qué tan lejos iba a llegar el traspié de Bernardo. Ignoraba cuánto tiempo tendría que quedarse ahí y le molestaba haber tenido que regresar a una época de su vida que creía superada, como si no hubiera podido nunca librarse del señor Pereda. Se sentía una jovencita en un cuerpo de mujer mayor, como las mujeres que se implantan un rostro más joven en un cuerpo arrugado, de piernas y brazos más viejos. Mientras tanto, en México, Bernardo seguía buscándola desesperadamente. "Por el bien de Denise, tienes que decirme bajo qué nombre se escapó", le dejaba dicho en mensajes telefónicos grabados, a cualquier riesgo, completamente vencido por el síndrome del arrepentido. Pero esos nombres de los pasaportes falsos de Denise era lo último que Inés le iba a confiar a él ni a nadie. En cambio, inventó otro nombre y se lo mandó al correo electrónico al que tan insistentemente le pedía que se comunicara.

El obnubilado y enamorado Bernardo hizo entonces una apuesta errónea y le envió una carta anónima a la esposa de Raúl Miranda, en la que le informaba a la mujer que su hija había escapado con un pasaporte falso y le daba el nombre que supuestamente ésta había utilizado. Pero si algo había demostrado la atribulada señora Miranda en su vida era su falta de eficacia e interés en sus hijos. Tal como Inés anticipó que ocurriría, lo primero que hizo Denise de Miranda fue pedir ayuda a su esposo, quien a su vez volvió a recurrir a todos sus amigos en los periódicos, en el Departamento de Policía, en la Secretaría de Gobernación y en las embajadas.

La carta fue suficiente combustible para reactivar una feria que por sí sola habría agotado sus fuegos artificiales, y poco faltó para que la identidad de Bernardo fuera descubierta y él terminara quizás en la cárcel, acusado de cuantos crímenes hubieran deseado imputarle Araceli Ward y Raúl Miranda. Sólo que esta vez tendría que arreglárselas solo, sin la ayuda de Inés.

Con Bernardo transformado en el principal derrotero de su propio plan, las publicaciones amarillistas empezaron a buscar al "presunto asesino de la hija de Raúl Miranda"; a un psicótico capaz de mandar cartas a la madre de la víctima después de haber cometido el crimen. Llegaron a asociar incluso el caso con el de las demás mujeres exterminadas. Se buscaba el cadáver de Denise, ya no su paradero, y se culpaba a un posible asesino serial de tan horrendos crímenes, mientras las preguntas sobre Raúl Miranda se disipaban y él se transformaba en un escritor feminista consumado, "de sensibilidad inquebrantable", según rezaban los estudios académicos en torno a sus trabajos sobre Las Muertas de Juárez.

Lo único que rememora Inés sin desagrado de aquella época aciaga es el silencio constante de Denise Miranda, quien no respondió a las provocaciones ni se comunicó con Bernardo. Pero aparte de la templanza mostrada por su protegida, Inés no tenía mucho qué celebrar: no pasaba un día sin congojas pensando que en cualquier momento Bernardo podría ser encontrado y arrestado, y que, en cualquier circunstancia, tendría que transcurrir mucho tiempo antes de que ella pudiese regresar a su país, con su vida y con su nombre. Se preguntaba si había tenido caso tanto sacrificio. Parecía que, mientras tanto, la desesperación de Bernardo no había hecho más que fortalecer los lazos de alianza entre Araceli Ward y Miranda, quien por cierto había durado ya con ella mucho más tiempo que con cualquier otra amante y no había escrito nada para burlarse a costa suya, como era su costumbre.

Pero se equivocaba Inés: ya no era una joven inexperta ni había retrocedido en el tiempo; sus propios actos la protegían y lo que en principio había sido un colosal tropiezo de Bernardo terminó por ella convertido en ventaja para ambos.

El nombre que había ella inventado como presunta cobertura de Denise no llevó las investigaciones a ningún lado, ni en Alemania ni en México. En cambio, fue una pérdida de atención y tiempo a su favor, contra los inagotables recursos de Raúl Miranda. Por encima de todo, obró de su lado la propia fórmula que le encajó a la doblemente falsa identidad de Denise: María Ifigenia del Socorro Castillo Rueda.

Más de un amigo de Miranda tendría que haber advertido la alusión y la burla. Todos al principio probablemente habrían reaccionado como se espera que se conduzcan los convidados a un velorio, esto es, con la mayor seriedad ante los incidentes más ridículos. Pero pasado cierto tiempo sin novedades en ningún frente, alguien debió haber separado el telón de las solemnidades:

–Maestro: qué es eso de Ifigenia, la hija sacrificada, y de que "socorro, el castillo rueda". Para mí que te están viendo la cara de pendejo –le tuvo que haber comentado un compadre de su mayor confianza en alguna cantina, o acaso un pariente varón que no le causara ningún sentimiento de competencia.

Y era posible también que el propio Miranda se acordara de cómo era su hija, porque esa broma podía ser de su propia factura. En todo caso, Miranda debió haber entendido que alguien estaba riéndose de él, pues tan pronto derraparon en expedientes vacíos las primeras averiguaciones en Alemania, Miranda ya no les insistió más a sus amistades para que le ayudaran. Había perdido cierta credibilidad. En México, la búsqueda en el Registro Civil de una María Ifigenia del Socorro Castillo Rueda también debió resultar inútil. Por lo demás, Inés sabía que, entre los agregados culturales y hasta periodistas a los que Miranda había pedido ayuda la primera vez por todo el mundo, el nombre de Ifigenia iba a generar más de unas cuantas suspicacias la segunda vez.

Pero debió haber sabido algo más, entiende ahora que camina los pasillos de los hospitales de un modo muy diferente de como los paseó en compañía del apasionado Bernardo. Ahora que tras las puertas de esos corredores se encuentra el final de sus días, viene a descubrir lo que le faltó. Ella, la exploradora y lectora de claves que a las mujeres de su generación les había costado cerca de dos décadas empezar apenas a vislumbrar; la investigadora que en sus años de gloria con su propia identidad asistió a algunos verdaderos periodistas, encontró a los asesinos de varios de ellos y proporcionó información para que se hiciera verdadera justicia, ella, la famosa Inés Carrasco, llegado el momento de interpretar su vida misma no acertó a entender las pistas que estaba dejando con sus propios pasos fantásticos y con sus propias palabras inventadas. Rosa lo hizo más rápido que ella, según entendió hace poco al verla. El nombre de Ifigenia Castillo Rueda era la prueba.

Aquel nombre no parecía sólo haber funcionado como una figura karateka de doble patada que vencía a Bernardo y a Raúl Miranda por igual. Tampoco era nada más un guiño dedicado a los amigos de Miranda para despertar toda clase de recelos respecto a la conducta del novelista. El nombre de Ifigenia Castillo Rueda era sobre todo una forma como Artemisa había envuelto en una nube a su protegida Ifigenia para librarla del sacrificio al que sus padres Agamenón y Clitemnestra la someterían. Por eso Inés lo había elegido, y en su vida los nombres, las palabras y sus significados habían cobrado suma importancia, sobre todo por lo que no decían o por lo que los hombres de su época traicionaban de ellos. Para Inés palabra y concepto habían sido algo más que un comercio, un arma política o una forma de asociarse con Araceli Ward. En su juventud había sido crucial que la palabra "periodista" hubiera significado "falsificadora", y ahora en su vida de mujer madura había sido vital el nombre de un mito que paralizó las acciones de Bernardo y del propio Miranda. Pero no lo notó. Y la verdad era que, más pronto de lo que tenía programado, ese nombre había neutralizado la maquinaria de persecución y le había permitido flexibilizar un poco sus medidas de seguridad, con lo que pudo regresar a México, si no a recuperar su vida, por lo menos para volver a ver a Bruno. Gracias a esa fórmula, también Miranda debió haberse dado cuenta de que alguien le estaba haciendo un guiño –acaso la mismísima Denise–, y discretamente fue cancelando más operaciones de búsqueda.

Al final de la travesía estaba su enfermedad, como centro de la vida de todos. Inés ahora lo sabe porque su padecimiento le ha permitido descubrir las más sencillas verdades sobre su pasado: no sobre su pasado reciente, con su retorno a una sosegada vida al lado de Bruno hasta que éste falleció, y su posterior viudez –más o menos apacible también–, sino sobre su recorrido anterior hasta la consumación de su obra maestra, que sería siempre Denise Miranda, y que incluso le causará ahora la muerte en las fauces de un padecimiento de reciente creación.

¿Se arrepiente Inés? Claro. Todo enfermo sentenciado al patíbulo de la sala de operaciones se arrepiente del fruto que comió, y si es hombre, se arrepiente de las prostitutas a las que contrató para que hicieran lo que le dio flojera explicarle a su mujer, y si es mujer, se arrepiente de la familia monstruosa a la que obedeció para casarse con el tipo que la infectó, e Inés igual se arrepiente, porque el arrepentimiento es el primer síntoma del enfermo, y lo mismo ella lamenta a la familia a la que no obedeció para no casarse con ningún tipo, e igual cree que por eso acabó en manos de los falsificadores y, en última instancia, de la ROAP. Pero también recuerda a Elena Sotelo y sus drásticos mecanismos de pensamiento, y discurre que allí donde no hay derrota declarada tampoco hay lamentos, sino simplemente un acontecer. Al final de las cuentas ella, a sus cincuenta años, será de su generación y especie sin hijos una de las mujeres que más tiempo duró viva. Las únicas amigas que tiene, sus antiguas clientes que le ayudaron a transportarse a un Centro de Defensa contra el Terrorismo Bacteriológico en Estados Unidos, son mujeres independientes, pero todas más jóvenes. Le gusta pensar –aunque quizás sólo para consolarse: tampoco lo niega– que cada paso adelante en favor de la longevidad de una mujer mexicana que no sea un ama de casa enterrada viva es una estaca más en el acantilado para la siguiente generación. Aunque, claro, tampoco te hagas ilusiones, se dice.

La primera revelación que le brindó su grave estado de salud, en la soledad de los hospitales, fue sobre el nombre de Svietlana. Su políglota amiga Denise le había explicado que quería decir "luz" en ruso, pero Inés no había prestado demasiada atención al comentario. En cambio ahora, dedicada a descifrar su obra pasada, como una ensayista llena de información pero atolondrada que necesita volver a revisar todos sus apuntes, pensaba en las historias que había recopilado Zarko bajo la luz moscovita de su inspiración, y entendía mejor el nombre de Svietlana. Pensaba también en las coincidencias de nombres y fechas. Pensaba en ESMA y, sobre todo, volvía a pensar en Rosa, la palabra y la persona, que contenía todas las referencias y las rutas.

Rosa, que era la rosa del cobre argentino, pero también la rosa de los vientos en Aulis, le había terminado de aclarar sus inquietudes y más recientes cavilaciones hacía un par de semanas, cuando por fin la fue a visitar.

Entre las alucinaciones que la fiebre le hizo padecer, en cierta ocasión Inés vio a Rosa con la sonrisa que se había guardado para siempre de Denise, lo que era una imagen impensable porque la atractiva Rosa solía sonreírse sólo de un lado –del derecho, como su mamá–, y no de un extremo a otro mostrando toda la dentadura superior, como Denise. Pero al recuperar la conciencia, cuando quizás la fiebre había bajado, decidió que si no iba a encontrar nunca a Denise, por lo menos tenía que hablar con Rosa.

Devorada por la enfermedad, de pronto le parecía que aquellos últimos años –su apacible y discreta vida de regreso con Bruno, bajo un mismo techo; la cotidianeidad compartida que para ella se había convertido en el único mundo posible– fueron sólo un receso en ese agitado experimento que había sido su propia existencia, y que veía concluir por las razones por las que había comenzado: no con Bruno, en el descanso, sino en el largo andar desde su juventud hasta la supervivencia de Denise.

Ansiaba ver a Rosa y a Juan por última vez. Lo había deseado siempre, pero estaba esperando el momento en que las mafias cambiaran de dueños en México y que, aunque otros crímenes hubieran captado las primeras planas de las noticias, al menos se revelara en éstas la verdad sobre las mujeres torturadas y liquidadas, si no sobre el asesinato del ciudadano naturalizado español Zarko Krilic. Era demasiado esperar que se divulgara cualquier información sobre la secta o culto al que evidentemente se habían integrado Araceli Ward, Raúl Miranda y el doctor Fleischman, conducidos por ese cerebro que había planeado un simulacro de balacera en un restaurante y la reclusión psiquiátrica de Lorena, pero al menos deseaba que el tiempo y los cambios de batutas en el régimen de bandidaje reabrieran el teatral expediente de Krilic o el desmembrado caso de Marta Sánchez Rojo.

Ese día esperado no llegó, sin embargo. El hampa mexicana cambió de dueños, otra ola de raptos y exterminios ocupó las primeras notas de los noticieros, pero no se apresó a nadie por aquellos asesinatos de los que Araceli Ward, por órdenes de su secta o mafia, no quiso hablar en su documental.

Sin embargo, cuando le diagnosticaron el fin de su vida a manos del virus más moderno de principios del nuevo milenio –la ROAP–, Inés empezó a considerar seriamente la posibilidad de ponerse en contacto con sus dos amigos a pesar de los peligros. De ellos sabía que su matrimonio había durado casi más que el sólido amasiato entre Araceli Ward y Raúl Miranda, por los motivos opuestos. Sabía que Juan era ahora el gerente de

203

una empresa productora de efectos especiales. Sabía que el nombre de Rosa Grossman se asomaba de vez en cuando en la red electrónica, palpitando en coloquios sobre medicina y, que, en fin, a ambos era fácil localizarlos.

Juan fue el primero en ir a encontrarla, y fue quien la persuadió de que, si su muerte era tan posible e inminente, tenía que hacer un recuento grabado de su vida, antes de que alguna sucedánea de Araceli Ward hiciera su recopilación, o por si el hijo de Raúl Miranda –quien empezaba ya a publicar reseñas de películas en los periódicos– algún día decidiera hablar sobre la hermana a la que no conoció, como si la conociera.

–Tienes que evitar otra historia tergiversada y, además, tienes que regalarme tu testimonio para mis hijos.

Inés accedió. Pero también quería ver a Rosa, dijo. Y, de ser posible, conocer a sus dos niños. Y quería hacer una ceremonia para entregarles solemnemente el nombre, el "verdadero nombre falso, si es que así puede llamársele", con el que se escapó Denise.

Un mes después, la familia completa la fue a visitar a Chicago. El servicio meteorológico anunciaba tormenta de nieve también en aquella ocasión.

Inés empezaba a recuperarse y a los tres les daba mucho gusto verse después de tantos años de haberse conocido, pero por lo mismo, el primer encuentro fue un desastre. Pusieron demasiado empeño en la felicidad del momento y había transcurrido demasiado tiempo. Ahora Rosa era una mujer con hijos e Inés era una mujer gravemente enferma. Por más esfuerzos que hicieron por ocultarlo, su aspecto físico asustaba a los chiquillos. Además, con la amenaza de epidemia gástrica en Estados Unidos, Rosa temía por lo que comieran los niños allí, y tampoco podía disimular su nerviosismo, aunque Inés le garantizaba que ésa era comida importada directamente desde México, a través de los muchos amigos mexicanos que vivían y trabajaban ahí. Después, a Rosa y a Inés empezó a darles risa la situación extrema en la que la guerra bacteriológica las había colocado, y comenzaron a hablar de la atmósfera surrealista en la que vivían –por un lado en México con los narcotraficantes y narcopolíticos, y por el otro en Estados Unidos con las guerras y sus consecuencias– pero los niños lloraban cada vez más y en aquel ambiente era imposible sostener contacto visual más de algunos segundos. Tras angustiosos esfuerzos por entablar una conversación que no fuera para o sobre los niños, sino entre ellos, se resolvió que al día siguiente Juan se quedaría a cuidar a los niños en el hotel si es que había tormenta de nieve, y que Rosa la iría a visitar sola.

Así lo hicieron y entonces las dos mujeres pudieron pasar una buena jornada recordándose mutuamente en el pequeño departamento donde convalecía Inés, al calor del mate que Rosa llevó de regalo, con el alivio que brinda verse a buen resguardo de una tormenta de nieve, y con el suficiente tiempo como para que Rosa le explicara dónde estaba Denise y por qué no necesitaba el nombre con el que se había escapado.

—Denise está en otra dimensión.

—Cómo me dices eso. ¿Está muerta?

—No. Está viva.

Rosa abrió una larga pausa como quien abre el cajón de un extenso archivo y se queda mirándolo un momento, antes de empezar a buscar entre los muchos expedientes. Lo que pasó ya lo sabes, dijo, tú eres la causa y la respuesta; tú trazaste el camino y nos enseñaste el puente entre una dimensión y otra. ¿De qué dimensiones hablaba Rosa? Pues de las dos realidades que Zarko Krilic demostró que existían, pero que sólo conoció por partes, y cuyo punto de intersección no le fue dado conocer porque lo mataron. Inés era quien había logrado plantarse en esa zona de cruce y trazar un recorrido de una realidad a otra, desde el Cono Sur hasta el Norte; de un extremo de la tragedia con sus protagonistas hasta el otro extremo de la ignorancia de quienes la contemplan desde una vidriera.

—Eso es el mundo: un océano de lágrimas que se producen para que otros hagan películas y noticieros con ellas y otros más se entretengan —sentenció Rosa.

Inés estaba impresionada. La hija del periodista y activista argentino había crecido y se había hecho de un corazón de acero. *El Evangelio según Rosa* se había convertido en un cadalso de sueños. No era para menos, después de todo lo que, gracias a esa aventura de juventud, había aprendido. ¿Sabía Inés cómo habían llegado a bautizar así la estética de pedicure y manicure?, le preguntaba la Rosa madura. No, no lo sabía. Conocía la fecha pero no la razón. Aquellas chicas pedicuristas habían visto en alguna revista la fotografía de una joven que les pareció muy hermosa, explicó Rosa. Llevaba un pañuelo blanco en la cabeza y miraba a la cámara con gesto desafiante. Las muchachas coreano-estadounidenses no entendían el pie de foto; simplemente tenían la impresión de estar distinguiendo a una bella modelo que, según sus suposiciones, se llamaba Emma. Recortaron la imagen para pegarla en la parte superior de un espejo de su negocio, donde estuvo mucho tiempo y fue cubierta por los rostros de otras mujeres. Como ellas no hablaban español ni estaban tampoco muy interesadas en deletrear, en cualquier descuido cambiaron el nombre de Emma por el de Esma, que también leyeron en ese mismo artículo incomprensible, y que en realidad se trataba sobre las Madres de la Plaza de Mayo y los torturados en la ESMA. Siempre creyeron que el nombre de su salón de belleza ESMA Fashion era el de una modelo cuyo rostro estaba en una revista argentina.

La mamá de Rosa se había enterado de todo esto. Ella siguió investigando, cómo crees que no iba a hacer nada más, Inés, si el tema de la vida de mi mamá fue mi papá, por más que haya querido a otros hombres y por más que adora al *Chucho*, hay gente que tiene un motivo en su vida y vuelve a él en distintas variaciones, digamos. Ése es el caso de mi mamá. Tú le entregaste los datos y ella continuó la búsqueda. Sí señor: Laura Grossman había llegado a ver la foto de una Madre de la Plaza de Mayo que ocasionó el equívoco en la estética e incluso había llegado a conocer a Eleuteria McGill, poco antes de que lograra regresarse a vivir a Paducah, Kentucky. Y se vieron frente a frente, ¿qué te parece? Y, además, se tomaron un café juntas, afuera del kínder granjero, ¿cómo ves?

Para la mamá de Rosa el final del tema de su vida no estaba en la ESMA, ni en el día en que la ESMA había sido convertida en un museo del holocausto en Buenos Aires, ni en la fosa común o el océano donde quizás haya sido echado el padre de Rosa, sino en Eleuteria McGill, la hija del mayor McGill, que criaba animales en una granja de Kentucky, y que además estaba orgullosa de lo que su padre había hecho en América del Sur. Porque encontrar a Eleuteria McGill –decía ella– era mirar los ojos del origen y no los esqueletos del resultado: en la mirada azul de Eleuteria no había nada, ni mal ni bien, ni obscuridad ni claridad; simplemente una vida que a la propia Eleuteria le parecía irreal, con la única esperanza de poder regresar a Paducah sin decepcionar demasiado al mayor McGill.

Ése era el origen: el vacío en los ojos de Eleuteria McGill y la granja costosísima en una zona urbana.

Tú no conoces a mi mamá. Es una terca. Pero ella sí te conoció a ti y muy bien, a través de tu trabajo. Admiró tu precisión y tu osadía. Mi mamá después no sólo indagó en los archivos que me entregó Bernardo, sino en otros casos, y vio que, muchas veces, la gente especulaba numerosos motivos y les imputaba a los fenómenos motivos religiosos y hasta diabólicos, o psicológicos, pero que nadie se había puesto, como tú, a preguntarse: a ver, ¿aquí qué pasó? ¿De dónde llegó esta información a este otro punto? ¿Cómo se transmitieron estas personas tal experiencia y cómo otro grupo humano en otra realidad la adulteró de este otro modo, y por qué? Como dice Ítalo Calvino que dice Plinio *El Viejo* en sus interminables referencias, no por encontrar la explicación de los hechos, éstos dejan de ser maravillosos. ¿Hasta qué puntos puede llegar la ignorancia? ¿Qué cantidad de coincidencias puede generar la ingenuidad de dos manicuristas viendo una foto de una mujer bonita que en realidad es una hija de un desaparecido, con la pañoleta blanca de las Madres de la Plaza de Mayo en la Argentina? No hay tanto misterio si no eres *La Misteriosa* tratando de hacer negocio. Es cierto que vivimos en un mundo tan inextricable y fantástico como la ROAP, pero también tan real como las pústulas de tu piel que ayer horrorizaron a mis hijos y los hicieron llorar, igualmente a causa de la ROAP. Dime si hace diez años te hubieras imaginado que iba a existir un Centro de Defensa contra el Terrorismo Bacteriológico, y si iba a haber un seguro que cubriera específicamente a los extranjeros infectados en Estados Unidos para examinarlos... Yo te diré: para mí que a ustedes los están examinando gratis porque quieren echarles la culpa de haber introducido la ROAP a este país, y a ti más, porque sería ideal poder decir que una mexicana es la que infectó a los blancos. Pero en fin. Es sólo mi opinión. Como sea, son hechos que en otro tiempo nos parecían fabulosos e imposibles. Y no todos los vamos a entender, pero tampoco todos carecen de explicación. Tú encontraste muchas.

Inés no creía haber encontrado tanto, pero Rosa insistía: encontraste por lo menos el principio, en este mundo que se cree interconectado pero que no es tal. Se necesita una voluntad para indagar dónde están los puentes y empezar a localizar quiénes son sólo el reflejo de otro mundo. Pero, como dice mi mamá, no por ser sólo reflejo no existen. Ahí están. Eleuteria considera que su vida es una pifia, pero existe y es tan real como tú y yo.

Ahí estaban la estética ESMA o el video de Araceli Ward, descansando en una dimensión ajena al original, sin cruzarse nunca, a menos que alguien impusiera una conexión. Denisita confió en ese hecho para poder escapar. ¿Y cómo había logrado Denise mudarse de uno de estos puntos a otro en un mundo que se cree interconectado pero que no lo está? Proponiéndoselo, decía Rosa, y con una persistencia de piedra. Es muy difícil lograr eso en México, o en una cierta parte de México, pero una parte muy importante, no me dirás que no, secuestrada por el bandidaje y la violencia, como tú misma has vivido, Inés: secuestrada por el bandidaje y la violencia.

–Qué triste, Rosa, nadie me había dicho algo así. Ni Bruno me dijo eso. Discúlpame que llore.

–Bueno, Inés, es lo que primero que yo vi en el video que nos acabas de enviar, discúlpame a mí que te lo diga. Ya sabes que yo no tengo pelos en la lengua. Yo lo que veo es que no tuviste juventud, ni novios, ni diversiones; sólo unos agentes que negociaron contigo. Delincuencia organizada: ésa es la enfermedad que yo, como doctora, de diagnosticaría. ¿Y qué te asombra? Te lo digo: hay vidas que son variaciones sobre un mismo tema.

"Pero yo a veces pienso que lo que hizo Denise fue reestructurarse de otro modo desde muy joven, sin despojos qué lamentar; sin nada qué perder. Francamente, no creo que Denise extrañe su vida pasada, excepto a nosotros un poco, desde luego, pero no como mi mamá extrañaba a mi papá y a su familia, su casa y su vida, ni como creo que tú habrás extrañado la juventud que no viviste. O sea: Denise no se fue a otro lado a añorar lo que había perdido."

–¿Cómo estás tan segura? –preguntó Inés, más confundida que antes.

No siempre lo había estado, reconocía. A veces acogía esa certidumbre y a veces dudaba de ella, continuó Rosa. Pero con el paso de los años como mirador y la constante ausencia de su amiga, tuvo la certeza de que Denise no reaparecía en modo alguno, ni viva ni muerta, ni en rastros ni en mensajes directos, porque estaba en otra realidad. Tal vez allá, para relacionarla con ésta se necesitaría otro Juan, otro Bernardo, otra Inés encontrando los dos extremos del lazo de un universo a otro. En fin: gente que no deja las cosas como están, y hasta accidentes como Tatiana o Lorena. Se necesitarían más fracturas en los hechos engarzados y contactos, ¿y con qué caso?, se preguntaba. Si hubiera reaparecido estaría prolongando la misma historia de la que la vieron partir.

–¿Sabías que tú y mi mamá cambiaron su vida radicalmente a la misma edad?

Inés no lo había pensado. Lo que en cambio acababa de redescubrir, y que nunca había medido en su justa dimensión, era que el padre de Rosa había sido reportero a la misma edad en que ella lo fue, y que los ex colegas de Inés, incluso la propia Inés, eran la versión opuesta del padre de Rosa, la versión sobreviviente, el glaciar desprendido flotando sobre el mar en el que sucumbían periodistas como el mártir de la libertad de expresión que había sido Salvador Grossman a los veintidós años.

Y había otras rarezas: ¿sabía Inés que la estética ESMA clausuró sus puertas el mismo día que Denise desapareció? Sí: la señora Laura Grossman había averiguado todas esas cosas en Nueva York. Después de la clausura, por lo menos ella ya no encontró más coincidencias. Y Rosa consideraba que ese día 10 de octubre no sólo se había clausurado un salón de belleza, sino también su historia, porque alguien le había puesto fin. Porque esa historia de la estética ESMA en Nueva York, esas historias duplicadas que luego Bernardo nos entregó, decía Rosa, eran heridas abiertas y gangrenadas, infectadas, como síntomas de un universo que se acerca a una glaciación de indiferencia. He aquí el ejemplo: mírate tú con esta enfermedad.

–¿Qué cosa me estás diciendo?

Rosa suavizó el tono y le tomó su mano cubierta de forúnculos oscurecidos: no te enojes conmigo, Inés. No te enojes. Yo sólo te digo lo que estoy viendo en años de no verte, ¿me entiendes qué paradoja? No tuvimos tiempo ni el espacio para hablar estas cosas y te las digo de golpe y no sé, sé que suenan... Sé a qué suenan. Pero será que me casé con Juan: ya ves cómo es. A él siempre le gustó eso de componer las cosas. Por eso existía *El Evangelio* que se robó Bernardo, pero en fin. Él siempre fue muy dado a armar símbolos y momentos. Será por eso. El caso es que, desde que se murió Elena Sotelo y mi esposo insistió en encontrarle el final de su pequeña historia, yo entendí que hay vidas que tienen un objetivo y que naturalmente se asocian, que se arman con obras, como los efectos especiales que hace Juan. Creo que una de esas vidas ha sido la tuya. Pero eso no me lo inventé yo sola. Me conoces bien: yo, lo que se llama muy romántica, nunca he sido. Mi esposo sigue componiéndome cuadernos de amor, a esta edad, y yo sigo sintiéndome incómoda con eso. Yo no soy la romántica de la pareja. Lo que pasa es que lo supe el día que me llegó esta postal de Denise y que te traje. Mira. Te voy a mostrar.

209

Rosa se puso a buscar su bolso. Inés temblaba de emoción. ¿Una postal de Denise?, preguntaba. Sí, mira. ¿Pero cómo? Pues más fácil de lo que parece: a mí y a Juan sí es fácil encontrarnos, saber dónde vivimos. Y lo hizo sin correr riesgos. Lo hizo muy bien, muy estilo Denise. ¿O "estilo Inés", debería decir?

Inés ya no contestaba nada, abrumada. No sabía qué decir bajo la catarata de información que Rosa le arrojaba. Por primera vez estaba experimentando lo que imaginó que sus clientes sentían cuando ella llegaba a entregarles el resultado de sus averiguaciones de golpe, en la última sesión. Se acordó de Laura Grossman, pasmada, el día que le fue a entregar su trabajo, con todo y fotografías. "Conozco la cara que debo estar poniendo —se dijo—. Es una cara de emoción contenida, sorpresa, y hasta rencor a la investigadora por no dar las nuevas sino hasta el final de la plática". Pero ahora también sabía por primera vez lo que se sentía estar del otro lado.

—Le llevó años imaginárselo, estoy segura —continuó Rosa, refiriéndose a Denise—, porque estas cosas no salen bien de la noche a la mañana. Quiero decir: no tan bien.

Rosa sacó entonces de entre sus pertenencias una tarjeta postal que llevaba cuidadosamente envuelta en papel de china. El remitente era de María Ifigenia del Socorro Castillo Rueda, y la postal era la imagen de la Tumba de los Poetas en Tabriz, Irán. No llevaba nada escrito excepto la dirección de la destinataria, pero estaba fechada el 10 de octubre de 2017 a las 6:30 p.m., que era el día del aniversario en que había escapado. Había sido enviada cinco años después de la invención del alias, cuando ya nadie buscaba ese nombre ni se acordaba de él, y desde Grecia. Obviamente, Denise Miranda se había mantenido al tanto de todas las noticias y había entendido el juego de palabras de Inés, al igual que siempre había entendido el sentido del nombre de Rosa, y el sinsentido de las palabras de su papá. Denise estaba obedeciendo la semántica, le explicaba. Estaba citando a su rosa de los vientos para el año 2017 en Tabriz, que mitológicamente era también Tauris: el lugar donde según la diosa Artemisa se había llevado a Ifigenia para salvarla del sacrificio al que la iba a someter su padre. Así que la Tumba de los Poetas, toda esta cosa de la poesía en el acto —indicaba Rosa— no es algo que me inventé yo, ¿viste?, ni algo que se haya inventado Denise tampoco, aunque ahí sea la cita, porque ella es una muy buena alumna tuya. En lugar de ponerles máscaras a los conceptos lo que hace es observar su curso. Son cosas que tú enseñaste a hacer y que pasaron. Lo que está diciendo es que ella continúa con estas figuras que se fueron armando combinadas.

Inés se acordó entonces de la tarde en que iba a rendirle cuentas a Laura Grossman y que estaba granizando en la ciudad de México. Recordó cómo asociaba su estado de ánimo con el mal tiempo y cómo se sobrecogía al pensar en la simultaneidad.

—Yo no es que te esté diciendo que tu enfermedad sea parte de esas cosas que pasaron —insistía Rosa—, o no directamente, pero sí lo veo desde otro ángulo. Te vas a reír pero, incluso, como doctora. Estas historias como heridas abiertas porque nadie se encargó de cuidarlas ni de enterrarlas ni nada, gangrenadas, como decía mi mamá, "convertidas en una duplicación burlona del dolor humano", participando en lo que mi mamá llamaba de veras "la glaciación de indiferencia". Y de pronto tú, tú Inés, que has estado investigando y siguiendo su recorrido por lo menos de una de ellas, por lo menos la mía, la de mis orígenes, atravesando un continente de sur a norte. Tú explicas la trayectoria, pero entonces absorbes su infección en carne propia.

Inés no podía disimular su recelo. Pero de todas las explicaciones que le había proporcionado cualquier cantidad de doctores sobre las causas de la ROAP, ésa le parecía la más razonable.

—¿Sabes que ese día que estábamos en los Viveros de Coyoacán se soltó un viento helado? —agregó Rosa—. Ese día que estaba con Denise y que sonó el teléfono de alguien a quien nunca debimos haber conocido, si no hubiera sido por las preocupaciones de Juan. A eso me refiero. Se cruzaron dos esferas distintas. Eso es lo que estoy diciendo.

—Bueno: hay muchas cosas que se pueden interpretar de las dimensiones y del viento helado.

—Sí, pero no todas. Hay un número limitado de interpretaciones, de cualquier manera.

Rosa suspiró y sonrió a medias, como ella solía, casi apenada de decir lo que estaba pensando al calor de la conversación y la acogedora alcoba de Inés, desde donde juntas habían estado contemplando la tormenta de nieve.

Inés contempló su sonrisa, que era tal como la recordaba a sus diecinueve años. No tenía un asomo de líneas en el rostro. Imaginó que, cuando llegara a cumplir su edad, unas rayas horizontales muy delgadas atravesarían su frente, nada más, sin las sombras del sufrimiento que había visto en la de su mamá. En cambio, Denise podría tener ahora unos marcados canales en los extremos de los labios, por la forma como seguramente se había estado riendo, sobre todo a solas, en ese otro mundo que había caminado. ¿Dónde estaría viviendo? ¿En qué estaría trabajando? Qué prodigioso le parecía poder preguntarse cuestiones como ésas sobre una desaparecida. Hasta donde le había tocado atestiguar en los convulsos años de fin de milenio, los desaparecidos se esfumaban para morir, no para vivir. "Qué curioso que a esa embustera lectora del Tarot se le haya ocurrido llamar Rosa del Deshielo a Rosa Grossman", recordó Inés, mirando a su joven amiga y constante mensajera. Entre tanta patraña, los estafadores rinden un extasiado esbozo de la verdad que ignoran, caviló.

—Gracias por contarnos tu vida, Inés —dijo Rosa de pronto.

Inés la miró inquisitivamente.

—Ojalá puedas llegar a Tauris en 2017 —le explicó.

Inés pensó que tal vez no llegaría a Tauris, pero que no importaba, porque en el océano de la sangre marcada por su sexo se había permitido el momento esplendoroso de congelar un destino femenino muy probablemente trágico, de estrellarlo contra la perplejidad del futuro, e incluso, de llegar a saber antes de morir que su obra, su Ifigenia rescatada, seguía viva. ¿No era ése el sueño de cualquier creadora?

Las ventiscas de la tormenta habían cesado. Tras la ventana, el mundo estaba en blanco.

FIN

ÍNDICE

LA LÁGRIMA, LA GOTA Y EL ARTIFICIO
de Malú Huacuja del Toro se terminó de imprimir en
la Ciudad de México en octubre de 2006.
Se utilizaron los tipos Garamond en
7, 9 12, 14, 18 y 24 puntos.

Publidisa Mexicana SA de CV
Calzada Chabacano Nº 69, Planta Alta
Colonia Asturias Deleg. Cuauhtémoc
06850 México DF
www.publidisa.com